应用型本科院校财经类课程教材

U0653024

Caiwu Baobiao Bianzhi yu Fenxi

财务报表编制与分析

（微课版）

◎主　编　刘春雨　刘　梅　郭　旭

◎副主编　李海英　田雪巍　赵淑芳

　　　　　仲其安　赵　甜

◎主　审　董莉平

西安电子科技大学出版社

内 容 简 介

本书依据案例教学的模式，按照企业实际工作中财务报表的编制与分析过程，设置了认识财务报表编制与分析、资产负债表编制与分析、利润表编制与分析、现金流量表编制与分析、所有者权益变动表编制与分析、编制合并财务报表、财务报表综合分析与评价、综合实训等内容。通过学习本书，可以掌握资产负债表、利润表、现金流量表、所有者权益变动表和合并财务报表编制的基本方法和技能，而且能够依据财务报表资料，运用财务报表分析方法评价企业的财务状况、经营成果和现金流量等，从而为从事财会工作奠定良好的基础。

本书既可作为应用型本科院校财经类专业的教学用书，也可作为在职人员学习财务报表编制与分析的参考用书。

图书在版编目(CIP)数据

财务报表编制与分析：微课版 / 刘春雨，刘梅，郭旭主编. --西安：西安电子科技大学出版社，2023.7

ISBN 978 - 7 - 5606 - 6904 - 5

Ⅰ. ①财⋯　Ⅱ. ①刘⋯　②刘⋯　③郭⋯　Ⅲ. ①会计报表—编制②会计报表—会计分析

Ⅳ. ①F231.5

中国国家版本馆CIP数据核字(2023)第 097711 号

策　　划　吴祯娥　井文峰
责任编辑　雷鸿俊
出版发行　西安电子科技大学出版社(西安市太白南路 2 号)
电　　话　(029)88202421 88201467　　　　邮　　编　710071
网　　址　www.xduph.com　　　电子邮箱　xdupfxb001@163.com
经　　销　新华书店
印刷单位　咸阳华盛印务有限责任公司
版　　次　2023 年 7 月第 1 版　　2023 年 7 月第 1 次印刷
开　　本　787 毫米 × 1092 毫米 1/16　　印　张　15.5
字　　数　365 千字
印　　数　1～2000 册
定　　价　48.00 元
ISBN 978 - 7 - 5606 - 6904 - 5 / F

XDUP 7206001 - 1

如有印装问题可调换

<<< 前 言

PREFACE

当前，大数据推进了财务流程、业务流程、管理流程的有机结合，使财务数据和业务数据变得不再独立而是融为一体。大数据对历史交易的连续追溯和对未来交易的科学预判，为财务工作提供了更加全面、准确、客观的会计信息。同时，随着大数据的应用，还实现了由事后财务报告向实时财务报告的转变，实现了企业会计信息系统和管理信息系统的数据集成，实现了企业内部局域网与国际互联网的连接，从而为财务报告使用者提供了实时的财务会计信息。财务报表既是会计核算链条的终端，也是财务分析与评价的起点。若想充分发挥财务报表的作用，就要掌握财务报表的编制方法和技能，并能够依据财务报表资料，运用比率分析法、比较分析法、趋势分析法、综合分析法等对资产负债表、利润表、现金流量表进行结构分析、水平分析和相关比率分析，进而评价企业的财务状况、经营成果和现金流量等。编制与分析财务报表是财经类专业的学生必须掌握的核心技能之一。

本书依据案例教学的模式，突出了"工学结合、校企合作"的理念。本书具有以下几个特点：

· 校企合作，组建教材开发团队

在本书的编写过程中，学校与企业会计人员组成开发团队，深入行业企业进行调研，以找准会计类核心课程改革的关键节点，弄清会计职业对工作人员在知识、能力、素质上的要求，从而通过校企合作共同编写了本书提纲和体例框架。

·对接标准，开发教材体系

本书对接初级会计、中级会计职称教材标准（由财政部会计财务评价中心根据考试大纲要求和最新的法律法规编写的），设置了 7 个项目，涵盖个别财务报表、合并财务报表的编制与分析。其中，个别财务报表的编制与分析对接初级会计职称考试要求，合并财务报表的编制与分析对接中级会计职称考试要求，全书通过本章重难点、学习目标，以及案例导入、案例要求、知识准备、案例解析、本章小结和职业能力训练等结构的设置，强化了教学内容的针对性和实用性。

·承上启下，连接财务会计与管理会计

本书在内容的编写上打破了以往教材"重分析、轻编制"的模式，采用企业中真实发生的经济业务，编制资产负债表、利润表、现金流量表和所有者权益变动表，并对会计报表进行分析，完整地将财务会计与管理会计衔接了起来。

本书由黑龙江工商学院的刘春雨、郭旭，哈尔滨职业技术学院的刘梅担任主编，由黑龙江工商学院的田雪巍和哈尔滨职业技术学院的李海英，宿迁学院的赵淑芳和仲其安，海口经济学院的赵甜担任副主编，黑龙江工商学院的财务总监王云福和职员张闯参与了编写，黑龙江工商学院院长董莉平则担任本书的主审。本书具体编写分工如下：李海英和赵甜编写第 1 章、第 6 章，郭旭编写第 2 章，刘春雨编写第 3 章、第 4 章，田雪巍编写第 5 章，刘梅编写第 7 章，赵淑芳和仲其安编写附录部分内容，刘春雨同时负责全书的修改、总纂和定稿等工作。

本书在编写过程中得到了华贸实业有限公司企业专家刘铭和哈尔滨祥阁企业管理有限公司财务专家王云福的指导和帮助，以及各学院领导和相关部门的大力支持，在此表示衷心的感谢。

由于编者水平有限，书中难免存在不足之处，敬请广大读者批评指正。

编　者

2023 年 6 月

目 录

CONTENTS

第 3 章
利润表编制与分析

第 4 章
现金流量表编制与分析

第 5 章
所有者权益变动表编制与分析

第 6 章
编制合并财务报表

第 7 章
财务报表综合分析与评价

第 1 章
认识财务报表编制与分析

▼

本章重难点

- 认识财务报表；
- 认识财务报表分析。

学习目标

知识目标

- 了解财务报表的内涵及种类；
- 了解财务报表的编制要求；
- 掌握财务报表分析的内容和程序；
- 掌握财务报表分析的方法。

技能目标

- 能够对财务报表进行分析；
- 会运用分析财务报表的方法。

1.1 认识财务报表

导 读

财务报表——会计语言的载体

在一个大型企业中，每天都发生着大量的、复杂的各类交易的给付。如何才能全面、准确地记录和处理这些海量数据呢？

会计的作用就是把企业复杂的经济业务数据归纳、分类到资产负债表、利润表、现金流量表和所有者权益变动表中，即使是"航母级"的巨型企业，也同样要通过这四张表来综合反映企业的资产、负债、损益和财富积累的情况。人们通常称资产负债表是"底子"，它表明了企业的家底；利润表是"面子"，它表明了企业的业绩；现金流量表是"日子"，日子过得好不好，关键在于手中有没有"银子"；所有者权益变动表是"奶酪"，企业财富的积累和分配情况在此表中一览无遗。

会计可以说是全球通用的商业语言 (Busines Language)。企业和企业、企业和政府、企业和资本市场打交道，以及企业与社会公众进行沟通都要使用会计语言，各国间的投融资活动、经贸活动等经济活动也必须通过会计语言进行分析与评价。会计语言的载体就是财务报表，因此，财务报表使得各国企业之间的比较成为可能。

（资料来源：李晓静.财务报告与分析.北京：北京大学出版社，2013.略有改动）

1.1.1 财务报表的内涵及种类

一、财务报表的内涵

财务会计报告是指企业对外提供的反映企业某一特定时期的财务状况和某一会计期间的经营成果、现金流量等会计信息的文件。财务会计报告包括财务报表、财务报表附表及附注和其他应当在财务会计报告中披露的相关信息及资料。下面主要介绍财务报表、财务报表附表及附注。

1. 财务报表

财务报表是指根据企业会计账簿的记录和有关资料，按照规定的报表格式，总括反映同一会计时点或期间的经济活动和财务收支情况及结果的一种报告文件。按照国家颁布的现行《企业会计准则》的规定，财务报表主要包括资产负债表、利润表、现金流量表、所有者权益变动表等。这些财务报表是相互联系的，它们从不同的角度反映了企业的财务状况、经营成果和现金流量的变动状况。

1) 资产负债表

资产负债表是反映在某一特定时点，企业的资产、负债及所有者权益的财务报表。它以"资产＝负债＋所有者权益"这一会计恒等式为依据，按照一定的分类标准和次序编制而成，反映企业在某一个特定时点的资产、负债和所有者权益的基本状况。资产负债表的右边为资产所用资金的两个渠道——负债和所有者权益；左边为资产项目。资产负债表提供了企业的资产结构、资产流动性、资产的来源状况、负债水平及负债结构等财务信息。通过对资产负债表进行分析，可以了解企业的偿债能力、营运能力等财务状况，从而为债权人、投资者及企业管理者提供决策依据。

2) 利润表

利润表是反映企业在一定会计期间的生产经营成果的财务报表。利润表是以"利润＝收入－费用"这一会计恒等式为依据编制而成的。通过对利润表进行分析，可以考核企业利润计划的完成情况，分析企业的获利能力及利润增减变化的原因，预测企业利润的发展趋势，从而为投资者及企业管理者等提供财务信息。

3) 现金流量表

现金流量表是以现金及现金等价物为基础而编制的、由企业对外报送的财务报表。它解释了在某个特定期间，企业在经营、投资及筹资活动过程中现金和现金等价物的流入与流出情况。许多时候，虽然利润表显示企业有足够的利润，但是企业却没有现金偿还到期债务，其根本原因在于利润表的编制基础是权责发生制，而现金流量表是以收付实现制为编制基础的。如果企业没有办法筹集到充足的现金来偿还到期债务，那么就会面临破产的风险。现金流量表是评估企业能否持续存活的重要财务文件。对现金流量表进行分析，可以评价企业的偿债能力和股利支付的能力，便于投资者做好投资决策。

4) 所有者权益变动表

所有者权益变动表是反映企业在某一特定期间所有者权益变动情况的财务报表。所有者权益变动表不仅包括当期损益、直接计入所有者权益的利得和损失，还包括与所有者（或股东）的资本交易而导致的所有者权益的变动。所有者权益变动表有助于会计报表使用者进一步了解企业的净资产状况，如分红、增发股份、转增股份、盈余公积弥补亏损等事项。

此外，所有者权益变动表还是资产负债表与利润表之间的纽带，通过它可搭建二者之间的勾稽关系，从而使财务报告体系中各要素之间保持紧密联系。

2. 财务报表附表

财务报表中列示的项目是高度浓缩后的信息，受制于财务报表格式的要求，这些信息的来源和构成无法直接在财务报表中反映出来，因此要编制并对外报送财务报表附表。财务报表附表包括揭示企业各项资产减值准备增减变化情况的资产减值准备明细表，揭示企业应交增值税增减变化情况的应交增值税明细表，反映企业在各行业、各地区经营业务的收入、成本、费用、营业利润、资产总额及负债总额情况的分部报表和其他附表。

3. 附注

附注是针对资产负债表、利润表、现金流量表和所有者权益变动表等财务报表中列示项目的文字描述或明细资料，以及对未能在这些财务报表中列示项目的说明等。附注是财务报表的重要组成部分。附注应当按照如下顺序披露有关内容：

(1) 企业的基本情况；

(2) 财务报表的编制基础；

(3) 遵循会计准则的声明；

(4) 对重要会计政策和会计估计的说明；

(5) 对会计政策和会计估计变更及差错更正的说明；

(6) 对重要报表项目的说明。

资料阅读

财务报表之间的关系

资产负债表、利润表、现金流量表、所有者权益变动表都是用会计语言综合反映同一会计时点或期间的企业财务状况、经营成果和现金流量的财务报表。它们之间的关系是：资产负债表是企业各个会计期末资产、负债和所有者权益的时点数，反映了企业的财务状况；利润表反映了企业利润的形成步骤，对企业收入、费用的计量是一个时期数，反映了企业的经营成果。利润表所反映的利润最终归属于资产负债表的所有者权益，会引起资产负债表期末数的增减变动。可见，利润表反映了企业一定时期内的经营成果。然而，利润作为所有者权益的构成项目，是资产负债表的一个变量，会使企业的财务状况发生变化。因此，利润表是连接两个不同会计期间的资产负债表的桥梁。

众所周知，利润表为企业的经营管理提供了收入和费用产生情况的详细说明，而财务管理关注的是从何处获得资金（筹资）以及如何使用所筹集的资金。现金流量表是企业经营管理加财务管理的成果，它比利润表更能说明企业的综合财务管理能力。在实践中，企业破产的原因虽然多种多样、各不相同，但最终都是因为现金流量不足，缺乏流动性。现金流量表在利润表中收入、费用的基础上，通过比较资产负债表中非现金项目的变动，将权责发生制下的现金流入、现金流出和现金流量净增加额换算为收付实现制下的现金流入、现金流出和现金流量净增加额。因此，现金流量表是连接资产负债表和利润表的桥梁。

所有者权益变动表通过反映会计政策变更和差错更正的累计影响数，净利润及直接计入所有者权益的利得和损失，所有者投入资本和利润分配的变动情况，对资产负债表的实收资本、资本公积、留存收益项目的年初余额与期末余额的变动作出解释。因此，所有者权益变动表是连接期初资产负债表和期末资产负债表的桥梁。

综上所述，资产负债表、利润表、现金流量表、所有者权益变动表之间存在着相互联系、密不可分的对应关系。它们从不同的角度相互配合，反映了企业的财务状况、经营成果和现金流量的变动状况。

二、财务报表的种类

对于不同性质的会计主体，会计核算的具体内容和经济管理的要求不同，所以其财务报表的分类也不尽相同。财务报表可以根据需要，按照不同的标准进行分类。

(1) 按反映内容的不同，财务报表可以分为静态财务报表和动态财务报表。静态财务报表是反映一定时点的资产、负债和所有者权益情况的财务报表，如资产负债表。动态财务报表包括利润表和现金流量表。

(2) 按编制时间的不同，财务报表可以分为中期报表和年报。中期报表包括月报、季报、半年报。其中，月报要求简明扼要，能及时反映企业的情况和问题，如每月编制的资产负债表、利润表等；季报在会计信息的详细程度方面，介于月报和年报之间。年报要求揭示完整、反映完全，能总结企业全年的经济活动，为决策者评价本期的经营状况和预测以后的经营状况提供依据，如所有者权益变动表和现金流量表。

(3) 按编制单位的不同，财务报表可以分为单位财务报表和汇总财务报表。单位财务报表指由企业编制的反映单位本身的财务状况和经营成果的报表。汇总财务报表指由企业连同本单位财务报表汇总及编制主管部门或上级机关，根据所属单位报送的财务报表汇总与编制的综合性财务报表。

(4) 按编制主体的不同，财务报表可以分为个别财务报表和合并财务报表。个别财务报表指由投资企业或被投资企业编制的，只反映投资企业或被投资企业本身的财务状况和经营成果的财务报表。合并财务报表指投资企业在对外投资占被投资企业的资产总额半数以上 (或者实质上拥有被投资企业的控制权) 的情况下，根据投资企业和被投资企业的个别财务报表编制的，反映投资企业与被投资企业整体财务状况和经营成果的财务报表。

(5) 按服务对象的不同，财务报表可以分为内部财务报表和外部财务报表。内部财务报表指适应企业内部管理的需要，供企业内部管理职能部门和决策部门使用的财务报表。它不对外公开，不需要统一规定格式，针对性强，如成本表、存货明细表等。外部财务报表指为满足与企业有经济利益关系的外部使用者的需要，按照国家《企业会计准则》和《企业财务会计报告条例》的规定编制的财务报表，如资产负债表、利润表等。

1.1.2　财务报表的作用

企业编制财务报表的目的在于提供有助于财务报表使用者进行经济决策的财务信息。财务报表使用者包括现有和潜在的投资人、债权人、企业管理者、政府部门和社会公众等。财务报表的作用具体表现在以下四个方面：

(1) 有助于现有和潜在的投资人和债权人等了解企业的财务状况与经营成果。

企业现有和潜在的投资人和债权人是财务报表的主要使用者。财务报表中有关经济资源和经济业务等方面的信息，是企业现有和潜在的投资人和债权人用来认识、判断企业在激烈的市场竞争中生存、适应与发展的能力的重要依据。企业现有和潜在的投资人要依据财务报表提供的信息，作出是否投资及如何投资等决策；债权人要作出是否贷款及判断出贷款规模等决策；政府部门 (包括财政、税务、工商及债券管理机构等) 可以根据财务报表提供的信息，了解企业执行国家法规的情况以及是否及时足额纳税等情况。

(2) 有助于企业加强和改善内部经营管理。

企业管理者可以通过财务报表了解企业的财务状况和经营成果，检查企业预算和计划的执行情况，进而加强和改善企业内部的经营管理，合理利用资源及作出科学的经营决策。

（3）有利于国家经济管理部门制定宏观产业政策，进行宏观调控。

国家经济管理部门通过层层汇总的财务报表，可以掌握某一行业、地区、部门乃至全国企业的经济活动情况，从而进行国民经济的宏观调控，促进社会资源的有效配置。

（4）有利于促进资本市场的健康发展。

企业通过分析财务报表，定期公布有关财务状况、经营成果、投资风险及盈利能力等一系列反映企业经营管理水平的分析指标，有助于促进企业管理水平的提升，实现企业价值最大化，并且有效预测企业未来的发展，宏观上可以有效地掌握目前经济的发展趋势，促进整个国民经济平稳发展。同时，金融机构为保证发放借款等信贷资金的安全性，也能通过分析财务报表对企业的信用程度、偿债能力和盈利能力等作出准确判断，进而加强金融监管，促使企业合理地进行负债经营，保证金融秩序的稳定。

小 贴 士

财务报表分析的是主体和目标、内容和程序、演进和局限性，所涉及的知识蕴含着深刻的哲学思想，主要体现在系统性(主体和目标、内容和程序均为多要素关联的系统)、价值性(财务报表具有多重价值)、目标性(财务报表主体具有明确的目的诉求)、实践性(财务报表分析工具和方法具有极强的实践操作属性)、时代性(财务报表分析往往要结合时代的变化)。作为学习者，需要在科学思维、系统思维、辩证思维等方面树立强烈的意识并养成良好的习惯；掌握财务报表分析所蕴含的哲学思想精髓，深化求真务实、与时俱进和服务大局的思想认识。

1.1.3 财务报表的编制要求

为了使财务报表能够最大限度地满足各有关方面的需求，实现编制财务报表的基本目的，充分发挥财务报表的作用，企业在编制财务报表时应当做到真实可靠、相关可比、全面完整、编报及时、便于理解。

一、真实可靠

财务报表必须如实地反映企业的财务状况、经营成果和现金流量的变动状况，使财务报表各项目的数据建立在真实可靠的基础上。因此，财务报表必须根据核实无误的账簿资料编制，不得以任何方式弄虚作假。如果财务报表所提供的资料不真实或者可靠性很差，则不仅不能发挥财务报表应有的作用，还会由于错误的信息而导致报表使用者对企业的财务状况、经营成果和现金流量的变动状况作出错误的评价与判断。

二、相关可比

财务报表所提供的财务信息必须与财务报表使用者进行决策所需要的信息相关，并且便于财务报表使用者在不同企业之间及同一企业前后各期之间进行比较。只有提供相关且可比的信息，才能使财务报表使用者明确企业在整个社会，特别是同行业中的地位，了解并判断企业过去、现在的经营状况，预测企业未来的发展趋势，进而为财务报表使用者的决策提供服务。

三、全面完整

财务报表应当全面披露企业的财务状况、经营成果和现金流量的变动状况，完整地反映企业财务活动的过程和结果，以满足各有关方面对财务信息资料的需要。为了保证财务报表的全面完整，企业在编制财务报表时，应当按照有关准则、制度规定的格式和内容填写，特别是对于企业某些重要的事项，应当按照要求在附注中加以说明，不得漏编、漏报。

四、编报及时

财务报表所提供的资料具有很强的时效性。只有及时编制和报送财务报表，才能为报表使用者提供决策所需的信息资料；否则，即使财务报表中的信息真实可靠、全面完整且具有相关可比性，但由于编报不及时，也可能使财务报表失去原有的价值。随着市场经济和信息技术的迅速发展，财务报表的及时性变得日益重要。

五、便于理解

财务报表提供的信息应该能够被财务报表使用者所理解。企业对外提供的财务报表为广大财务报表使用者提供企业过去、现在和未来的有关资料，为企业目前或潜在的投资人和债权人提供决策所需的财务信息，因此，企业编制的财务报表应当清晰明了、便于理解。如果企业提供的财务报表不可理解，那么财务报表使用者难以据其作出准确的判断。当然，财务报表的这一要求是建立在财务报表使用者具有一定的财务报表阅读能力的基础上的。

思考

1. 企业对外报送的财务报表有哪些？
2. 企业编制财务报表的作用是什么？

小　贴　士

习近平总书记在中国共产党第二十次全国代表大会上的报告中提出，"加快发展方式绿色转型。推动经济社会发展绿色化、低碳化是实现高质量发展的关键环节。加快推动产业结构、能源结构、交通运输结构等调整优化。实施全面节约战略，推进各类资源节约集约利用，加快构建废弃物循环利用体系。完善支持绿色发展的财税、金融、投资、价格政策和标准体系，发展绿色低碳产业，健全资源环境要素市场化配置体系，加快节能降碳先进技术研发和推广应用，倡导绿色消费，推动形成绿色低碳的生产方式和生活方式。"

近年来，环境会计逐渐受到重视，企业作为自然环境与社会环境中的一分子，无时无刻不与环境联系在一起，从环境中获取能量、资源和信息，通过有目的地组织和调度，再输出到环境中。作为企业，必须承担起节约资源和保护环境的社会责任。

1.2 认识财务报表分析

案例导入

裕隆公司的甲产品原材料费用见表 1-1。

表 1-1 甲产品原材料费用

项 目	产品产量/件	单位产品消耗量/kg	原材料单价/(元/kg)
计划数	300	3	5
实际数	250	5	4

案例要求

根据裕隆公司的有关资料，利用连环替代法对该公司的材料费用进行因素分析。

知识准备

1.2.1 财务报表分析的目的和内容

一、财务报表分析的目的

财务报表分析起源于 19 世纪末至 20 世纪初，最早是由银行家所倡导的。随着社会生产实践活动内容的日益丰富和经验的不断积累，财务报表分析从金融机构借以观察借款企业偿还能力的手段，发展到投资单位和个人作为在投资时确认对其是否有利的手段。财务信息与决策有着密切的联系，对决策具有很高的价值，也是决策过程中的重要依据。财务报表和财务报表分析所揭示的问题，与企业及和企业有利益关系的各方面进行经济决策密切相关。

财务报表分析的根本目的就是通过财务报表提供的会计信息，揭示数字背后的事实，为财务报表使用者进行经济决策提供依据。由于决策的主体，即财务报表使用者不同，他们对会计信息的需求就不完全相同，因此，财务报表分析的具体目的和侧重点也就不同。

1. 投资人分析财务报表的目的

投资人包括企业所有者和潜在的投资者。首先，投资人对财务报表进行分析的最根本

财务报表分析基础

目的是了解企业的盈利能力，因为企业的盈利能力是投资人资本保值和增值的关键。如果企业没有足够的盈利能力，不能给投资人带来所期望的基本收益，那么投资人宁愿把资金存入银行，也不会冒险进行投资。因此，通过对企业盈利能力的分析，企业所有者可以评价预期收益的实现程序，有利于潜在投资者作出科学、合理的投资决策。投资人仅关心企业盈利能力是不够的。为了确保资本能够保值、增值，投资人还要研究企业的权益结构、支付能力及营运状况。只有投资人认为企业有着良好的发展前景，企业所有者才会保持或增加投资，潜在投资者才能把资金投入该企业。否则，企业所有者会尽可能抛售股权，潜在投资者也会转向投资其他企业。另外，对企业所有者而言，财务报表也可用来评价企业经营者的经营业绩，发现经营过程中存在的问题，从而通过行使股东权利，为企业的发展指明方向。

2. 债权人分析财务报表的目的

债权人包括向企业发放贷款的银行、金融机构，以及购买企业债券的单位与个人等。债权人对财务报表进行分析的目的与经营者和投资人都不同。其一方面从各自经营或收益的目的出发，愿意将资金贷给某企业；另一方面要非常小心地观察和分析该企业有无违约或清算破产的可能性。一般情况下，银行、金融机构及其他债权人不仅要求本金要能及时收回，而且还要得到相应的报酬或收益，而收益的大小又与其承担的风险相适应。通常，偿还期越长，债权人面临的风险就越大。因此，对偿债能力的分析是债权人进行财务报表分析的主要目的和核心。从债权人的角度对财务报表进行分析，一是看其对企业的借款或其他债权是否能及时、足额收回，即研究企业偿债能力的大小；二是看其收益状况与风险程度是否相适应。

3. 经营者分析财务报表的目的

经营者主要是指企业的经理及各分厂、部门、车间的管理人员。经营者分析财务报表的目的是综合性的。从对企业所有者负责的角度来讲，他们更关心企业的盈利能力，这是他们的总体目标。在对财务报表的分析中，经营者不仅关心企业盈利的结果，还关心盈利的原因及过程，所以要进行资产结构分析、营运状况与效率分析、经营风险与财务风险分析、支付能力与偿债能力分析等，其目的是及时发现生产经营中存在的问题与不足，并采取有效的措施来解决这些问题，使企业不仅能用现有资源实现更多的盈利，而且能实现盈利能力的持续提升。

4. 政府有关部门分析财务报表的目的

政府有关部门主要是指工商、财政、税务及审计等部门。政府有关部门最关注国家资源的配置和运用情况，其进行财务报表分析的目的：一是监督与检查国家的各项经济政策、法规、制度在企业的执行情况；二是保证企业财务报表及相关信息的真实性、准确性，从而为宏观决策提供可靠的依据。

5. 业务关联单位分析财务报表的目的

业务关联单位主要是指材料供应者、产品购买者等。业务关联单位出于保护自身利益的需要，也非常关心往来企业的财务状况。业务关联单位分析财务报表的目的是分析企业的信用状况，包括商业信用和财务信用。商业信用指按时、按质地完成各种交易的能力；财务信用指及时清算各种款项的信誉。对企业的信用状况进行分析，既可以通过对企业支付能力和偿债能力的评估来进行，又可以通过对企业利润表中所反映的企业交易完成情况来进行。

6. 企业内部职工分析财务报表的目的

企业内部职工最关注的是企业为其所提供的就业机会及其稳定性、劳动报酬高低和职工福利好坏等方面的信息，而这些信息又与企业的债务结构及盈利能力密切相关。因此，企业内部职工除了需要依据企业财务报表分析以上信息外，还需要关注和评价有关职工福利等方面的情况。

二、财务报表分析的内容

无论财务报表分析采用何种途径、方法，其目的都是审查企业财务状况、经营成果和现金流量的变动状况的一个或多个重要方面。为此，财务报表分析离不开以下几个方面的内容。

1. 短期偿债能力分析

短期偿债能力是指企业以流动资产支付流动负债的能力，又称支付能力。它主要取决于流动资产和流动负债的比例关系及流动资产的变现能力。

2. 长期偿债能力分析

长期偿债能力是指企业偿还债务本金和支付债务利息的能力，又称财务能力。它既与资本结构有关，也与企业的收益能力有关。

3. 资产运用效率分析

资产运用效率是指企业单位资产创造营业收入的能力。它主要取决于收入与资产的比例关系。资产运用效率既影响企业的偿债能力，又影响企业的收益能力。

4. 获利能力分析

获利能力是指企业运用资产赚取利润的能力（包括股权投资获得报酬的能力）。它主要取决于利润与获取利润的资产或销售收入的比例关系，是从股东的角度评价公司的收益能力。股东投资报酬的高低不仅取决于资产的获利能力，还要受资本结构的影响。

5. 现金流量分析

现金流量是指企业在一定时期内的现金和现金等价物流入与流出的数量。现金流量是企业价值的原动力，股东对企业未来现金流量的预期是确定股票价值的基础。如果说企业的业绩主要反映在它的盈利状况上，那么企业的价值则主要反映在它的现金流动状况中。因此，对现金流量的分析越来越受到财务报表使用者的重视。企业通过对现金流量的分析，可以了解一项业务（生产经营、投资或筹资）产生和消耗现金的程度，从而对企业偿债能力有新的认识，并对利润的质量作出判断。

上述五个方面的内容是相互联系的整体。若企业的偿债能力很差，那么它的获利能力肯定不理想；若企业的获利能力差，则其偿债能力就不会有保障；而偿债能力和获利能力的下降，又必然表现为现金流动状况的恶化。因此，提高资产利用效率，有利于改善企业的偿债能力和获利能力，进而加速企业现金流量的改善。

1.2.2 财务报表分析的程序

财务报表分析的程序也称财务报表分析的基本步骤，是指进行财务报表分析时应遵循的一般过程。研究财务报表分析的程序是进行财务报表分析的基础和关键，为正确地开展财务分析工作、掌握财务分析方法指明了方向。结合中外财务报表分析的基本步骤与特点，并考虑我国分析者的需求，财务报表分析的程序包括以下几个方面。

一、明确分析的目的和范围

明确分析目的是财务报表分析工作的灵魂。分析过程中的各项工作都应围绕实现分析目的来进行。对财务报表进行分析，是要评价企业经营业绩、进行投资决策？还是要制定企业的经营策略？明确分析目的是财务报表分析工作的起始，也是关键。只有明确了财务报表分析的目的和范围，才能正确地收集并整理信息，选择正确的分析方法，从而得出适当的结论。

二、制订分析计划

在明确分析目的的前提下，应确定分析的内容和范围，分清主次，制订出合理的财务报表分析计划。分析计划应包括分析人员的职责及分工、时间和进度安排、分析内容和范围以及拟采用的分析方法等。分析计划是财务报表分析工作顺利进行的保证。分析计划可以是概括的，也可以是口头的，但都是必不可少的。

三、收集、整理和核实分析资料

收集、整理和核实分析资料，是保障财务报表分析工作质量的基础工作。在具体的分析工作开始之前就要收集主要资料，不能在资料不全的情况下就实施具体的分析工作。资料可分为财务会计报告和财务会计报告以外的有关资料。核实资料的目的在于保证资料真实、可靠和正确。通常情况下，财务报表是企业进行财务报表分析工作的必需资料，此外还需要其他相关资料，如行业信息、客观经济政策、企业市场情况、企业销售政策与措施、商品品种资料、主要竞争对手的情况等。

四、选择适当的分析方法

财务报表分析的目的和范围不同，所选用的方法也有所不同。常用的财务报表分析方法有比较分析法、比率分析法、趋势分析法和因素分析法等。不同的分析方法有不同的特点、用途和适用范围。局部的财务报表分析可以采用某一种方法，而全面的财务报表分析则应综合运用各种方法，通过对比、计算和分析，指出各指标间的差距，以揭示各财务报表资料中所隐含的重要关系及相互间的影响因素，从而对企业财务状况、经营成果和现金流量的变动状况作出全面且正确的评价。

五、得出分析结论

应根据分析的目的和范围，通过搜集和整理各种资料，利用适当的分析方法来对财务报表中的各个项目、各项财务指标，进行定量分析和定性分析、整体分析与局部分析、静态分析与动态分析，并将所得结果与标准值进行比较，找出差异及其形成的原因，从总体上把握其本质和规律，最后得出分析结论并完成分析报告，从而为分析主体及财务报表使用者提供决策的依据。

■ 1.2.3　财务报表分析的方法

财务报表分析的方法是指分析工作中用来测算数据、权衡效益、揭示差异、查明原因的具体方法。它是为达到分析目的所采用的手段和措施。财务报表分析的方法主要有以下四种。

一、比较分析法

比较分析法是财务报表分析中最常用的一种分析方法，也是最基本的一种分析方法。所谓比较分析法，是指把两个相互联系的指标数据进行比较，从数量上确定差异，并进行差异分析或趋势分析的一种分析方法。差异分析是指通过将相互联系的指标进行比较后得到的差异揭示差距，作出评价，并判断差异的影响程度，从而为今后改进企业的经营管理指明方向的一种分析方法。趋势分析则是指将实际达到的结果与不同时期的财务报表中同类指标的历史数据进行比较，从而确定企业财务状况、经营成果和现金流量的变化趋势和变化规律的一种分析方法。由于差异分析和趋势分析都是建立在比较的基础上的，所以统称为比较分析法。在进行比较分析时，可以采用绝对数比较分析，也可以采用相对数比较分析，或采用实际与计划预算数比较分析。

1. 比较标准

比较分析法中常用的比较标准有以下几个：

(1) 公认标准。公认标准是指各类企业在不同时期都普遍适用的指标评价标准。例如，流动比率的公认标准是 2：1，速动比率的公认标准为 1：1 等。通过与公认标准指标进行比较，可以了解企业的实际标准指标与公认标准指标之间的差异，并进一步查明产生差异的原因。

(2) 目标标准。目标标准是指企业通过努力应该达到或实现的理想标准，如企业制订的计划或定额。通过与目标标准指标进行比较，可以了解指标的完成情况，揭示产生差异的原因，提出有针对性的改进措施，以强化企业管理。

(3) 行业标准。行业标准是指某项指标的同行业平均水平或同行业先进水平，如 42 英寸 LED(发光二极管) 液晶电视机的行业平均利润率水平为 15%，行业先进利润率水平为 18%。通过与行业标准指标进行比较，可以揭示企业与行业先进企业之间的差距，了解企业在同行业竞争中所处的地位。

(4) 历史标准。历史标准是指某项指标的历史同期数或历史最高水平，即企业过去曾经达到的标准。通过与历史标准指标进行比较，可以揭示企业生产经营的变化趋势、目前存在的差距及今后的努力方向。

【例 1-1】　根据有关资料对 A 公司的甲产品销售收入进行比较分析，见表 1-2。

表 1-2　甲产品销售收入比较分析表　　　　　　　单位：元

项　　目	A公司资料		同规模先进企业资料	增减变动		与同规模先进企业相比
	2020年	2021年		比上年	变动百分比	
甲产品销售收入	305 000	350 000	400 000	45 000	14.75%	− 50 000

从表 1-2 中可以看出，A 公式甲产品 2021 年的销售收入虽然较上年增加了 45 000 元，增加百分比为 14.75%，但仍低于同规模先进企业 50 000 元。这说明该产品在销售方面已采取有效的改进措施，虽然取得了一定的成绩，但与同规模先进企业相比还有较大的差距，应进一步分析其中的原因。

2. 比较方法

比较分析法中常用的比较方法通常有两种，即横向比较法和纵向比较法。

1) 横向比较法

横向比较法又称水平分析法，是将反映企业报告期财务状况的信息 (特别指财务报表信息资料) 与反映企业前期或历史某一时期财务状况的信息进行比较，以研究企业各项经营业绩或财务状况发展趋势的一种财务报表分析方法。在进行具体分析时，既可以用绝对数据作比较，也可以用相对数据作比较。例 1 − 1 就是横向比较法的应用。变动百分比的计算公式为

$$变动差额 = 本期金额 − 上期 (历史某一时期) 金额$$

$$变动百分比 = \frac{变动差额}{上期金额} \times 100\%$$

2) 纵向比较法

纵向比较法又称垂直分析法、结构分析法，是通过计算报表中各项目占总体的比重或结构，以反映报表中的项目与总体的关系及其变动情况的一种财务报表分析方法。财务报表经过垂直分析处理后，通常被称为同度量报表或总体结构报表、共同比报表等。结构比率的计算公式为

$$结构比率 = \frac{该项目金额}{项目总金额} \times 100\%$$

资产负债表的共同比报表通常以资产总额为基数；利润表的共同比报表通常以主营业务收入总额为基数；现金流量表的共同比报表则通常选用经营活动现金流入量作为基数。

【例 1-2】　根据有关资料分析 A 公司资产的流动性。A 公司 2019—2021 年的资产负债表 (部分) 见表 1-3，A 公司共同比资产负债表见表 1-4。

表 1-3　A 公司 2019—2021 年的资产负债表 (部分)　　　　单位：元

资产项目	2021年12月31日	2020年12月31日	2019年12月31日
货币资金	10 084 520	6 929 100	5 325 870
应收票据	552 870	552 870	583 450
应收账款	800 000	178 500	450 650
存货	7 501 338	8 262 600	6 730 554
⋮	⋮	⋮	⋮
流动资产合计	19 209 778	16 008 675	13 659 930
资产总计	23 159 728	19 754 070	17 236 505

表 1-4 A公司共同比资产负债表（部分）　　　　　　　单位：元

资产项目	2021年12月31日	2020年12月31日	2019年12月31日
货币资金	43.54%	35.08%	30.90%
应收票据	2.39%	2.80%	3.38%
应收账款	3.45%	0.90%	2.61%
存货	32.39%	41.83%	36.77%
⋮	⋮	⋮	⋮
流动资产合计	82.94%	81.04%	79.25%
资产总计	100%	100%	100%

通过表 1-4 中的数据可以对具体项目进行观测与分析，得出各部分项目占总资产的比率，如 2019 年度该公司流动资产占总资产的比率是 79.25%，2020 年度该公司流动资产占总资产的比率是 81.04%，2021 年度该公司流动资产占总资产的比率是 82.94%，说明该公司流动资产占总资产的比率是逐年上升的，这表明其资产的流动性较好。

小　贴　士

企业财务会计报告应当根据真实的交易、事项以及完整、准确的账簿记录等资料，并按照国家统一的会计制度规定的编制基础、编制依据、编制原则和方法进行编制。财务报表所提供的数据必须做到真实可靠。这就要求财务会计报告的编制要有真实可靠和可验证性的编制依据，同时也要求编制者具备遵纪守法、诚信为本的职业素养，在金钱面前树立起较强的法律意识，在法律的约束下建设起自己的思想堡垒，防止自己误入歧途。

二、比率分析法

比率分析法是利用两个指标之间的某种关联，通过计算财务比率来分析、评价企业财务活动和财务关系的一种分析方法。这种方法之所以重要，主要是由于其使用相对数指标进行比较分析，不受规模限制，因而在实际工作中得到了广泛应用。

比率分析法和比较分析法一样，只适用于某些方面。其揭示信息的范围也存在一定的局限性。更为重要的是，在实际运用比率分析法时，必须以比率所揭示的信息为起点，结合其他有关资料和实际情况进行更深层次的探究。只有这样，才能作出正确的判断和评价，更好地为决策服务。因此，在财务报表分析中，既要重视比率分析法的利用，又要将其和其他分析方法密切配合，合理运用，以提高财务报表分析的效果。

1. 相关比率分析

相关比率分析是指将两个性质不同，但又相互联系的财务指标进行对比，求出比率，并据以对企业的财务状况和经营成果进行分析的方法。相关比率是典型的财务比率，在财务报表分析中应用广泛，多用于对财务指标的分析。

根据财务报表计算的财务比率主要有以下几类：

(1) 反映企业偿债能力的比率，如流动比率、速动比率、资产负债率等。

(2) 反映企业获利能力的比率，如资产报酬率、营业利润率、每股盈利等。

(3) 反映企业经营和管理效率的比率，如总资产周转率、存货周转率等。实际上，这类财务比率既与评价企业的偿债能力有关，也与评价企业的获利能力有关。

(4) 反映企业发展能力的比率，如销售 (营业) 增长率、资本积累率等。

【例 1-3】 A 公司 2021 年的流动资产为 200 000 元，流动负债为 100 000 元，要求：计算流动比率。

A 公司的流动比率为

$$流动比率 = \frac{流动资产}{流动负债} \times 100\% = \frac{200\ 000}{100\ 000} \times 100\% = 200\%$$

此比率还可以用其他公式来表述，例如，可以用比例的形式表示为流动资产与流动负债之比，即 2∶1；还可以用分数的形式表示为流动负债是流动资产的 1/2。

2. 构成比率分析

构成比率又称结构比率，表示某项财务指标的各构成部分数值分别占总体数值 (各构成项目之和) 的比率，可以反映部分 (个体) 与总体的关系以及各个组成部分在结构上的变化规律，借以分析其构成内容的变化及对财务指标的影响程度。由于该比率揭示了部分与整体的内在关系，所以多用于编制纵向比较分析报表和进行成本费用构成分析。构成比率的计算公式为

$$构成比率 = \frac{某项财务指标的各构成部分数值}{某项财务指标的总体数值} \times 100\%$$

三、趋势分析法

趋势分析法是通过计算连续若干期的相同指标，揭示和预测财务状况或经营成果发展趋势的一种分析方法，也称为动态比率分析法。企业利用这一方法既可以对一定时期内财务报表中各项目的变动趋势展开研究，也可以对财务报表中某些项目的发展趋势进行分析。

趋势分析法的一般步骤是：

(1) 计算趋势百分比；

(2) 根据趋势百分比评价与判断企业各项指标的变动趋势及其合理性；

(3) 预测企业未来的发展趋势。

趋势分析法的意义在于依据各会计期间的财务资料，观察财务报表各项目与基期相同项目的百分比关系，借以表明各项目的增减变动趋势及变化过程。趋势分析法实质上是比较分析法与比率分析法的综合。趋势百分比是判断企业经营状况是否良好的重要指标，但在分析的过程中，只对某个项目进行趋势分析是毫无意义的，只有结合其他项目进行比较分析后，才能显示出有意义的财务会计信息，从而得出理想的分析结论。

趋势分析法

趋势分析法由于选择基期的不同，可分为定基动态比率分析和环比动态比率分析。

1. 定基动态比率分析

定基动态比率分析又称定基比率分析，是通过将某一指标在某一时期的指标数额固定为基期数额而计算出一系列的动态比率，借以分析该指标同比变动趋势的一种分析方法。其计算公式为

$$定基动态比率(定基发展速度) = \frac{分析期某一指标数额}{固定基期某一指标数额}$$

$$定基增长速度 = 定基发展速度 - 1$$

2. 环比动态比率分析

环比动态比率分析又称环比比率分析，是通过将某一指标的每一分析期的前一期指标数额作为基期数额而计算出一系列的动态比率，借以分析该指标环比变动趋势的一种分析方法。其计算公式为

$$环比动态比率(环比发展速度) = \frac{分析期某一指标数额}{前一期某一指标数额}$$

$$环比增长速度 = 环比发展速度 - 1$$

【例 1-4】 A 公司 2017—2021 年的营业收入分别为 20 000 万元、21 000 万元、25 200 万元、27 720 万元和 29 940 万元，营业利润分别为 1000 万元、1200 万元、1440 万元、1512 万元和 1560 万元。要求：评价 A 公司近年来经营成果的发展趋势。

根据上述资料计算并填列动态比率分析表，具体结果见表 1-5。

表 1-5 动态比率分析表　　　　　　　　　　　　　　　　　单位：万元

项　　目		2017年	2018年	2019年	2020年	2021年
绝对金额	营业收入	20 000	21 000	25 200	27 720	29 940
	营业利润	1000	1200	1440	1512	1560
定基动态比率/%	营业收入	100	105	126	139	150
	营业利润	100	120	144	151	156
定基增长速度/%	营业收入	—	5	26	39	50
	营业利润	—	20	44	51	56
环比动态比率/%	营业收入	—	105	120	110	108
	营业利润	—	120	120	105	103
环比增长速度/%	营业收入	—	5	20	10	8
	营业利润	—	20	20	5	3

由表 1-5 可知，A 公司 2017—2021 年营业收入和营业利润始终保持不断增长的趋势。从环比增长速度看，2019 年营业收入和营业利润均达到了高峰，随后开始下降，总体经营状况较好。但自 2020 年开始，营业收入和营业利润的环比增长速度放慢，而且营业利

润的增长速度大大低于营业收入的增长速度，故该公司需要进一步在成本费用方面查明原因，及时采取有效的措施。

四、因素分析法

因素分析法是依据分析指标与其影响因素的关系，从数量上确定各因素对分析指标影响方向和影响程度的一种方法。采用这种方法的出发点在于，当有若干因素对分析对象产生影响时，假定其他各个因素都无变化，按顺序确定每一个因素单独变化所产生的影响。因此，因素分析法在财务报表分析中，特别是在内部成本管理分析中具有特殊而重要的意义。

因素分析法包括连环替代法和差额分析法。

1. 连环替代法

连环替代法是将分析指标分解为多个可以计量的因素，并根据各个因素之间的依存关系，按顺序用各因素的比较值（通常是实际值）替代基准值（通常是标准值或计划值），测定各因素对分析指标的影响的一种分析方法。确定替代顺序时应遵循"先替代数量因素，后替代质量因素；先替代实物量因素，后替代货币量因素；先替代主要因素，后替代次要因素"的原则。

假设某一经济指标 T 是由相互联系的 A、B、C 三个因素的乘积组成的，即

$$T = A \times B \times C$$

当 T 为计划指标时，$T_0 = A_0 \times B_0 \times C_0$；

当 T 为实际指标时，$T_1 = A_1 \times B_1 \times C_1$；

实际指标与计划指标的差异 $V = T_1 - T_0$。

在分析各因素的变动对指标的影响时，首先要使两个因素 B、C 保持不变，然后单独计算因素 A 变动对指标的影响，在第一个因素已变的基础上，再计算因素 B 变动对指标的影响，以此类推，直到各个因素变动的影响都计算出来为止。连环替代法用公式表示为

计划指标：

$$T_0 = A_0 \times B_0 \times C_0 \quad \text{①}$$

第一次替代：

$$T_2 = A_1 \times B_0 \times C_0 \quad \text{②}$$

②−①$= T_2 - T_0$，即 A_0 变为 A_1 时对总指标 T 的影响值。

第二次替代：

$$T_3 = A_1 \times B_1 \times C_0 \quad \text{③}$$

③−②$= T_3 - T_2$，即 B_0 变为 B_1 时对总指标 T 的影响值。

第三次替代：

$$T_1 = A_1 \times B_1 \times C_1 \quad \text{④}$$

④−③$= T_1 - T_3$，即 C_0 变为 C_1 时对总指标 T 的影响值。

将以上各种因素变动对指标的影响加以综合，其结果应与实际总额偏离计划总额的总差异相等，即

$$(T_2 - T_0) + (T_3 - T_2) + (T_1 - T_3) = V$$

因素分析法

【例1-5】 A公司的乙产品原材料费用资料见表1-6，要求：利用连环替代法对表1-6中的各项目进行因素分析。

表1-6　乙产品原材料费用

项　目	产品产量/件	单位产品消耗量/kg	原材料单价/(元/kg)	原材料费用总额/元
计划费用	1400	32	18	806 400
实际费用	1500	30	20	900 000
计划费用与实际费用的差异	+100	−2	+2	+93 600

A公司的乙产品原材料费用总额超支了93 600元，是什么原因导致这种情况发生的呢？采用连环替代法进行因素分析的结果见表1-7。

表1-7　乙产品原材料费用差异分析表

替换次数	因素			各因素乘积		每次替换的差异		影响差异的因素
	产品产量/件	单位产品消耗量/kg	原材料单价/(元/kg)	金额/元	编号	算式	金额/元	
基数	1400	32	18	806 400	①			
第一次	1500	32	18	864 000	②	②−①	+57 600	产品产量
第二次	1500	30	18	810 000	③	③−②	−54 000	单位产品消耗量
第三次	1500	30	20	900 000	④	④−③	+90 000	原材料单价
各因素影响程度合计							+93 600	综合影响

通过分析表1-7可知，原材料单价上涨是原材料费用超支的主要原因，A公司应进一步分析原材料单价上涨的具体原因，以控制材料采购成本。

2. 差额分析法

差额分析法是利用各个因素的实际数与基数之间的差额，直接计算各个因素对综合指标差异的影响数值的一种分析方法。差额分析法是连环替代法的简化形式。

假设财务指标 $N = a \times b \times c$，其受 a、b、c 三个因素的影响，运用差额分析法计算 a、b、c 三个因素对财务指标 N 的影响程度的基本步骤为

a 因素变动对财务指标 N 的影响程度：

$$A = (a_1 - a_0) \times b_0 \times c_0$$

b 因素变动对财务指标 N 的影响程度：

$$AB = a_1 \times (b_1 - b_0) \times c_0$$

c 因素变动对财务指标 N 的影响程度：

$$AC = a_1 \times b_1 \times (c_1 - c_0)$$

各因素的综合影响为

$$D = A + AB + AC$$

【例1-6】 根据例1-5中的资料，利用差额分析法进行因素分析。

产品产量变动的影响 = (1500 − 1400) × 32 × 18 = 57 600（元）

单位产品消耗量变动的影响 = 1500 × (30 − 32) × 18 = − 54 000（元）

材料单价变动的影响 = 1500 × 30 × (20 − 18) = 90 000（元）

各因素的综合影响 = 57 600 ＋ (−54 000) ＋ 90 000 = 93 600（元）

案例解析

根据裕隆公司的资料，甲产品原材料费用差异分析表见表 1-8。

表 1-8　甲产品原材料费用差异分析表

替换次数	因　　素			各因素乘积		每次替换的差异		影响差异的因素
	产品产量/件	单位产品消耗量/kg	原材料单价/（元/kg）	金额/元	编号	算式	金额/元	
基数	300	3	5	4500	①			
第一次	250	3	5	3750	②	②－①	−750	产品产量
第二次		5	5	6250	③	③－②	＋2500	单位产品消耗量
第三次	250	5	4	5000	④	④－③	−1250	原材料单价
各因素影响程度合计							＋500	综合影响

根据上述分析可知，该公司在产品产量、单位产品消耗量、原材料单价三个因素的共同影响下，实际的产品原材料费用较计划数高出 500 元，其主要原因是单位产品消耗量增加了，故应进一步分析其原因，以控制单位产品消耗量。

资料阅读

财务报告分析的黄金法则

比较：重动态，轻静态

"纵向比较看趋势，横向比较看异常"。纵向比较是企业自身的历史比较，可以进行趋势分析，预测企业未来的发展前景；横向比较是企业与其他多个企业进行比较，凸显差异，可以发现异常问题或者改进空间。

听故事：重逻辑，轻技术

一个财务数字暂时漂亮的企业并不一定就是一个优秀和有前途的企业。一位优秀的财务报表阅读者关注的重点首先是企业整体的投资情况，其次是资产组合质量、收入和利润的成长性，以及现金流量的均衡性。例如，某企业连续五年每年有超过 1 亿元的固定资产投资，但是每年的净利润只有 3000 万元左右，如果没有合理的理由，这明显违背了商业投资规律。从投资银行（证券公司 / 券商）的角度来看，那些具有较好的投资前景、较高的行业地位、主营业务简单而突出的企业，才是其所青睐的企业。很多属于传统行业、行业地位一般、业务多元化、主营业务不突出的企业，很难获得资本市场的青睐。因此，判断一个企业的优劣主要看其是否具有独特的商业模式和核心技术优势，其产品和技术是否具有不可复制性等。

整合分析：重立体，轻点线

资产负债表、利润表、现金流量表和所有者权益变动表之间的数字纵横交错，所有的数字都不是独立的，而是作为一个整体共同描述报表背后丰富多彩的、生动的商业活动。一项重要的商业活动必然同时对多个数据产生影响。因此，企业要关注主要交易活动之间的此消彼长，游刃有余地穿梭于数字之间，探究企业最佳的经营状态。

抓重点：重动机，辨方向

利润操纵有两种情况：一是上下膨胀的"巨无霸汉堡"，即收入高估，费用低估，结果是利润高估；二是上下压缩的"扁平汉堡"，即收入低估，费用高估，结果是利润低估。

很多企业在呈递给银行的报表中一般会夸大其业绩和利润的可持续性；呈递给证监会的报表中一般会夸大业绩和成长性；呈递给税务局的报表中一般会低估业绩和隐藏收入。因此，在阅读报表前要判断报表的编制动机，这可以为后面的工作指明方向。

打七寸：重现金，轻利润

我们早已熟知"现金为王"的道理，就是说现金链断裂将给企业带来破产或控制权旁落的风险，且现金流不易被粉饰。因此，评价企业经营活动、投资活动与筹资活动的均衡性，以及现金流的弹性是一项重要的财务分析内容。

本章小结

　　财务会计报告是指企业对外提供的反映企业某一特定时期的财务状况和某一会计期间的经营成果、现金流量等会计信息的文件。财务报表是指根据企业会计账簿的记录和有关资料，按照规定的报告格式，总括反映同一会计时点或期间的经济活动和财务收支情况及结果的一种报告文件。财务报表是整个会计核算过程的最终成果，是企业提供财务信息的重要工具和进行财务分析的基础。以公司、企业为例，按照国家颁布的现行《企业会计准则》的规定，财务报表主要包括资产负债表、利润表、现金流量表、所有者权益变动表等。

　　企业编制财务报表的目的在于提供有助于财务报表使用者进行经济决策的财务信息。财务报表使用者包括现有和潜在的投资人、债权人、企业管理者、政府部门和社会公众等。财务报表的作用具体包括：① 有助于现有和潜在的投资人和债权人等了解企业的财务状况与经营成果；② 有助于企业加强和改善内部经营管理；③ 有利于国家经济管理部门制定宏观产业政策，进行宏观调控；④ 有利于促进资本市场的健康发展。财务报表的编制应当遵循真实可靠、相关可比、全面完整、编制及时、便于理解的原则。

　　财务报表分析的根本目的就是通过财务报表提供的会计信息，揭示数字背后的事实，为财务报表使用者进行经济决策提供依据。不同的财务报表使用者在利用财务报表进行分析时，其分析的目的和侧重点不同。财务报表分析的内容主要包括短期偿债能力分析、长期偿债能力分析、资产运用效率分析、获利能力分析和现金流量分析。研究财务报表分析的程序是进行财务报表分析的基础和关键，为正确地开展财务分析工作、掌握财务分析方法指明了方向。财务报表分析的程序包括以下几个方面：① 明确分析的目的和范围；② 制订分析计划；③ 收集、整理和核实分析资料；④ 选择适当的分析方法；⑤得出分析结论。企业在进行财务报表分析时，主要采用比较分析法、比率分析法、趋势分析法、因素分析法等方法。

职业能力训练

一、单项选择题

1.财务报表按编制主体分类，可分为（　　）。

A.中期报表和年报

B.个别财务报表和合并财务报表

C.动态报表和静态报表

D.比较报表和静态报表

2.将本企业不同时期的指标相比较，称为（　　）。

A.横向比较　　　　B.趋势分析　　　　C.差异分析　　　　D.比率分析

3.将本企业指标与行业平均数或竞争对手的指标相比较，称为（　　）。

A.趋势分析　　　　B.横向比较　　　　C.差异分析　　　　D.比率分析

4.下列属于差异分析的是（　　）。

A.与同行业比

B.与本单位历史数据比

C.实际与计划或预算比

D.某个经济指标各个组成部分与总量比

5.财务报表中某个项目在不同时期的两项数值的比率称为（　　）。

A.动态比率　　　　B.相关比率　　　　C.结构比率　　　　D.标准比率

6.在财务分析中应用比较分析法时通常采用四类评价标准，其中有利于揭示企业财务状况变化趋势的标准是（　　）。

A.目标标准　　　　B.历史标准　　　　C.现行标准　　　　D.行业标准

二、多项选择题

1.财务报表编制和披露程序包括（　　）。

A.会计确认　　　　B.会计计量　　　　C.会计记录　　　　D.报表编制

2.财务报表分析程序包括（　　）。

A.明确分析的目的和范围

B.制订分析计划

C.收集、整理和核实分析资料

D.选择适当的分析方法，得出分析结论

3. 假设某一分析指标 R 是由相互联系的 A、B、C 三个因素相乘得到的，在进行因素分析时按照 A、B、C 的顺序来安排，基期数据为 A_0、B_0、C_0，报告期数据为 A_1、B_1、C_1，以下关于 C 对于 R 的影响的表述中，错误的是（　　）。

A. $A_0 \times B_0 \times (C_1 - C_0)$

B. $A_1 \times B_0 \times (C_1 - C_0)$

C. $A_1 \times B_1 \times (C_1 - C_0)$

D. $A_0 \times B_1 \times (C_1 - C_0)$

4. 下列各种方法中，属于财务报表分析方法的有（　　）。

A. 销售百分比法　　　B. 比较分析法　　　C. 因素分析法　　　D. 习性预测法

5. 财务报表按照反映内容的不同，可以分为（　　）。

A. 个别财务报表　　　B. 静态财务报表　　　C. 合并财务报表　　　D. 动态财务报表

三、判断题

1. 资产负债表是年报，利润表是静态财务报表。　　　　　　　　　　　　　　（　　）

2. 投资者进行财务分析主要是想了解企业的发展趋势。　　　　　　　　　　（　　）

3. 比率分析法的优点是计算简便，不足之处是无法进行不同行业间的比较分析。
　　　　　　　　　　　　　　　　　　　　　　　　　　　　　　　　　　（　　）

4. 财务分析主要以企业的财务报告为基础，日常核算资料只能作为财务分析的一种补充资料。　　　　　　　　　　　　　　　　　　　　　　　　　　　　　　　（　　）

5. 比较分析法是将两个或两个以上指标进行对比，确定数量差异，揭示财务状况和经营成果的一种分析方法。　　　　　　　　　　　　　　　　　　　　　　　　（　　）

6. 趋势分析法是利用财务报表提供的数据资料，将连续数期的财务报表中的不相同指标进行对比，以揭示企业财务状况和经营成果的变动趋势的一种分析方法。（　　）

7. 相关比率分析是通过计算两个性质完全不同而又相关的指标的比率进行分析的方法。　　　　　　　　　　　　　　　　　　　　　　　　　　　　　　　　　（　　）

8. 比较分析法和比率分析法都是将两个指标进行对比分析的方法，不同的是比较分析法是用除法计算两个数据的商，比率分析法是用减法计算两个数据的差。（　　）

小　贴　士

　　财务会计报告只有全面反映企业的财务状况和经营成果，提供完整的会计信息资料，才能满足财务报表使用者对企业财务信息资料的需要。

　　企业应该按照会计制度及会计准则规定的报表种类、格式和内容编制财务会计报告，以完整地反映企业的生产经营情况及其成果。对规定填列的报告内容，无论是报表项目，还是补充资料，都必须填列齐全，不能遗漏。

第 2 章
资产负债表编制与分析

▼

本章重难点

·资产负债表的编制；
·资产负债表的分析。

学习目标

知识目标

·了解资产负债表的作用；
·掌握资产负债表的编制程序；
·掌握资产负债表的编制方法；
·掌握与资产负债表有关的财务比率分析。

技能目标

·了解资产负债表的编制程序；
·能够编制资产负债表；
·掌握资产负债表的水平分析和结构分析。

2.1 编制资产负债表

案例导入

腾飞股份有限公司是一家制造业公司。该公司为增值税一般纳税人，适用的增值税税率为 13%，所得税税率为 25%，原材料采用计划成本进行核算，坏账准备以应收账款余额为计提基础。2021 年除减值准备导致账面价值与其计税基础存在暂时性差异外，其他资产和负债项目的账面价值均等于其计税基础（公司只发行普通股 1 000 000 股）。

腾飞股份有限公司 2020 年总账账户期末余额表见表 2-1。

表 2-1　总账账户期末余额表　　　　　　　　　　单位：元

账户名称	借方余额	账户名称	贷方余额
库存现金	700 000	坏账准备	3500
银行存款	3 109 400	累计折旧	1 415 000
其他货币资金	810 000	累计摊销	14 400
交易性金融资产	210 000	短期借款	200 000
应收票据	368 580	应付票据	585 300
应收账款	122 500	应付账款	105 900
预付账款	108 200	其他应付款	16 700
其他应收款	2500	应交税费	450
原材料	750 000	应付职工薪酬	3500
材料采购	3 000 000	长期借款	1 604 600
材料成本差异	58 000	股本	10 000 000
周转材料	300 400	资本公积	235 700
库存商品	1 400 000	盈余公积	185 430
长期股权投资	302 500	利润分配	231 800

续表

账户名称	借方余额	账户名称	贷方余额
固定资产	2 837 900		
在建工程	202 300		
无形资产	320 000		
合计	14 602 280	合计	14 602 280

表 2-1 中，"银行存款"账户的余额均为企业随时可以动用的银行存款。"坏账准备"账户的余额均按应收账款余额计提,其他应收款预计无损失,未提取坏账准备。"盈余公积"账户的余额中,法定盈余公积金为 123 620 元,任意盈余公积金为 61 810 元。"长期借款"账户的余额中,一年内将要到期的长期借款为 750 000 元。

腾飞股份有限公司 2021 年发生如下经济业务:

(1) 购入一批原材料,增值税专用发票中注明的价款为 200 000 元,增值税为 26 000 元,另支付运杂费 2000 元。所有款项通过银行转账支票支付,材料尚未验收入库。

(2) 从银行借入 5 年期、利率为 5%、分期付息、到期偿还本金的借款 1 000 000 元,款项已经存入银行账户,该项借款用于购建厂房。

(3) 转让一项交易性金融资产,该投资的账面成本为 160 000 元,公允价值变动为增值 10 000 元,转让收入 200 000 元,已存入银行。

(4) 以银行存款归还短期借款本金 50 000 元。

(5) 用银行本票采购原材料,原材料价款为 90 000 元,运费为 9800 元,增值税为 12 582 元,原材料已验收入库,该批原材料的计划价格为 100 000 元。银行本票多余款进账单的数额为 268 元。

(6) 购入不需要安装的设备一台,价款为 96 000 元,支付增值税 12 480 元,价款和增值税已用银行存款支付。

(7) 提取应计入本年损益的长期借款利息 16 000 元,该借款采用分期付息的方式偿还。

(8) 提取本年用于厂房建造的 5 年期借款利息 50 000 元。

(9) 购入一批工程物资,增值税专用发票中注明的价款和增值税额合计为 260 000 元,企业已用银行存款支付。(注:取得的是增值税普通发票。)

(10) 支付长期借款利息 66 000 元。

(11) 提取现金 500 000 元,准备发放工资。

(12) 支付工资 500 000 元,其中在建工程人员的工资为 200 000 元。

(13) 分配职工工资 500 000 元,其中在建工程人员工资为 200 000 元,生产车间人员工资为 275 000 元,车间管理人员工资为 10 000 元,行政管理人员工资为 15 000 元。

(14) 计提并缴纳职工医疗保险、养老保险等社会保险费 240 000 元,其中生产车间人员为 80 000 元,车间管理人员为 40 000 元,行政管理人员为 44 000 元,销售机构人员为 36 000 元,在建工程人员为 40 000 元。

(15) 该企业的一台机床经批准予以报废,原价为 300 000 元,已计提折旧 200 000 元,支付清理费用 5000 元，残料变价收入为 8000 元，均通过银行存款收支。该项固定资产已清理完毕。

(16) 生产车间生产产品时领用原材料 700 000 元，低值易耗品 40 000 元，低值易耗品采用一次摊销法核算。

(17) 结转领用原材料和低值易耗品应分摊的材料成本差异，差异率为 3%。

(18) 销售产品一批，销售价款为 1 100 000 元，增值税销项税额为 143 000 元，价款和税金已收到并且存入银行，产品的销售成本为 800 000 元。

(19) 以银行存款支付产品宣传费 20 000 元，展览费 9000 元。

(20) 计提固定资产折旧 125 000 元，其中生产车间固定资产折旧为 105 000 元，行政管理部门固定资产折旧为 20 000 元。

(21) 管理部门无形资产摊销为 6600 元，以银行存款支付生产车间厂房维修费用 20 000 元。

(22) 计算并结转制造费用 196 200 元，期初没有在产品，本期入库完工产品价款为 953 680 元。

(23) 晨光公司资本公积金增加 400 000 元 (本公司持有晨光公司 30% 的股权，长期股权投资采用权益法核算)。

(24) 销售产品后，增值税专用发票中注明的价款为 350 000 元，增值税销项税额为 45 500 元。产品已发出，货款尚未收到，该产品的成本为 200 000 元。

(25) 本期计算并确定应缴的消费税为 41 500 元，城市维护建设税为 15 315 元，教育费附加为 6885 元。

(26) 用银行存款缴纳增值税为 178 000 元，教育费附加为 5710 元，消费税为 12 300 元，城市维护建设税 13 320 元。(注：增值税为当月缴纳当月的增值税。)

(27) 收回应收账款 80 500 元并存入银行。按应收账款余额的 0.4128% 计提坏账准备，同时用银行存款偿还应付账款 75 000 元。

(28) 领用工程材料款 200 000 元用于工程建设。

(29) 结转本期产品销售成本 1 320 000 元。

(30) 盈余公积转增资本为 60 000 元，资本公积转增资本为 35 000 元。

(31) 计提固定资产减值准备 20 000 元。

(32) 用银行存款 53 000 元购入 M 公司发行的到期一次还本付息的债券，债券面值为 50 000 元，票面利率为 7%，该债券还有 5 年到期。公司将其列入债权投资。

(33) 收到税务部门退回的增值税款 210 000 元。并存入银行。

(34) 收到被投资企业于本年初已宣告分派的现金股利 20 000 元 (本公司对该长期股权投资采用成本法核算，被投资企业的所得税税率为 25%)。

(35) 按每股 2.4 元的价格发行普通股 500 000 股，每股面值为 1 元。相关发行费用为 100 000 元，款项已存入银行。

(36) 将未到期的应收票据 (银行承兑汇票且不具有追索权)30 000 元办理贴现，贴现利息为 600 元。

(37) 与债权人达成重组协议，减免应付账款 26 206 元。

(38) 将各损益类科目结转入本年利润。

(39) 确定与计算税前的会计利润及递延所得税、所得税费用并结转，所得税税率为 25%。

(40) 计算税后净利润，将"本年利润"科目的余额转入"利润分配—未分配利润"科目。

(41) 按净利润的 10%、5%、20% 提取法定盈余公积金、任意盈余公积金和分配普通股现金股利。

(42) 将利润分配各明细科目的余额均转入"利润分配—未分配利润"明细科目。

(43) 商业承兑汇票到期，款项 30 000 元已存入银行。

(44) 用银行存款上缴所得税 30 000 元。

注意：长期借款明细账户中，一年内到期的长期借款为 860 000 元，余额在贷方。

案例要求

(1) 根据腾飞股份有限公司 2021 年发生的经济业务编制记账凭证 (用会计分录代替)。

(2) 编制 2021 年腾飞股份有限公司的登记账簿 (用 T 型账代替各明细账，总账为所属明细账的汇总，为了核对经济业务，T 型账业务与经济业务中的序号应一致)。

(3) 编制 2021 年腾飞股份有限公司总账账户期末余额表。

(4) 编制 2021 年腾飞股份有限公司的资产负债表。

知识准备

2.1.1 资产负债表概述

一、资产负债表的概念

资产负债表是指反映企业在某一特定日期 (年末、半年末、季度末、月末) 的财务状况的会计报表。它是以"资产＝负债＋所有者权益"这一会计恒等式为理论基础，按照一定的分类标准和次序，将企业某一日期的资产、负债和所有者权益各项目适当加以排列，并按照一定的编制要求和步骤编制而成的。

二、资产负债表的格式和内容

资产负债表的格式主要有报告式资产负债表和账户式资产负债表两种。

1. 报告式资产负债表

报告式资产负债表的各项目自上而下排列，最先列示资产项目，然后列示负债项目，最后列示所有者权益项目。其平衡关系体现为资产总额减负债总额等于所有者权益总额。它突出强调的是企业的所有者权益情况。报告式资产负债表的简化格式见表 2-2。

表 2-2　报告式资产负债表的简化格式

项　目	金　额
资产： 流动资产 非流动资产 (资产合计) 负债： 流动负债 非流动负债 (负债合计) 所有者权益： 实收资本(股本) 资本公积 盈余公积 未分配利润 (所有者权益合计)	

2. 账户式资产负债表

我国会计制度规定，企业编制资产负债表时应采用账户式，报表的左方列报资产类项目，右方列报负债类和所有者权益类项目。资产类项目按照其流动性强弱排列，流动性强的排在前，流动性弱的排在后。负债类项目按照其偿还日期排列，偿还日期近的排在前，偿还日期远的排在后。所有者权益类项目按照实收资本（股本）、资本公积、盈余公积和未分配利润的顺序排列。依据复式记账原理，资产总计应等于负债和所有者权益总计，即会计恒等式"资产＝负债＋所有者权益"。账户式资产负债表的简化格式见表 2-3。

表 2-3　账户式资产负债表的简化格式

资　产	负债和所有者权益
流动资产 非流动资产	流动负债 非流动负债 (负债合计) 实收资本(股本) 资本公积 盈余公积 未分配利润 (所有者权益合计)
资产总计	负债和所有者权益总计

三、资产负债表的作用

资产负债表的作用主要有：

(1) 可以提供企业拥有的资产的种类和结构。

资产负债表可以提供某一日期的资产总额及其分布结构，表明企业拥有或控制的资产的种类和分布情况。财务报表使用者可通过企业资产的种类、金额和分布情况，分析企业资产分布是否合理。

(2) 可以提供企业负债的总额及其构成。

资产负债表可以提供某一日期的负债的总额及其构成，表明企业未来需要用多少资产或劳务来偿还债务，以及清偿时间要多久。财务报表使用者可通过资产负债表了解企业的负债金额和结构，分析企业的偿债能力。

(3) 可以提供企业所有者权益的构成情况。

资产负债表可以提供某一日期的企业所有者所拥有的权益。财务报表使用者可通过资产负债表分析企业资本保值增值的情况，以及对负债的保障程度。

四、资产负债表的编制程序

资产负债表的编制程序包括以下几个方面：

(1) 依据原始凭证编制记账凭证，登记总账及明细账，并进行账账核对、账证核对及账实核对。

(2) 在确保会计业务均已入账的前提下，编制试算平衡表，检查账户的正确性，从而为编制会计报表作准备。

(3) 依据试算平衡表中总账账户的余额，结合有关明细账户的余额，计算并填列资产负债表的各项目。

(4) 检验资产负债表的完整性及正确性，包括表头部分的填制是否齐全、各项目的填列是否正确、有关人员是否签字盖章、资产总额是否等于负债和所有者权益合计。

▌ 2.1.2　资产负债表的编制方法

一、"年初余额"栏的填列

资产负债表"年初余额"栏内各个项目的金额应根据上年末资产负债表"期末余额"栏中各个项目所列的金额填列。如果企业发生前期差错更正、会计政策变更，则要对"年初余额"栏中的有关项目进行相应的调整。另外，如果企业上年度资产负债表规定的项目的名称和金额与本年度不一致，应将上年末资产负债表相关项目的名称和金额按照本年度的规定进行调整，并将调整后的金额填入本年度资产负债表的"年初余额"栏中。

资产负债表填列
项目的变化

二、"期末余额"栏的填列

资产负债表"期末余额"栏一般应根据资产、负债和所有者权益类账户的总账和明细

账的期末余额分析填列。根据资产负债表各项目的不同，可将资产负债表"期末余额"栏的填列方法分为以下五种情况。

1. 根据总账账户的期末余额直接填列

资产负债表中的大多数项目可以根据总账账户的期末余额直接填列，比如资产负债表中的"交易性金融资产""应收票据""应付票据""可供出售金融资产""开发支出""长期待摊费用""递延所得税资产""短期借款""应付职工薪酬""应交税费""递延所得税负债""实收资本（股本）""资本公积""盈余公积"等项目。

2. 根据总账账户的期末余额计算填列

资产负债表中的有些项目需要根据总账账户的期末余额计算填列，比如，对于"货币资金"项目，应根据"库存现金""银行存款""其他货币资金"总账账户的期末余额合计填列；对于"存货"项目，应根据"材料采购（在途材料）""原材料""周转材料""生产成本""库存商品""委托加工物资""发出商品""存货跌价准备""材料成本差异"等总账账户的期末余额计算填列。

3. 根据总账账户所属明细账户的期末余额计算填列

在资产负债表中，需要根据总账账户所属明细账户的期末余额计算填列的有"应付账款""应收账款""预付款项""预收款项""开发支出"五个项目。

(1)"应付账款"项目：根据"应付账款"和"预付账款"两个科目所属明细科目的期末贷方余额之和计算填列。

(2)"应收账款"项目：根据"应收账款"和"预收账款"两个科目所属明细科目的期末借方余额之和，减去"坏账准备"科目中相关坏账准备的期末贷方余额计算填列。

(3)"预付款项"项目：根据"预付账款"明细账户的期末借方余额，减去与"预付账款"科目有关的坏账准备期末贷方余额，加上"应付账款"科目所属明细科目的期末借方余额计算填列。

(4)"预收款项"项目：根据"预收账款"科目所属明细科目的期末贷方余额，加上"应收账款"科目所属明细科目的期末贷方余额计算填列。

(5)"开发支出"项目：根据"开发支出"账户下的"资本化支出"账户的余额填列。"开发支出"账户下的"费用化支出"账户的余额，期末应转入管理费用。

4. 根据总账账户和明细账户的余额分析计算填列

(1)"一年内到期的非流动资产"项目：编制资产负债表时，将于资产负债表日起一年内（含一年）到期的非流动资产的金额，在"一年内到期的非流动资产"项目中单独填列。这里涉及的非流动资产项目主要有"债权投资""长期应收款"等。

(2)"一年内到期的非流动负债"项目：编制资产负债表时，将于资产负债表日起一年内（含一年）到期的非流动负债的金额，在"一年内到期的非流动负债"项目中单独填列。这里涉及的非流动负债项目主要有"长期借款""长期应付款""专项应付款"等。

5. 根据总账账户与其备抵账户计算填列

有些项目要以净额反映在资产负债表中,主要包括"其他应收款""可供出售金融资产""长期股权投资""投资性房地产""固定资产""在建工程""生产性生物资产""油气资产""无形资产"等项目。例如,"固定资产"项目应根据"固定资产"账户的期末借方余额,扣除"累计折旧"和"固定资产减值准备"账户的期末贷方余额后的净额填列;"在建工程"项目应根据"在建工程"账户的期末借方余额,加上"工程物资"账户的期末借方余额,扣除"在建工程减值准备"账户的期末贷方余额后的净额填列。

案例解析

1. 编制记账凭证。

下面用会计分录来代替记账凭证。

(1) 借:材料采购	202 000
应交税费—应交增值税(进项税额)	26 000
贷:银行存款	228 000
(2) 借:银行存款	1 000 000
贷:长期借款	1 000 000
(3) 借:银行存款	200 000
贷:交易性金融资产—成本	160 000
—公允价值变动	10 000
投资收益	30 000
(4) 借:短期借款	50 000
贷:银行存款	50 000
(5) 借:材料采购	99 800
应交税费—应交增值税(进项税额)	12 582
贷:其他货币资金—银行本票	112 382
借:银行存款	268
贷:其他货币资金—银行本票	268
借:原材料	100 000
贷:材料采购	100 000
借:材料采购	200
贷:材料成本差异	200
(6) 借:固定资产	96 000
应交税费—应交增值税(进项税额)	12 480
贷:银行存款	108 480
(7) 借:财务费用	16 000

贷：应付利息	16 000
(8) 借：在建工程	50 000
贷：应付利息	50 000
(9) 借：工程物资	260 000
贷：银行存款	260 000
(10) 借：应付利息	66 000
贷：银行存款	66 000
(11) 借：库存现金	500 000
贷：银行存款	500 000
(12) 借：应付职工薪酬—工资	500 000
贷：库存现金	500 000
(13) 借：生产成本	275 000
制造费用	10 000
管理费用	15 000
在建工程	200 000
贷：应付职工薪酬—工资	500 000
(14) 借：生产成本	80 000
制造费用	40 000
管理费用	44 000
销售费用	36 000
在建工程	40 000
贷：应付职工薪酬—社会保险费	240 000
借：应付职工薪酬—社会保险费	240 000
贷：银行存款	240 000
(15) 借：固定资产清理	100 000
累计折旧	200 000
贷：固定资产	300 000
借：固定资产清理	5000
贷：银行存款	5000
借：银行存款	8000
贷：固定资产清理	8000
借：营业外支出	97 000
贷：固定资产清理	97 000

固定资产在出售、对外投资、进行非货币性资产交换、债务重组时不转入营业外收支，而是记入"资产处置损益"科目。

(16) 借：生产成本	700 000
贷：原材料	700 000

借：制造费用	40 000
贷：周转材料—低值易耗品	40 000

(17) 领用原材料差异额 = 700 000 × 3% = 21 000 元（超支）

　　领用低值易耗品差异额 = 40 000 × 3% = 1200 元（超支）

借：生产成本	21 000
制造费用	1200
贷：材料成本差异	22 200

(18) 借：银行存款　1 243 000

贷：主营业务收入	1 100 000
应交税费—应交增值税（销项税额）	143 000

(19) 借：销售费用　29 000

贷：银行存款	29 000

(20) 借：制造费用　105 000

管理费用	20 000
贷：累计折旧	125 000

(21) 借：管理费用　26 600

贷：累计摊销	6600
银行存款	20 000

(22) 借：生产成本　196 200

贷：制造费用	196 200
借：库存商品	953 680
贷：生产成本	953 680

(23) 借：长期股权投资—其他权益变动　120 000

贷：资本公积—其他资本公积	120 000

(24) 借：应收账款　395 500

贷：主营业务收入	350 000
应交税费—应交增值税（销项税额）	45 500

(25) 借：税金及附加　63 700

贷：应交税费—应交消费税	41 500
—应交城建税	15 315
—教育费附加	6885

(26) 借：应交税费—应交增值税（已交税金）　138 000

—应交消费税	11 509
—应交城建税	10 465.6
—教育费附加	7475.4
贷：银行存款	167 450

(27) 借：银行存款　80 500

| | 贷：应收账款 | | 80 500 |

应收账款余额 = 122 500 + 395 500 - 80 500 = 437 500 元

坏账准备余额 437 500 × 0.4128% = 1806 元

应转回坏账准备金额 = 1806 - 3500 = -1694 元

	借：坏账准备	1694	
	贷：信用减值损失		1694
	借：应付账款	75 000	
	贷：银行存款		75 000
(28)	借：在建工程	200 000	
	贷：工程物资		200 000
(29)	借：主营业务成本	1 320 000	
	贷：库存商品		1 320 000
(30)	借：盈余公积	60 000	
	贷：股本		60 000
	借：资本公积	35 000	
	贷：股本		35 000
(31)	借：资产减值损失	20 000	
	贷：固定资产减值准备		20 000
(32)	借：债权投资—成本	50 000	
	—利息调整	3000	
	贷：银行存款		53 000
(33)	借：银行存款	210 000	
	贷：营业外收入		210 000
(34)	借：应收股利	20 000	
	贷：投资收益		20 000
	借：银行存款	20 000	
	贷：应收股利		20 000
(35)	借：银行存款	1 100 000	
	贷：股本		500 000
	资本公积		600 000
(36)	借：银行存款	29 400	
	财务费用	600	
	贷：应收票据		30 000
(37)	借：应付账款	29 206	
	贷：营业外收入—债务重组利得		26 206
(38)	借：主营业务收入	1 450 000	
	投资收益	60 000	

营业外收入		236 206
贷：本年利润		1 746 206
借：本年利润		1 686 206
贷：资产减值损失		20 000
信用减值损失		−1694
财务费用		16 600
管理费用		105 600
营业外支出		97 000
主营业务成本		1 320 000
销售费用		65 000
税金及附加		63 700

(39) 借：递延所得税资产　　　　4576.5
　　　所得税费用　　　　11 189.7
　　　贷：应交税费—应交所得税　　　10 525
　　　　　递延所得税负债　　　5 241.2
　　借：本年利润　　　11 189.7
　　　贷：所得税费用　　　11 189.7
(40) 借：本年利润　　　38 810.3
　　　贷：利润分配—未分配利润　　　38 810.3
(41) 借：利润分配—提取法定盈余公积　　　3881.03
　　　　　—提取任意盈余公积　　　1940.52
　　　　　—应付现金股利或利润　　　7762.06
　　　贷：盈余公积—法定盈余公积　　　3881.03
　　　　　—任意盈余公积　　　1940.52
　　　应付股利　　　7762.06
(42) 借：利润分配—未分配利润　　　13 583.61
　　　贷：利润分配—提取法定盈余公积　　　3881.03
　　　　　—提取任意盈余公积　　　1940.52
　　　　　—应付现金股利或利润　　　7762.06
(43) 借：银行存款　　　30 000
　　　贷：应收票据　　　30 000
(44) 借：应交税费—应交所得税　　　30 000
　　　贷：银行存款　　　30 000

2. 编制登记账簿。

用T型账代替各明细账，总账为所属明细账的汇总，为便于核对经济业务，T型账业务与经济业务中的序号要保持一致。T型账见表2-4。

表 2-4 T 型账

银行存款			
期初余额：	3 109 400		
(2) 取得长期借款	1 000 000	(1) 支付材料价款和进项税	228 000
(3) 出售交易性金融资产	200 000	(4) 归还短期借款本金	50 000
(5) 收回银行本票余款	268	(6) 支付设备价款和进项税	108 480
(15) 报废设备残值收入	8000	(9) 支付工程物资款	260 000
(18) 收到销售商品款	1 243 000	(10) 支付长期借款利息	66 000
(27) 收回应收账款	80 500	(11) 提取现金	500 000
(33) 收到退回增值税	210 000	(14) 缴纳社会保险费	240 000
(34) 收到股利	20 000	(15) 支付设备清理费	5000
(35) 发行股票	1 100 000	(19) 支付广告费和宣传费	29 000
(36) 收到应收票据	29 400	(21) 支付车、厂房修理费	20 000
(43) 收回应收票据余款	30 000	(26) 缴纳税金	167 450
		(27) 支付应付账款	75 000
		(32) 购买债券	53 000
		(44) 交纳所得税	30 000
期末余额：	5198 638		

库存现金			
期初余额：	700 000		
(11)提取现金	500 000	(12)发放工资	500 000
期末余额：	700 000		

应收账款			
期初余额：	122 500		
(24) 应收账款	395 500	(27)收回货款	80 500
期末余额：	437 500		

应收票据			
期初余额：	368 580		
		(36)票据到期	30 000
		(43)票据到期	30 000
期末余额：	308 580		

预付账款

期初余额：	108 200		
期末余额：	108 200		

周转材料

期初余额：	300 400		
		(16)车间领用材料	40 000
期末余额：	260 400		

库存商品

期初余额：	1 400 000		
(22)验收入库	953 680	(29)结转成本	1 320 000
期末余额：	1 033 680		

材料成本差异

期初余额：	58 000		
		(5)买材料节约差	200
		(17)分摊差异	22 200
期末余额：	35 600		

制造费用

(13)分配工资	10 000	(22)结转制造费用	196 200
(14)分配社保费	40 000		
(16)领用低值易耗品	40 000		
(17)分摊差异	1200		
(20)计提折旧	105 000		
期末余额：	0		

其他货币资金

期初余额：	810 000		
		(12)支付材料款及进项税	112 382
		(12)收回银行本票余款	268
期末余额：	697 350		

坏账准备			
		期初余额：	3500
(27) 坏账准备	1694	(12) 发放工资	500 000
		期末余额：	1806

交易性金融资产			
期初余额：	210 000	(3)转让资产	160 000
		(3)公允价值变动	10 000
期末余额：	400 000		

其他应收款		
期初余额：	2500	
期末余额：	2500	

原材料			
期初余额：	750 000		
(5)验收入库	100 000	(16)生产领用材料	700 000
期末余额：	150 000		

递延所得税资产		
(39)可抵扣差异	4576.5	
期末余额：	4576.5	

长期股权投资		
期初余额：	302 500	
(23)其他权益变动	120 000	
期末余额：	422 500	

生产成本

(13)分配工资	275 000	(22)完工成本	953 680
(14)分配社保费	80 000		
(16)领用材料	700 000		
(17)分摊差异	21 000		
(22)结转制造费用	196 200		
期末余额:	318 520		

固定资产

期初余额:	2 837 900		
(6)购买设备	96 000	(15)报废设备	300 000
期末余额:	2 633 900		

固定资产清理

(15)报废设备	100 000	(15)报废残值收入	8000
(15)设备清理费	5000	(15)报废净损失	97 000
期末余额:	0		

债权投资

(32)购入债券	53 000		
期末余额:	53 000		

无形资产

期初余额:	320 000		
期末余额:	320 000		

在建工程

期初余额:	202 300		
(8)借款利息	50 000		
(13)分配工资	200 000		
(14)分配社保费	40 000		
(28)领用工程物资	200 000		
期末余额:	692 300		

短期借款			
		期初余额：	200 000
(4)归还借款本金	50 000		
		期末余额：	150 000

应付股利			
		(41)应付股利	8500
		期末余额：	8500

应付票据			
		期初余额：	585 300
		期末余额：	585 300

应付职工薪酬			
		期初余额：	3500
(12)支付工资	500 000	(13)工人工资	275 000
(14)支付社保费	240 000	(13)车间工资	10 000
		(13)企业工资	15 000
		(13)工程工资	200 000
		(14)社会保险费	240 000
		期末余额	3500

应付利息			
(10)支付利息	66 000	(7)提取借款利息	16 000
		(8)提取借款利息	50 000
		期末余额：	0

股本			
		期初余额：	10 000 000
		(30)盈余转增	60 000
		(30)资本转增	35 000
		(35)发行股票	500 000
		期末余额：	10 595 000

盈余公积

		期初余额:	185 430
(30)转增资本	60 000	(41)提取盈余公积	6 375
		期末余额:	131805

累计折旧

		期初余额:	1 415 000
(15)报废设备	200 000	(20)计提折旧	125 000
		期末余额:	1 340 000

固定资产减值准备

		(31)计提减值准备	20 000
		期末余额:	20 000

应收股利

(34)收到现金股利	20 000	(34)宣派发放现金股利	20 000
期末余额:	0		

工程物资

(9)购买工程物资	260 000	(28)领用工程物资	200 000
期末余额:	60 000		

材料采购

期初余额:	3 000 000		
(1)购买材料	202 000	(5)入库计划成本	100 000
(5)购买材料	99 800		
(5)买材料节约差	200		
期末余额:	3 202 000		

应付账款

		期初余额:	105 900
(27)偿还应付账款	75 000		
(37)重组减免	26 206		
		期末余额:	4694

累计摊销

		期初余额:	14 400
		(21)资产摊销	6600
		期末余额:	21 000

其他应付款

		期初余额:	16 700
		期末余额:	16 700

应交税费

			期初余额:	450
(1)材料进项税	26 000	(18)应收销项税	143 000
(5)材料进项税	12 582	(24)应收销项税	45 500
(6)资产进项税	12 480	(25)应交消费税	41 500
(26)应交增值税	138 000	(25)应交城建税	15 315
(26)应交消费税	11 509	(25)应交教育费附加	6885
(26)应交城建税	10 465.6	(39)应交所得税	12 076.5
(26)应交教育费附加	7475.4		
(44)应交所得税	30 000	期末余额:	16 214.5

长期借款

		期初余额:	1 604 600
		(2)取得长期借款	1 000 000
		期末余额:	2 604 600

资本公积

		期初余额:	235 700
(30)转增资本	35 000	(23)其他资本公积	120 000
		(35)发行股票	600 000
		期末余额:	920 700

本年利润

(38)成本费用	1 686 206	(38)各项收入	1 736 206
(39)结转所得税费用	7500		
(40)本年利润	42500		
		期末余额:	0

税金及附加

(25)税金及附加	63 700	(38)结转税金及附加	63 700
期末余额:	0		

销售费用

(14)社会保险费	36 000	(38)结转销售费用	65 000
(19)宣传费	20 000		
(19)展览费	9000		
期末余额:	0		

营业外支出

(15)资产损失	97 000	(38)结转营业外支出	97 000
期末余额:	0		

公允价值变动损益

(3)公允价值变动损失	10 000	(38)结转公允价值变动损益	10 000
		期末余额：	0

递延所得税负债

		(39)应纳税差异	5 241.2
		期末余额：	5 241.2

财务费用

(7)提取借款利息	16 000	(38)结转财务费用	16 600
(36)票据贴现	600		
期末余额：	0		

投资收益

(38)结转投资收益	60 000	(3)资产转让收益	40 000
		(34)分红	20 000
		期末余额：	0

资产减值损失

(31)资产减值损失	20 000	(38)结转资产减值损失	20 000
期末余额：	0		

所得税费用

(39)所得税费用	11 189.7	(39)结转所得税费用	11 189.7
期末余额：	0		

营业外收入

(38)结转营业外收入	236 206	(33)退税	210 000
		(37)重组减免	26 206
		期末余额：	0

信用减值损失			
		(27)坏账准备	1694
		(38)结转信用减值损失	-1694
		期末余额：	0

利润分配			
(41)提取法定盈余公积	4250	期初余额：	231 800
(41)提取任意盈余公积	2125	(40)利润转入	42 500
(41)提取应付现金股利	8500	(42)结转法定盈余公积	4250
(42)分配利润	14 875	(42)结转任意盈余公积	2125
		(42)结转现金股利	8500
		期末余额：	259 425

主营业务收入			
(38)结转主营业务收入	1 450 000	(18)销售商品	1 100 000
		(24)销售商品	350 000
		期末余额：	0

管理费用			
(13)工资费用	15 000	(38)结转管理费用	105 600
(14)社会保险费	44 000		
(20)计提折旧	20 000		
(21)无形资产摊销	6600		
(21)维修费	20 000		
期末余额：			

主营业务成本			
(29)结转成本	1 320 000	(38)结转主营业务成本	1 320 000
期末余额	0		

3. 编制总账账户期末余额表。

根据账簿编制的2021年腾飞股份有限公司总账账户期末余额表见表2-5。

表 2-5　总账账户期末余额表

2021 年 12 月 31 日　　　　　　　　　　　　　　　单位：元

账户名称	借方余额	账户名称	贷方余额
库存现金	700 000	坏账准备	1806
银行存款	5 198 638	累计折旧	1 340 000
其他货币资金	697 350	固定资产减值准备	20 000
交易性金融资产	40 000	累计摊销	21 000
应收票据	308 580	短期借款	150 000
应收账款	437 500	应付票据	585 300
预付账款	108 200	应付账款	4694
其他应收款	2500	其他应付款	16 700
原材料	150 000	应交税费	16 214.5
材料采购	3 202 000	应付股利	8500
材料成本差异	35 600	应付职工薪酬	3500
周转材料	260 400	长期借款	2 604 600
递延所得税资产	5000	递延所得税负债	423.5
库存商品	1 033 680	股本	10 595 000
生产成本	318 520	资本公积	920 700
工程物资	60 000	盈余公积	131 805
长期股权投资	422 500	利润分配	259 425
固定资产	2 633 900		
在建工程	692 300		
无形资产	320 000		
债权投资	53 000		
合计	16 679 668	合计	16 679 668

4. 编制资产负债表。

腾飞股份有限公司 2021 年资产负债表中"年初余额"栏的数字是按 2020 年资产负债表的"期末余额"栏的数字记录的，"期末余额"栏的数字是根据总账账户期末余额表及有关明细账账户填列的。

"货币资金"项目金额 = "库存现金"项目期末借方余额 + "银行存款"项目期末借方余额 + "其他货币资金"项目期末借方余额 = 700 000 + 5 198 638 + 697 350 = 6 595 988(元)

"应收票据"项目金额 = "应收票据"项目期末借方余额 = 308 580 (元)

"应收账款"项目金额 = "应收账款"项目期末借方余额 - "坏账准备"项目期末贷方

余额 = 437 500 − 1806 = 435 694(元)

"存货"项目金额 = "材料采购"项目借方余额 + "原材料"项目借方余额 + "周转材料"项目借方余额 + "库存商品"项目借方余额 + "材料成本差异"项目借方余额 + "生产成本"项目借方余额 = 3 202 000 + 150 000 + 260 400 + 1 033 680 + 35 600 + 318 520 = 5 000 200(元)

"其他应收款"项目金额 = "应收股利"项目期末借方余额 + "应收利息"项目期末借方余额 + "其他应收款"项目期末借方余额 = 2500(元)

"固定资产"项目金额 = "固定资产"项目借方余额 − "累计折旧"项目贷方余额 − "固定资产减值准备"项目贷方余额 = 2 633 900 − 1 340 000 − 20 000 = 1 273 900(元)

"在建工程"项目金额 = "在建工程"项目借方余额 = 692 300(元)

"工程物资"项目借方余额 = 60 000(元)

"无形资产"项目金额 = "无形资产"项目借方余额 − "累计摊销"项目贷方余额 = 320 000 − 21 000 = 299 000(元)

"应付票据"项目金额 = "应付票据"项目期末贷方余额 = 585 300(元)

"应付账款"项目金额 = "应付账款"明细账期末贷方余额 + "预付账款"明细账贷方余额 = 4694 + 0 = 4694(元)

"其他应付款"项目金额 = "其他应付款"项目期末贷方余额 = 16 700(元)

"应付股利"项目 = 期末贷方余额 = 8500(元)

根据腾飞股份有限公司 2021 年度的经济业务，坏账准备按应收账款余额的 4% 计提；"应收账款""预付账款"明细账户的余额均在借方，"应付账款""预收账款"明细账户的余额均在贷方；长期借款中，一年内到期的长期借款为 860 000 元。

"一年内到期的非流动负债"项目金额 = 860 000(元)

"长期借款"项目金额 = 2 604 600 − 860 000 = 1 744 600(元)

需要特别说明的事项如下。

(1) 债权投资：以摊余成本计量的长期债权投资按明细账期末余额填列，但不包括一年内到期的部分，若有减值要减去。

(2) 其他债权投资：以公允价值计量并且将变动计入其他综合收益的长期债权投资(变化前在可供出售的金融资产中)，按明细账期末余额填列，但不包括一年内到期的部分。

(3) 其他权益工具投资：由公允价值计量且将其变动计入其他综合收益的非交易性权益工具，按总账账户的期末余额填列。

(4) 其他权益工具：企业发行的除普通股以外的归类为权益工具的各种金融工具，下设优先股和永续股两个项目，分别反映优先股和永续股的账面价值，根据期末余额填列。

(5) 其他综合收益：根据期末余额填列。

(6) 专项储备：反映高危行业按国家规定提取的安全生产费用的期末账面价值，按期末余额填列。

(7) 其他项目：按账户期末余额填列。

资产负债表中其他各项目的金额按照相对应总账账户的金额直接填列。腾飞股份有限公司编制完成的 2021 年资产负债表见表 2-6。

表 2-6　资产负债表

编制单位：腾飞股份有限公司　　　　　　2021 年 12 月 31 日　　　　　　会企 01 表

单位：元

资　产	期末余额	年初余额	负债和所有者权益 (或股东权益)	期末余额	年初余额
流动资产：			流动负债：		
货币资金	6 595 988	4 619 400	短期借款	150 000	200 000
交易性金融资产	40 000	210 000	交易性金融负债	0	0
应收票据	308 580	368 580	应付票据	585 300	585 300
应收账款	435 694	119 000	应付账款	4694	105 900
应收款项融资	0	0	合同负债	0	0
预付账款	108 200	108 200	预收账款	0	0
其他应收款	2500	2500	应付职工薪酬	3500	3500
存货	5 000 200	5 508 400	应交税费	16 214.5	450
持有待售资产	0	0	其他应付款	16 700	16 700
一年内到期的非流动资产	0	0	应付股利	8500	0
其他流动资产	0	0	一年内到期的非流动负债	860 000	750 000
流动资产合计	12 491 162	10 936 080	其他流动负债	0	0
非流动资产：			流动负债合计	1 644 908.5	1 661 850
债权投资	53 000	0	非流动负债：		
其他债权投资	0	0	长期借款	1 744 600	854 600
长期应收款	0	0	应付债券	0	0
其他权益工具投资	0	0	租赁负债	0	0
长期股权投资	422 500	302 500	长期应付款	0	0
投资性房地产	0	0	预计负债	0	0
固定资产	1 273 900	1 422 900	递延所得税负债	423.5	0
在建工程	692 300	202 300	其他非流动负债	0	0
工程物资	60 000	0	非流动负债合计	1 745 023.5	854 600
油气资产	0	0	负债合计	3 389 932	2 516 450
无形资产	299 000	305 600	所有者权益(或股东权益)：		
开发支出	0	0	实收资本(或股本)	10 595 000	10 000 000
商誉	0	0	资本公积	920 700	235 700
长期待摊费用	0	0	减：库存股	0	0
递延所得税资产	5000	0	盈余公积	131 805	185 430
其他非流动资产	0	0	未分配利润	259 425	231 800
			其他权益工具	0	0
			其他综合收益	0	0
			专项储备	0	0
非流动资产合计	2 805 700	2 233 300	所有者权益合计	11 906 930	10 652 930
资产总计	15 296 862	13 169 380	负债和所有者权益(或股东权益)总计	15 296 862	13 169 380

单位负责人：李梅　　　　　　财会负责人：王双　　　　　　复核：王江　　　　　　制表：韩红

小　贴　士

财务会计报告必须及时编制和报送，满足时效性的要求，这样才能有利于财务报表使用者使用。

根据《企业会计准则》第157条纳税申报时间的规定，月度中期财务会计报告应当于月度终了后6日内节假日顺延，下同对外提供，季度中期财务会计报告应当于季度终了后15日内对外提供，半年度中期财务会计报告应当于年度中期结束后60日内相当于2个连续的月份对外提供，年度财务会计报告应当于年度终了后4个月内对外提供。

所以企业在编制财务报表的过程中需要脚踏实地、实事求是，树立全局意识和责任，认识到企业的每一个决策都会对整体产生影响。

2.2　分析资产负债表

案例导入

腾飞股份有限公司的资产负债表见表 2-6。
裕隆股份有限公司的资产负债表见表 2-7。
裕隆股份有限公司的利润表见表 3-4。

表 2-7　资产负债表

会企 01 表

编制单位：裕隆股份有限公司　　　　　　2021 年 12 月 31 日　　　　　　单位：万元

资　　产	期末余额	年初余额	负债和所有者权益 (或股东权益)	期末余额	年初余额
流动资产：			流动负债：		
货币资金	850	750	短期借款	2000	1800
交易性金融资产	400	800	交易性金融负债	0	0
应收票据	100	200	应付票据	100	100
应收账款	1300	1200	应付账款	1200	1000
应收款项融资	0	0	合同负债	0	0
预付账款	70	40	预收账款	400	300
其他应收款	80	60	应付职工薪酬	100	50

续表

资　　产	期末余额	年初余额	负债和所有者权益 (或股东权益)	期末余额	年初余额
存货	5200	4000	应交税费	200	150
一年内到期的非流动资产	0	0	其他应付款	0	0
其他流动资产	0	0	持有待售负债	0	0
流动资产合计	8000	7050	一年内到期的非流动负债	0	0
非流动资产：			其他流动负债	0	0
债权投资	200	200	流动负债合计	4000	3400
其他债权投资	0	0	非流动负债：		
长期应收款	0	0	长期借款	2450	1950
其他权益工具投资	0	0	应付债券	0	0
长期股权投资	200	200	租赁负债	0	0
投资性房地产	0	0	长期应付款	0	0
固定资产	14 000	12 000	预计负债	0	0
在建工程	550	500	递延所得税负债	0	0
生产性生物资产	0	0	其他非流动负债	0	0
油气资产	0	0	非流动负债合计	2450	1950
无形资产	0	0	负债合计	6450	5350
开发支出	0	0	所有者权益(或股东权益)：		
商誉	0	0	实收资本(或股本)	12 000	12 000
长期待摊费用	0	0	资本公积	600	600
递延所得税资产	0	0	减：库存股	0	0
其他非流动资产	0	0	盈余公积	1300	1000
非流动资产合计	14 950	12 900	未分配利润	2600	1000
			其他权益工具	0	0
			其他综合收益	0	0
			专项储备	0	0
			所有者权益合计	16 500	14 600
资产总计	22 950	19 950	负债和所有者权益(或股东权益)总计	22 950	19 950

单位负责人：李力　　　财会负责人：刘双　　　复核：王红　　　制表：韩梅

案例要求

(1) 依据腾飞股份有限公司的资产负债表，编制并评价该公司的水平资产负债表。

(2) 依据腾飞股份有限公司的资产负债表，编制并评价该公司的结构资产负债表。

(3) 依据裕隆股份有限公司的资产负债表，计算并评价该公司的短期偿债能力指标。

(4) 依据裕隆股份有限公司的资产负债表和利润表，计算并评价该公司的长期偿债能力指标。

2.2.1 财务报表分析方法

财务报表分析是以财务报表及其他有关资料为主要依据，运用专门的分析方法和科学的评价标准，对财务报表反映的财务状况、经营成果、现金流量、财务状况变动等重要指标进行系统分析和评价的经济管理活动。财务报表分析方法主要有比较分析法、比率分析法、趋势分析法、因素分析法、综合分析法。

一、比较分析法

比较分析法是指通过将两个或两个以上相关指标进行对比，确定数量差异，以揭示企业财务状况和经营成果的一种分析方法。它是一种用得最多的分析方法。在实际工作中，比较分析法的形式主要有实际指标与计划指标比较、同一指标纵向比较和同一指标横向比较。这三种形式分别揭示了公司的计划完成情况、发展趋势和先进程度。

比较分析法按所采用的比较标准的不同，可分为三种：与本企业历史比，即将不同时期的指标相比较，也称"趋势分析"；与同类企业比，即与行业平均数或竞争对手的数据相比较，也称"横向分析"；与计划或预算比，即将实际执行结果与计划指标相比较，也称"差异分析"。

比较分析法的主要作用在于揭示绝对数据客观存在的差距。应用比较分析法对同一性质的指标进行比较时，要注意所利用指标的可比性，即用于比较的相关指标在内容范围、时间期限、计算方法等方面应当保证口径一致。如果相比较的指标之间有不可比的因素存在，则应先进行适当调整，然后再进行对比。

二、比率分析法

比率分析法是指利用财务报表中两项相关数值的比率来揭示企业财务状况和经营成果的一种分析方法。根据分析的目的和要求不同，比率分析法主要有以下三种。

1. 结构比率分析法

结构比率分析法是通过计算某个经济指标的各个组成部分占总体的比重，即部分和整体的比率进行财务报表分析的一种方法。

2. 相关比率分析法

相关比率分析法是通过计算两个性质不完全相同，但又相关的指标的比率进行财务报表分析的一种方法。利用相关比率指标可以检查企业相关业务的安排是否合理。若将企业的流动资产和流动负债进行对比，计算出流动比率，就可以判断企业的短期偿债能力。

3. 效率比率分析法

效率比率分析法是通过计算企业某项经济活动中的所费与所得的比率进行财务报表分析的一种方法。它反映了投入与产出的关系。利用效率比率指标可以确定企业的得失情况，考查经营成果，评价经济效益。例如，通过计算成本利润率、销售利润率、净资产收益率等指标，可以从不同的角度来考查企业获利能力的高低。

比率分析法将相关项目的比率作为指标，揭示了数据之间的内在联系。它们是相对数，这就排除了规模的影响，使不同的比较对象之间建立起可比性，克服了绝对值给人们带来的误区，因此它与比较分析法相比更具有科学性和可比性。

三、趋势分析法

趋势分析法是指利用财务报表提供的数据资料，将两期或连续数期财务报表中的相同指标进行对比，以揭示企业的财务状况和经营成果变动趋势的一种分析方法。采用趋势分析法可以判断这种变化趋势对企业发展的影响，以预测企业未来的发展前景。

四、因素分析法

因素分析法是用来确定几个相互联系的因素对某个综合财务指标的影响程度的一种分析方法。依据分析指标和影响因素的关系，可以从数量上确定各影响因素对指标的影响程度。因素分析法可分为连环替代法和差额分析法。

1. 连环替代法

连环替代法是指根据各因素之间的内在依存关系，依次用分析值替代标准值，以测定各因素对综合财务指标的影响的一种分析方法。连环替代法的计算程序可以归纳为以下四个步骤。

(1) 分析指标体系，确定因素的排列顺序；

(2) 确定分析对象；

(3) 按顺序替代，计算替代结果，从而确定各因素影响程度；

(4) 验证各因素影响程度计算的正确性。

2. 差额分析法

差额分析法是连环替代法的简化形式，是指在确定分析对象后，按一定的替代顺序，用各因素实际数同计划数的差额来计算各因素对指标变动影响程度的一种分析方法。

运用因素分析法时应注意以下几个方面的问题。

(1) 因素分析的关联性：构成某个指标的各因素必须在客观上存在因果关系，否则其计算结果没有意义。

(2) 因素替代的顺序性：确定综合指标各构成因素的排列顺序，并按顺序依次替代，不可随意颠倒，否则会得出不同的分析结果。在实际工作中，要依据数量指标在前、质量指标在后的原则进行排列。如果同时出现多个数量指标和质量指标，应先替换数量指标，再替换质量指标。

(3) 顺序替代的连环性：计算每一因素对指标变动的影响时，都是在前一次计算的基础上进行的。只有保持这一连环性，才能使各个因素对指标变动的影响之和等于所分析指标变动的差异。

(4) 计算结果的假定性：运用因素分析法计算的各因素变动的影响数，是以假定其他因素不变为前提条件的，因而其计算结果具有一定的假定性。

五、综合分析法

综合分析法是利用财务指标间的内在联系，将盈利能力、营运能力、偿债能力、发展能力等财务指标作为一个整体，系统、全面、综合地对企业的财务状况、经营成果进行评价的一种分析方法。综合分析法中最常用的方法是杜邦财务分析体系和沃尔比重评分法。

2.2.2 资产负债表的水平分析

资产负债表的水平分析是将企业连续两期或多期资产负债表中的数据进行比较，计算增减变动额及增减变动率，从而分析企业资产、负债及所有者权益各项目的变动方向、变动数额及财务状况的变化趋势，以便预测企业的经济发展前景。

资产负债表的水平分析是通过编制水平资产负债表进行的。通过水平资产负债表，可以得出资产、负债及所有者权益各项目的变动数额及幅度，并分析其变化趋势是否合理。

资产负债表的
水平分析

2.2.3 资产负债表的结构分析

资产负债表的结构分析是指通过计算资产负债表中各个组成部分占总资产的百分比，然后比较各个组成部分百分比的增减变动情况，进而分析与评价企业的总体财务状况。

资产负债表的结构分析是通过编制结构资产负债表进行的。通过结构资产负债表，可以从静态上观察企业资产的配置情况和资本结构的构成情况，对资产结构的合理性作出评价，进而衡量企业的财务实力；从动态上分析企业资产和资本结构的变动情况，对资本结构的稳定性作出评价。

资产负债表的
结构分析

2.2.4 与资产负债表有关的财务指标分析

与资产负债表有关的财务比率指标主要是偿债能力指标。偿债能力指企业对到期债务的支付能力。偿债能力的高低关系到企业的存亡，一旦企业资产运营不当，将会面临无法偿还到期债务的问题，所以，无论是企业的经营管理者，还是企业的投资人，尤其是债权人，都十分重视企业的偿债能力。偿债能力分析包括短期偿债能力分析和长期偿债能力分析。

小 贴 士

2020年2月6日，公牛集团于上交所挂牌上市，首次发行募得资金超过35亿元。截至2020年半年报期末，公司银行存款与理财资金超过76亿元，其中货币资金、其他流动资产、交易性金融资产分别为24.36亿元、48.42亿元、3.97亿元(数据来源于公牛集团2020年半年报)。可见，公司账上资金十分富裕，然而，公司2020二季度却突增6.5亿短期借款，此种行为明显存在风险。

此案例说明，作为财经人员，一方面要合理使用借款的杠杆效应为企业带来一定的收益；另一方面，杠杆效应不能被无限使用，要结合企业的情况适可而止，要在法律允许的范围内，诚信进行借贷，做有道德、有原则、有底线的高素质人才。

一、短期偿债能力分析

短期偿债能力是指企业以流动资产支付流动负债的能力，又称支付能力。在市场经济体制健全的条件下，短期偿债能力是评价企业财务状况的首选指标。因为如果一个企业缺乏短期偿债能力，会因为无力支付到期的短期债务而被迫出售长期投资的股票、债券，或者拍卖固定资产，甚至破产。评价企业短期偿债能力的财务指标主要有流动比率、速动比率和现金比率。

短期偿债能力分析

1. 流动比率

流动比率是指企业的流动资产与流动负债的比率。它表明企业每单位流动负债有多少流动资产作为偿还保证，反映企业在短期内变现为现金的流动资产偿还流动负债的能力。其计算公式为

$$流动比率 = \frac{流动资产}{流动负债}$$

关于流动比率的衡量，国际公认标准值为2，表明企业的财务状况稳定，有足够的财力来偿还到期的短期债务。一般情况下，流动比率越高，说明企业短期偿债能力越强，债权人的权益越有保障。但如果流动比率过高，可能会使企业的流动资产占用较多，从而影响企业资金的使用效率和获利能力。

流动比率高，不一定能说明企业有足够的现金可以偿还债务，也可能是企业存货超出积压、应收账款过多且长期积压等造成的结果，所以，企业还要结合流动资产的结构、周转情况和现金流量等进行分析。在进行流动比率分析时，应该在同行业之间进行比较。

2. 速动比率

速动比率又称酸性测试比率，指企业的速动资产与流动负债的比率。其计算公式为

$$速动比率 = \frac{速动资产}{流动负债}$$

速动资产是指变现速度快、变现能力强的流动资产。速动资产的数额等于流动资产减去变现能力较差且不稳定的存货、预付账款等后的余额。由于剔除了存货等变现能力较弱的流动资产，因此，速动比率与流动比率相比，能够更加准确、可靠地评价企业资产的流动性及其偿还短期债务的能力。

关于速动比率的衡量，国际公认标准值为1，即企业每1元流动负债都有1元易于变现的资产作为抵偿，表明企业拥有良好的财务状况。速动比率越高，表明企业偿还流动负债的能力越强，债权人的权益越有保障。如果速动比率小于1，则说明企业的偿债能力存在问题，会面临较大的偿债风险，但如果速动比率过高，则说明企业拥有过多的货币性资产，这可能使企业丧失有利的投资和获利机会，降低了资金的利用效率。在实际工作中，由于预付账款较少，为了简化计算，在计算速动资产时，通常仅从流动资产中扣除存货。

3. 现金比率

现金比率是指企业现金类资产与流动负债的比率。现金类资产包括企业所拥有的货币

资金和持有的易于变现的有价证券 (资产负债表中的交易性金融资产)。现金比率是衡量企业即时偿债能力的财务指标。

其计算公式为

$$现金比率 = \frac{货币资金 + 交易性金融资产}{流动负债}$$

现金比率反映企业直接偿付流动负债的能力。从稳健性的角度来看，用该指标衡量企业的短期偿债能力最为保险和安全。现金比率越高，说明现金类资产在企业流动资产中所占的比例越大，企业具有较强的即时支付能力和应变能力。但是，如果该比率过高，说明企业用于清偿债务的现金类资产过多，会丧失较好的投资机会，并降低了资金的利用效率。虽然现金比率在国际上没有公认的标准值以供参考，但一般认为，现金比率以适度为宜，既要满足偿还短期债务的现金需要，又要尽可能地降低持有现金的机会成本。

二、长期偿债能力分析

长期偿债能力是指企业偿还长期债务的能力。它反映了企业对债务负担的承受能力和偿还债务的保障能力。长期偿债能力的强弱是体现企业财务实力与稳定程度的重要标志。

评价企业长期偿债能力的财务指标主要有资产负债率、股东权益比率、权益乘数、产权比率和利息保障倍数等。

长期偿债能力分析

1. 资产负债率

资产负债率也称为负债比率，指负债总额与资产总额的比率。它表明在企业的资产总额中债权人资金所占的比重，以及企业资产对债权人权益的保障程度。其计算公式为

$$资产负债率 = \frac{负债总额}{资产总额} \times 100\%$$

一般情况下，资产负债率越低，表明企业的长期偿债能力越强；资产负债率越高，表明企业的长期偿债能力越弱。

资产负债率为多少是较为合理的，并没有一个统一的标准。对于不同的行业，由于生产经营的特点、资金周转情况的差异性，其资产负债率往往不同。资产负债率是衡量企业负债水平和风险程度的重要财务指标，其高低对不同的利益相关者来说有不同的意义。

对债权人而言，其关心的是是否能够按时、足额地收回债权本息，该指标越低，债权人的利益保障程度越高。投资者主要考虑的是回报，所以，当预期的投资收益率高于借债利息率时，投资者希望资产负债率越高越好，以享受负债经营所带来的财务杠杆利益；反之，当预期的投资收益率低于借债利息率时，投资者希望资产负债率越低越好。对经营者而言，既要考虑利用债务的收益性，又要考虑负债经营所带来的财务风险。所以，从企业财务的意义上讲，企业经营者总要在收益与风险之间权衡利弊得失，审时度势，将资产负债率保持在一个适度的水平，把企业因筹资而产生的风险控制在适当的

程度内。

2. 股东权益比率

股东权益比率是指股东权益总额与资产总额的比值。它反映了企业的资产总额中有多少是所有者投入的。其计算公式为

$$股东权益比率 = \frac{股东权益总额}{资产总额} \times 100\%$$

股东权益比率越低，表明企业的负债程度越高，所有者权益为债务风险提供的缓冲也越小；股东权益比率越高，意味着企业没有积极地利用财务杠杆作用来扩大经营规模。因此，股东权益比率应当适中，一般认为 50% 左右较好。

3. 权益乘数

权益乘数是指资产总额与股东权益总额之间的比率，表明每 1 元所有者权益拥有多少企业的总资产。其计算公式为

$$权益乘数 = \frac{资产总额}{股东权益总额}$$

也可写为

$$权益乘数 = \frac{1}{1 - 资产负债率}$$

权益乘数越大，说明股东投入的资本在资产总额中所占比重越小，企业的长期偿债能力越弱；权益乘数越小，说明股东投入的资本在资产总额中所占比重越大，企业的长期偿债能力越强。

4. 产权比率

产权比率又称负债股权比率，是指负债总额与所有者权益总额的比率。其计算公式为

$$产权比率 = \frac{负债总额}{所有者权益总额} \times 100\%$$

产权比率反映了债务人提供的资本与所有者提供的资本的相对关系，以及企业自有资金偿还全部债务的能力。产权比率越低，表明企业的长期偿债能力越强，债权人权益的保障程度越高。产权比率与资产负债率都可用于衡量企业的长期偿债能力，具有相同的经济意义，但二者反映企业的长期偿债能力的侧重点不同。产权比率侧重于揭示债务资本和权益资本的相互关系，说明企业所有者权益对偿债风险的承受能力；资产负债率侧重于揭示总资本中有多少是靠负债取得的，说明债权人权益的受保障程度。

权益乘数与产权比率的关系为

$$权益乘数 = 产权比率 + 1$$

5. 利息保障倍数

利息保障倍数又称已获利息倍数，是指息税前利润与利息费用的比率，可衡量企业支付利息的能力。其计算公式为

$$利息保障倍数 = \frac{息税前利润}{利息费用}$$

式中，"息税前利润"是指未扣除利息费用和所得税之前的利润，是利润总额加利息费用；"利息费用"是指本期发生的全部应付利息，不仅包括财务费用中的利息费用，还包括计入固定资产成本的资本化利息。

利息保障倍数越高，说明企业获得的利润高于利息费用，企业的长期偿债能力越强；利息保障倍数越低，说明企业获得的利润不足以偿还利息费用，企业的长期偿债能力越弱。

利息保障倍数不仅反映了企业的偿债能力，还反映了企业获利能力的大小，即获利能力对偿还到期债务利息的保证程度。一般情况下，利息保障倍数最低也应大于1，这说明企业获得的利润可以偿还利息费用。

小 贴 士

自2019年1月1日起，财政部、国家税务总局联合发布的《关于扩大固定资产加速折旧优惠政策适用范围的公告》将固定资产加速折旧优惠的行业范围扩大至全部制造业领域。

此政策的实施一方面可以使制造业企业的折旧费提前收回，减少企业所得税的开支，有利于增强企业未来竞争和融资能力；另一方面能够有效帮助制造业企业加快技术改造和设备更新，有利于我国从制造大国向制造强国转变，从而推动我国产业结构的调整。

对此，我们可以感受到国家减税降费的努力和决心，感受到国家藏富于企、藏富于民的情怀。因此我们应该增强爱国情怀，关注国家税收政策，提升自身综合职业素养。

案例解析

1. 依据腾飞股份有限公司的资产负债表，编制并评价该公司的水平资产负债表。

腾飞股份有限公司的水平资产负债表见表2-8。

表2-8 水平资产负债表

项目	年初余额/元	年末余额/元	增减变动额/元	增减变动率/%
一、流动资产				
货币资金	4 619 400	6 595 988	1 976 588	42.79
交易性金融资产	210 000	40 000	-170 000	-80.95
应收票据	368 580	308 580	-60 000	-16.28
应收账款	119 000	435 694	316 694	266.13

续表

项　目	年初余额/元	年末余额/元	增减变动额/元	增减变动率/%
预付账款	108 200	108 200	0	0
其他应收款	2500	2500	0	0
存货	5 508 400	5 000 200	−508 200	−9.23
流动资产合计	10 936 080	12 491 162	1 555 082	14.22
二、非流动资产				
债权投资	0	53 000	53 000	
长期股权投资	302 500	422 500	120 000	39.67
固定资产	1 422 900	1 273 900	−149 000	−10.47
在建工程	202 300	752 300	550 000	271.87
无形资产	305 600	299 000	−6 600	−2.16
递延所得税资产	0	4576.5	4576.5	—
非流动资产合计	2 233 300	2 805 276.5	571 976.5	25.61
资产总计	13 169 380	15 296 438.5	2 127 058.5	16.15
三、流动负债				
短期借款	200 000	150 000	−50 000	−25.00
应付票据	585 300	585 300	0	0
应付账款	105 900	4694	−101 206	−95.57
应付职工薪酬	3500	3500	0	0.00
应交税费	450	14 663	14 213	3158.44
其他应付款	16 700	24 462.06	7762.06	46.48
一年内到期的非流动负债	750 000	860 000	110 000	14.67
流动负债合计	1 661 850	1 642 619.06	−19 230.94	−1.16
四、非流动负债				
长期借款	854 600	1 744 600	890 000	104.14
递延所得税负债	0	5241.2	5241.2	—
非流动负债合计	854 600	1 749 841.2	895 241.2	104.76
负债合计	2 516 450	3 392 460.26	876 010.3	34.81
五、所有者权益				
实收资本	10 000 000	10 595 000	595 000	5.95
资本公积	235 700	920 700	685 000	290.62
盈余公积	185 430	131 251.55	−54 178.45	−29.22
未分配利润	231 800	257 026.69	25 226.29	10.88
所有者权益合计	10 652 930	11 903 978.24	1 251 048.24	11.74
负债和所有者权益总计	13 169 380	15 296 438.5	2 127 058.5	16.15

注：增减变动额＝年末余额−年初余额；增减变动率＝增减变动额／年初余额。

(1) 该公司资产变化情况的分析与评价。

2021 年，腾飞股份有限公司的总资产与 2020 年相比增长 2 127 058.5 元，增减变动率为 16.15%，结合资产各项目进行分析可知，资产的增长主要来源于货币资金、应收账款、长期股权投资和在建工程。其中，货币资金增长 1 976 588 元，增减变动率为 42.79%，对总资产的影响率为 14.90%(1 962 588/13 169 380)，说明该项目对总资产的影响比较大，应结合销售情况和前期货款收回情况进行分析；应收账款增长 316 694 元，增减变动率为 266.13%，对总资产的影响率为 2.40%(316 694/13 169 380)，应结合本公司的信用政策、应收账款的管理情况进行分析；长期股权投资增长 120 000 元，增减变动率为 39.67%，对总资产的影响率为 0.91%(120 000/13 169 380)，该项目占总资产的比重不大，但自身增长较大，主要是因为被投资企业的资本公积发生了变化；在建工程增长 550 000 元，增减变动率为 271.87%，对总资产的影响率为 4.2%(550 000/13 169 380)，虽然该项目对公司本期的经营成果影响不大，但随着工程的竣工，其将有助于提升公司的生产能力。

(2) 该公司负债变化情况的分析与评价。

2021 年，腾飞股份有限公司的总负债与 2020 年相比增长 876 010.3 元，增长幅度较大，增减变动率为 34.81%。其中，流动负债降低 19 230.94 元，增减变动率为 -1.16%；非流动负债增长 895 241.2 元，增减变动率为 104.76%，可见非流动债筹资优于流动负债筹资，表明该公司的短期偿债能力很强。

(3) 该公司所有者权益变化情况的分析与评价。

2021 年，腾飞股份有限公司的所有者权益与 2020 年相比增长 1 251 048.24 元，增长幅度较小，增减变动率为 11.74%，这说明该公司所有者权益在实现保值的基础上略有增长。其中，实收资本增长 595 000 元，增减变动率为 5.95%，这是资本公积和盈余公积转增资本的结果；资本公积增长 685 000 元，增减变动率为 290.62%，这主要是通过发行新股票和投资所得的；盈余公积减少 54 178.45 元，增减变动率为 -29.22%，这主要是由于公司将盈余公积转增为资本；未分配利润增长 25 226.69 元，增减变动率为 10.88%，这说明公司的生产经营取得很大的成效。

2. 依据腾飞股份有限公司的资产负债表，编制并评价该公司的结构资产负债表。

腾飞股份有限公司的结构资产负债表见表 2-9。

表 2-9　结构资产负债表

项　目	年初余额/元	年末余额/元	年初结构/%	年末结构/%	差异/%
一、流动资产					
货币资金	4 619 400	6 595 988	35.08	43.12	8.04
交易性金融资产	210 000	40 000	1.59	0.26	-1.33
应收票据	368 580	308 580	2.80	2.02	-0.78
应收账款	119 000	435 694	0.90	2.85	1.95
预付账款	108 200	108 200	0.82	0.71	-0.1 1
其他应收款	2500	2500	0.02	0.02	0
存货	5 508 400	5 240 100	41.83	34.26	-7.57
流动资产合计	10 936 080	12 491 162	83.04	81.66	-1.38

续表

项　目	年初余额/元	年末余额/元	年初结构/%	年末结构/%	差异/%
二、非流动资产					
债权投资	0	53 000	0	0.35	0.35
长期股权投资	302 500	422 500	2.30	2.76	0.46
固定资产	1 422 900	1 273 900	10.80	8.33	-2.47
在建工程	202 300	752 300	1.54	4.92	3.38
无形资产	305 600	299 000	2.32	1.95	-0.37
递延所得税资产	0	4 576.5	0	0.03	0.03
非流动资产合计	2 233 300	2 805 276.5	16.96	18.34	1.38
资产总计	13 169 380	15 296 438.5	100	100	0
三、流动负债					
短期借款	200 000	150 000	1.52	0.98	-0.54
应付票据	585 300	585 300	4.44	3.83	-0.61
应付账款	105 900	4 694	0.80	0.03	-0.77
应付职工薪酬	3 500	3 500	0.03	0.02	-0.01
应交税费	450	14 663	0.003	0.10	0.097
其他应付款	16 700	24 462.06	0.13	0.16	0.03
一年内到期的非流动负债	750 000	860 000	5.70	5.62	-0.08
流动负债合计	1 661 850	1 642 619.06	12.62	10.74	-1.88
四、非流动负债					
长期借款	854 600	1 744 600	6.49	11.40	4.91
递延所得税负债	0	5241.2	0.00	0.03	0.03
非流动负债合计	854 600	1 749 841.2	6.49	11.44	4.95
负债合计	2 516 450	3 392 460.26	19.11	22.18	3.07
五、所有者权益					
实收资本	10 000 000	10 595 000	75.93	69.26	-6.67
资本公积	235 700	920 700	1.79	6.02	4.23
盈余公积	185 430	131 251.55	1.41	0.86	-0.55
未分配利润	231 800	257 026.69	1.76	1.68	-0.08
所有者权益合计	10 652 930	11 903 978.24	80.89	77.82	-3.07
负债和所有者权益总计	13 169 380	15 296 438.5	100	100	0

注：资产各项目结构＝资产各项目金额/资产总计；负债各项目结构＝负债各项目金额/负债及所有者权益总计；

所有者权益各项目结构＝所有者权益各项目金额/负债及所有者权益总计；差异＝年末结构－年初结构。

(1) 该公司资产结构的分析与评价。

腾飞股份有限公司2020年的流动资产比重为83.04%，非流动资产比重为16.96%，说明该公司的资产保持着很高的流动性，但流动资产比重过高，资产结构不合理。在年末流动资产中，货币资金占总资产比重为43.12%，存货占总资产比重为34.26%，说明该公司的短期偿债能力较强，但要考虑公司是否存在货币资金闲置问题和存货积压问题。虽然该公司2021年的流动资产比重与2020年相比下降了1.38%，但在总资产中的比重仍然非常高。

在年末非流动资产中，固定资产占总资产比重为8.33%，下降了2.47%，说明本年度有报废的固定资产；在建工程占总资产比重为4.92%，提高了3.38%，说明本年度有新的工程项目，并且已将工程物资项目计入在建工程来计算。虽然该公司的流动资产和非流动资产占总资产的比重变化不大，但资产结构不合理。

(2) 该公司权益结构的分析与评价。

该公司的负债年末结构为22.18%，所有者权益年末结构为77.82%，说明该公司的资产负债率很低，偿债能力很强，财务风险较小，但是没有发挥财务杠杆的作用。虽然该公司2021年的负债比重上升了3.07%，但仍然很低，过低的负债会影响公司的获利能力。

3. 依据裕隆股份有限公司的资产负债表，计算并评价该公司的短期偿债能力指标。

该公司的短期偿债能力指标计算见表2-10。

表2-10 短期偿债能力指标计算

财务比率	2021年初	2021年末
流动比率	7050/3400≈2.07	8000/4000 = 2
速动比率	(7050 − 4000 − 40)/3400≈0.89	(8000 − 5200 − 70)/4000≈0.68
现金比率	(750 + 800)/3400≈0.46	(850 + 400)/4000≈0.31

裕隆股份有限公司2021年期初的流动比率为2.07，期末的流动比率为2，与国际公认标准值2相符，说明该公司流动资产对流动负债的偿还保障程度较高，公司的短期偿债能力较强；2021年期初的速动比率为0.89，期末的速动比率为0.68，虽然低于国际公认标准值1，但该公司的短期偿债能力仍然较强；2021年初的现金比率为0.46，期末的现金比率为0.31，说明公司用于清偿债务的现金类资产能力也较强。另外，从以上各项财务比率可以看出，该公司2021年末的偿债能力低于2021年初，因此要结合公司的情况进一步分析短期偿债能力下降的原因。

4. 依据裕隆股份有限公司的资产负债表和利润表，计算并评价该公司的长期偿债能力指标。

该公司的长期偿债能力指标计算见表2-11。

表2-11 长期偿债能力指标计算

财务比率	2021年初	2021年末
资产负债率	(5350/19 950) × 100%≈26.82%	(6450/22 950) × 100%≈28.10%
股东权益比率	(14 600/19 950) × 100%≈73.18%	(16 500/22 950) × 100%≈71.90%
权益乘数	1/(1 − 0.2682)≈1.37	1/(1 − 0.281)≈1.39
产权比率	5350/14 600≈37%	6450/16 500≈39%
利息保障倍数	(3910 + 200)/200 = 20.55	(4160 + 400)/400 = 11.4

裕隆股份有限公司 2021 年期初的资产负债率为 26.82%，期末的资产负债率为 28.10%，说明该公司的长期偿债能力有所减弱，比同行业低许多（同行业为 50%），但该公司的长期偿债能力依然较强。2021 年期初和期末的产权比率分别为 37% 和 39%，股东权益比率分别为 73.18% 和 71.90%，数值变化不大，说明该公司的所有者权益对债务的保障程度很高。2021 年期初和期末的利息保障倍数分别为 20.55 和 11.4，说明其经营业务所获得的收益支付债务利息的能力很强，但年末比年初减少了许多，这主要是因为 2021 年的利息费用增加了一倍。

本章小结

资产负债表是指反映企业在某一特定日期（年末、半年末、季度末、月末）的财务状况的会计报表。资产负债表从相对静止的角度说明了企业在某一特定时点的财务状况。

与资产负债表有关的财务指标主要是企业的偿债能力指标。偿债能力分析包括企业的短期偿债能力分析和长期偿债能力分析。短期偿债能力指标主要有流动比率、速动比率和现金比率等。长期偿债能力指标主要有资产负债率、股东权益比率、权益乘数、产权比率和利息保障倍数等。

本项目学习的重点是资产负债表的编制与分析，学生通过学习能够完成资产负债表的编制，并对资产负债表进行指标分析和综合分析，进而对企业的偿债能力和营运能力进行评价。

小 贴 士

编制企业财务报表要从一点一滴的投入，到不懈努力地坚持，才能看到预期的结果。要想获得好的结果，必须注重过程的积累，必须要有持续的努力。

职业能力训练

一、单项选择题

1. "应收账款"科目明细账中若有贷方余额，应将其记入资产负债表中的（　　）项目。

A. 应收账款　　　　B. 预收款项　　　　C. 应付账款　　　　D. 预付款项

2. 某企业"应付账款"科目月末贷方余额为 40 000 元，其中："应付甲公司账款"明细科目的贷方余额为 45 000 元，"应付乙公司账款"明细科目的借方余额为 5000 元。"预付账款"科目月末贷方余额为 30 000 元，其中："预付 A 工厂账款"明细科目的贷方余额为 50 000 元，"预付 B 工厂账款"明细科目的借方余额为 20 000 元。该企业月末资产负债表中"应付账款"项目的金额为（　　）元。

A. 90 000　　　　　B. 45 000　　　　　C. 95 000　　　　　D. 70 000

3. 以下不应在"存货"项目中列示的是（　　）。

A. 材料采购　　　　B. 发出商品　　　　C. 工程物资　　　　D. 生产成本

4. 某企业 2019 年 6 月 1 日从银行借入期限为 5 年的借款 800 万元，编制 2021 年 12 月 31 日的资产负债表时，此项借款应填入的报表项目是（　　）。

A. 短期借款　　　　　　　　B. 长期借款

C. 一年内到期的非流动负债　　D. 其他长期负债

5. 资产负债表中的"未分配利润"项目应根据（　　）填列。

A. "未分配利润"科目余额

B. "本年利润"科目余额

C. "利润分配"科目余额

D. "本年利润"科目和"利润分配"科目余额

6. 下列资产负债表项目中，不能根据总账科目和明细账科目余额计算填列的是（　　）。

A. 长期借款　　　　　　　　B. 短期借款

C. 应付债券　　　　　　　　D. 长期待摊费用

7. 年度资产负债表日是指每年的（　　）。

A. 12 月 3 日　　B. 3 月 31 日　　C. 6 月 30 日　　D. 9 月 30 日

8. 某企业 2021 年 12 月 31 日的"固定资产"账户余额为 1000 万元，"累计折旧"账户余额为 300 万元，"固定资产减值准备"账户余额为 100 万元。该企业 2021 年 12 月 31 日的资产负债表中固定资产项目的填列金额为（　　）万元。

A. 1000　　　　B. 900　　　　C. 700　　　　D. 600

9. 某企业 2021 年 12 月 31 日的"无形资产"账户余额为 500 万元，"累计摊销"账户余额为 200 万元，"无形资产减值准备"账户余额为 100 万元。该企业 2021 年 12 月 31 日的资产负债表中无形资产项目的填列金额为（　　）万元。

A. 500　　　　B. 300　　　　C. 400　　　　D. 200

10. 在资产负债表中，直接根据总账科目余额填列的项目是（　　）。

A. 货币资金　　B. 应付账款　　C. 长期借款　　D. 盈余公积

11. 乙企业期末"原材料"科目的借方余额为 300 万元，"生产成本"科目的借方余额为 200 万元，"库存商品"科目的借方余额为 500 万元，"存货跌价准备"科目的贷方余额为 80 万元。该企业期末资产负债表中"存货"项目应填列的金额为（　　）万元。

A.1 000　　　　B.920　　　　C.800　　　　D.720

12. 某企业"应收账款"账户有两个明细账户："应收账款—甲企业"明细账户，其期末余额在借方，为 30 000 元；"应收账款—乙企业"明细账户，其期末余额在贷方，为 8 000 元。"预收账款"账户有一个明细账户，其期末余额在贷方，为 6000 元。在资产负债表中，"预收账款"项目应填列的金额为（　　）元。

A. 14000　　　　B. 30000　　　　C. 6000　　　　D. 38000

13. 某企业"长期借款"账户的期末贷方余额为 800 000 元，其中，2019 年 6 月借入的三年期借款为 500 000 元，其余为 2020 年年末借入的三年期借款。"应付债券"账户的贷方余额为 600 000 元，均为 2020 年年初发行，其中三年期的有 200 000 元，其余为五年期的企业债券。假设该企业没有其他长期负债，在编制企业 2021 年度的资产负债表时，"一年内到期的非流动负债"项目中应填列的金额为（   ）元。

　　A. 700 000　　　　　　B. 500 000　　　　　C. 1 400 000　　　　　D. 1 100 000

14. 一年内到期的非流动资产可以根据（   ）科目计算填列。

　　A. 持有至到期投资　　　　　　　　B. 固定资产

　　C. 无形资产　　　　　　　　　　　D. 长期股权投资

15. 一年内到期的非流动负债不需要根据（   ）科目计算填列。

　　A. 递延所得税负债　　　　　　　　B. 长期借款

　　C. 长期应付款　　　　　　　　　　D. 应付债券

16. 资产负债表期初余额的填列方法是（   ）。

　　A. 根据本期账户的发生额填列　　　B. 根据上年本表的期初余额填列

　　C. 根据上年本表的期末余额填列　　D. 根据本期报表的期末余额填列

17. 资产负债表指反映企业在（   ）的财务状况的会计报表。

　　A. 某一特定时期　　　　　　　　　B. 某一特定日期

　　C. 某一会计期间　　　　　　　　　D. 某一会计时期

18. 下列不是根据总账科目所属明细账的余额计算填列的是（   ）。

　　A. 应付账款　　　　B. 预付账款　　　　C. 应收账款　　　　D. 应收票据

19. 下列有关资产负债表内勾稽关系的表述中，不正确的是（   ）。

　　A. 流动资产＋非流动资产＝资产总额　　　B. 资产总额＝负债总额

　　C. 流动负债＋非流动负债＝负债总额　　　D. 资产总额＝权益总额

20. 下列资产负债表的项目中，应根据多个总账科目余额填列的是（   ）。

　　A. 实收资本　　　　　　　　　　　B. 未分配利润

　　C. 短期借款　　　　　　　　　　　D. 应付职工薪酬

21. 甲企业期末"应付股利"科目的贷方余额为12 000元，"应付利息"科目的贷方余额为30 000元，"其他应付款"科目的贷方余额为40 000元，则资产负债表中"其他应付款"科目应填列的金额为（   ）元。

　　A. 42 000　　　　　　B. 82 000　　　　　C. 52 000　　　　　D. 70 000

22. 下列不属于资产负债表的作用的是（   ）。

　　A. 可以提供企业所有资源的种类和结构

　　B. 可以提供企业负债的总额及其构成

　　C. 可以提供企业所有者权益的构成情况

　　D. 可以提供企业利润形成和现金流量变动的情况

23. 下列资产负债表项目中，不应根据有关科目余额减去备抵科目余额后的净额填列的是（   ）。

　　A. 固定资产　　　B. 无形资产　　　C. 应收账款　　　D. 货币资金

24. 下列资产负债表项目中，应根据多个总账科目余额填列的是（   ）。

　　A. 实收资本　　　B. 存货　　　C. 资本公积　　　D. 应付职工薪酬

25. 下列应在资产负债表"应收票据"项目中反映的内容是（   ）。

　　A. 银行汇票　　　B. 银行承兑汇票　　　C. 银行本票　　　D. 现金支票

26. 下列各项中，会导致企业的速动比率发生变化的经济业务是 ( )。

A. 以库存商品进行长期股权投资　　　B. 应收账款计提坏账准备

C. 无形资产摊销　　　　　　　　　　D. 固定资产计提折旧

27. 某企业本年的销售收入为 20 000 元，应收账款周转次数为 5 次，期初应收账款余额为 3500 元，则期末应收账款余额为 ( ) 元。

A. 4500　　　　　　B. 4000　　　　　　C. 6500　　　　　　D. 5000

28. 下列可用于企业短期偿债能力分析的指标是 ( )。

A. 资产负债率　　　　　　　　　　　B. 所有者权益比率

C. 流动比率　　　　　　　　　　　　D. 权益乘数

29. 企业的利息费用为 120 万元，息税前利润为 1800 万元，则利息保障倍数为 ( )。

A. 16　　　　　　　B. 15　　　　　　　C. 13　　　　　　　D. 12

30. 下列各项中，不会影响流动比率的经济业务是 ( )。

A. 用现金购买短期债券　　　　　　　B. 用现金购买固定资产

C. 用存货进行对外长期投资　　　　　D. 从银行取得长期借款

31. 当公司的流动比率大于 1 时，若用银行存款归还短期借款，则会使当期的流动比率 ( )。

A. 不变　　　　　　B. 下降　　　　　　C. 上升　　　　　　D. 无法确定

32. ( ) 不是反映企业短期偿债能力的指标。

A. 流动比率　　　B. 资产负债率　　　C. 速动比率　　　D. 现金比率

33. 一般认为，制造业企业标准的流动比率是 ( )。

A. 0.5　　　　　　B. 1　　　　　　　C. 1.5　　　　　　D. 2

34. 关于流动比率，下列说法不正确的是 ( )。

A. 流动比率过低，说明企业清偿到期债务可能有困难

B. 流动比率过高，说明企业有较多的不能盈利的闲置流动资产

C. 它是衡量短期偿债能力的唯一指标

D. 流动比率为 2 ：1 比较合适

35. 速动比率的较理想的数值是 ( )。

A. 1.5　　　　　　B. 1　　　　　　　C. 2　　　　　　　D. 0.75

36. 计算速动比率时，速动资产通常采用 ( )。

A. 流动资产减流动负债　　　　　　　B. 流动资产减预付账款

C. 流动资产减应收账款　　　　　　　D. 流动资产减存货和预付账款

37. 下列各项经济业务中，会影响企业资产负债率的是 ( )。

A. 以固定资产的账面价值对外进行长期投资

B. 收回应收账款

C. 接受所有者以固定资产方式进行的投资

D. 用现金购买股票

38. 权益乘数表明企业的负债程度，权益乘数越大，说明企业的负债程度 ( )。

A. 为零　　　　　　B. 越低　　　　　　C. 越高　　　　　　D. 不确定

39. 在利息保障倍数指标的计算公式中，分子是（ ）。

A. 净利额＋利息费用　　　　　　　　B. 利润总额＋利息费用

C. 销售毛利额＋利息费用　　　　　　D. 营业利润＋利息费用

40. 某企业的税后净利为 75 万元，所得税税率为 25%，利息费用为 50 万元，则该企业的利息保障倍数为（ ）。

A. 1.3　　　　　　　B. 1.73　　　　　　C. 2.78　　　　　　D. 3

41. 当企业的流动比率小于 1 时，赊购原材料会（ ）。

A. 提高流动比率　　　B. 降低流动比率　　C. 减少营运资金　　D. 增加营运资金

42. （ ）不是评价企业长期偿债能力的指标。

A. 资产负债率　　　　B. 股东权益比率　　C. 权益乘数　　　　D. 现金比率

43. 下列各项中，会导致企业的流动比率发生变化的经济业务是（ ）。

A. 无形资产摊销　　　　　　　　　　B. 无形资产计提减值准备

C. 以库存商品进行长期股权投资　　　D. 固定资产计提减值准备

44. 在进行财务报表分析时，债权人更关注企业的（ ）。

A. 营运能力　　　　　B. 偿债能力　　　　C. 发展能力　　　　D. 盈利能力

二、多项选择题

1. 资产负债表的格式主要有（ ）。

A. 单步式　　　　　　B. 多步式　　　　　C. 账户式　　　　　D. 报告式

2. 资产负债表的作用有（ ）。

A. 可以提供企业所有资源的种类和结构

B. 可以提供企业负债的总额及其构成

C. 可以提供企业所有者权益的构成情况

D. 可以提供企业利润的形成情况

3. 关于资产负债表的编制，下列说法正确的有（ ）。

A. 依据原始凭证编制记账凭证，登记总账及明细账，并进行账账核对、账证核对及账实核对

B. 在确保会计业务均已入账的前提下，编制试算平衡表，检查账户的正确性，从而为编制会计报表作准备

C. 依据试算平衡表中总账账户的余额，结合有关明细账户的余额，计算并填列资产负债表的各项目

D. 检验资产负债表的完整性及正确性，包括表头部分的填制是否齐全、各项目的填列是否正确、有关人员是否签字盖章、资产总额是否等于负债和所有者权益总计

4. 资产负债表"期末余额"栏一般应根据（ ）类账户的总账和明细账的期末余额分析填列。

A. 资产　　　　　　　B. 负债　　　　　　C. 所有者权益　　　D. 收入和费用

5. 下列资产负债表项目中，应根据明细科目余额计算填列的有（ ）。

A. 预收款项　　　　　B. 应付票据　　　　C. 应收账款　　　　D. 预付款项

6. 下列资产负债表项目中，应根据总账科目和明细账科目余额分析填列的有（ ）。

A. 长期借款   B. 短期借款   C. 应付债券   D. 长期待摊费用

7. 下列资产负债表项目中，应根据有关科目余额减去备抵科目余额后的净额填列的有（　　）。

A. 固定资产   B. 无形资产   C. 长期借款   D. 长期股权投资

8. 下列资产负债表项目中，应根据多个总账科目余额填列的有（　　）。

A. 实收资本   B. 货币资金   C. 存货   D. 应付职工薪酬

9. 下列应在资产负债表"应收票据"项目下反映的有（　　）。

A. 银行汇票存款   B. 银行承兑汇票   C. 银行本票存款   D. 商业承兑汇票

10. 下列应在资产负债表"存货"项目下反映的有（　　）。

A. 原材料   B. 在建工程   C. 工程物资   D. 生产成本

11. 企业应根据总账账户期末余额直接填列的有（　　）。

A. 存货   B. 应收票据   C. 资本公积   D. 应付票据

12. "资产减值损失"项目的来源包括（　　）。

A. 坏账准备   B. 存货跌价准备

C. 长期股权投资减值准备   D. 持有至到期投资减值准备

13. 资产负债表中"存货"项目的金额应根据（　　）账户的余额分析填列。

A. 原材料   B. 制造费用

C. 发出商品   D. 生产成本

14. 下列属于流动资产构成项目的有（　　）。

A. 存货   B. 货币资金

C. 预收账款   D. 应收账款

15. 下列应根据明细科目余额填列的有（　　）。

A. 应收账款   B. 应付账款   C. 货币资金   D. 存货

16. 资产负债表中的"其他应收款"项目金额应根据（　　）会计科目填列。

A. 应收账款   B. 应收股利   C. 应收利息   D. 其他应收款

17. 资产负债表中的"其他应付款"项目金额应根据（　　）会计科目填列。

A. 应付账款   B. 应付股利   C. 应付利息   D. 其他应付款

18. 资产负债表中的"在建工程"项目金额应根据（　　）会计科目填列。

A. 在建工程   B. 工程物资   C. 固定资产   D. 无形资产

三、判断题

1. 若某公司 2021 年 12 月 31 日的负债总额为 2000 万元，资产总额为 3200 万元，则所有者权益比率为 37.5%。（　　）

2. 若某公司 2021 年 12 月 31 日的所有者权益合计为 3600 万元，负债总额为 1200 万元，则产权比率为 3。（　　）

3. 资产负债表的水平分析是将企业连续两期或多期资产负债表中的数据进行比较，计算增减变动额及增减变动率，从而分析企业资产、负债及所有者权益各项目的变动方向、变动数额及财务状况的变化趋势，以便预测企业的经济发展前景。（　　）

4. 与资产负债表有关的财务比率主要是偿债能力指标。（　　）

5. 速动资产是指变现速度快、变现能力强的流动资产。（　　）

6. 存货和预付账款是变现能力强的速动资产的一部分。（　　）

7. 流动比率是企业的短期偿债能力指标，一般国际标准值为1。（　　）

8. 速动比率是企业的短期偿债能力指标，一般国际标准值为2。（　　）

9. 流动比率越高，说明企业的偿债能力越强，因此企业保持的流动比率越高越好。（　　）

10. 企业销售一批存货，无论货款是否收回，都可以使速动比率提高。（　　）

11. 影响速动比率的重要因素之一是存货的变现能力。（　　）

12. 资产负债率是负债总额与资产总额的比率，该指标越低，说明企业的长期偿债能力越强，所以该指标越低越好。（　　）

13. 从债权人的立场来看，资产负债率越低越好。（　　）

14. 资产负债率越高，企业的长期偿债能力就越强。（　　）

15. 现金比率是可以反映企业的即时偿债能力的比率。（　　）

16. 一般情况下，应收账款周转率越高越好。（　　）

17. 若生产成本期末有余额，则编制资产负债表时应将其记入"存货"项目。（　　）

18. 因为银行本票存款属于具有特殊用途的现金，因此在确定流动资产时应将其扣除。（　　）

19. 资产负债表中的"货币资金"项目应根据库存现金总账和银行存款总账的期末余额合计填列。（　　）

20. "应付职工薪酬"项目反映了企业根据有关规定应付给职工的工资、职工福利、社会保险费、住房公积金、工会经费、职工教育经费、非货币性福利和辞退福利等薪酬。（　　）

21. 资产负债表中的"负债"项目按偿还日期排列顺序。（　　）

22. 现金是企业获利能力最低、流动性最强的资产。（　　）

23. 资产负债表的结构分析是指通过计算资产负债表中各个组成部分占总资产的百分比，然后比较各个组成部分的增减变动情况，进而分析与评价企业的总体财务状况。（　　）

24. 分析企业的速动比率，就可以判断企业的营运能力。（　　）

25. 如果某公司的资产总额为800万元，流动负债为40万元，长期负债为260万元，则资产负债率为37.5%。（　　）

26. 如果已知负债和所有者权益的比率为40%，则资产负债率为60%。（　　）

27. 若某企业的权益乘数为4，则资产负债率为25%。（　　）

28. 一般而言，利息保障倍数越大，表明企业可以偿还长期债务的可能性越小。（　　）

29. 在流动比率、速动比率、现金比率这三个短期偿债能力指标中，现金比率最能反映企业的短期偿债能力。（　　）

30. 产权比率反映债务人提供的资本与所有者提供的资本的相对关系，以及企业自有资金偿还全部债务的能力。（　　）

四、不定项选择题

1. 某企业"长期借款"账户的期末贷方余额为800 000元，其中2019年6月借入的三年期借款为500 000元，其余为2020年末借入的三年期借款。"应付债券"账户的贷方余额为 600 000 元，均为 2021 年初发行，其中三年期的有 200 000 元，其余为五年期的企业债券，假设该企业没有其他长期负债。

要求：根据上述资料计算如下内容。

(1) 在编制该企业 2021 年末的资产负债表时，"一年内到期的非流动负债"项目的金额为 ( ) 元。

A. 700 000　　　B. 500 000　　　C. 1 300 000　　　D. 1 400 000

(2) 在编制该企业 2021 年末的资产负债表时，"长期借款"和"应付债券"项目中应填列的金额分别为 ( ) 元。

A. 300 000　400 000　　　　　C. 800 000　600 000

B. 800 000　400 000　　　　　D. 300 000　600 000

2. 某企业 2021 年末"无形资产"账户的借方余额为 800 万元，"累计摊销"账户的贷方余额为 300 万元，"无形资产减值准备"账户的贷方余额为 100 万元，"原材料"账户的借方余额为 300 万元，"生产成本"账户的借方余额为 200 万元，"库存商品"账户的借方余额为 500 万元，"工程物资"账户的借方余额为 600 万元，"存货跌价准备"账户的贷方余额为 100 万元。

要求：根据上述资料计算如下内容。

(1) 该企业 2021 年末资产负债表中的"无形资产"项目的填列金额是 ( ) 万元。

A. 400　　　　B. 500　　　　C. 900　　　　D. 800

(2) 该企业 2021 年末资产负债表中的"存货"项目的填列金额是 ( ) 万元。

A. 1000　　　　B. 1100　　　　C. 900　　　　D. 700

3. A 企业"应付账款"总账科目的月末贷方余额为 90 000 元，其中，"应付甲公司账款"明细科目的月末贷方余额为 150 000 元，"应付乙公司账款"明细科目的月末借方余额为 60 000 元。"预付账款"总账科目的月末贷方余额为 80 000 元，其中，"预付 A 工厂账款"明细科目的月末贷方余额为 100 000 元，"预付 B 工厂账款"明细科目的月末借方余额为 20 000 元。

要求：根据上述资料计算如下内容。

(1) 该企业月末资产负债表中"应付账款"项目的金额为 ( ) 元。

A. 250 000　　　B. 90 000　　　C. 150 000　　　D. 100 000

(2) 该企业月末资产负债表中"预付账款"项目的金额为 ( ) 元。

A. 250 000　　　B. 80 000　　　C. 20 000　　　D. 100 000

4. 某公司 2020 年的销售收入为 2000 万元，净利润为 400 万元，资产总额为 10 000 万元，负债总额为 5000 万元；2021 年的销售收入为 2200 万元，净利润为 432 万元，资产总额为 11 200 万元，负债总额为 5450 万元。

要求：根据上述资料计算如下内容。

(1) 2020 年该公司的资产负债率为 ( )。

A. 40%　　　　B. 50%　　　　C. 20%　　　　D. 19.64%

(2) 2021 年该公司的资产负债率为 ( )。

A. 48.66%　　　　B. 19.64%　　　　C. 40.34%　　　　D. 40.37%

(3) 该公司的偿债能力变化包括（　　）。

A. 长期偿债能力没有变化

B. 2021 年与 2020 年相比，长期偿债能力降低

C. 2021 年与 2020 年相比，长期偿债能力提高

(4) 2020 年该公司的权益乘数为（　　）。

A. 2　　　　B. 5　　　　C. 2.5　　　　D. 25

(5) 2021 年该公司的权益乘数为（　　）。

A. 5.09　　　　B. 2.06　　　　C. 2.5　　　　D. 1.95

5. 某公司年末会计报表中的部分数据如下：流动负债为 60 万元，流动比率为 2，速动比率为 1.2，销售成本为 100 万元，年初存货为 52 万元。

要求：根据上述资料计算如下内容。

(1) 该公司年末的流动资产是（　　）万元。

A. 60　　　　B. 120　　　　C. 72　　　　D. 112

(2) 该公司年末的存货是（　　）万元。

A. 60　　　　B. 120　　　　C. 72　　　　D. 48

(3) 该公司年平均存货是（　　）万元。

A. 60　　　　B. 48　　　　C. 50　　　　D. 72

(4) 该公司本年度存货周转次数为（　　）次。

A. 1.65　　　　B. 2　　　　C. 2.3　　　　D. 1.45

6. 某企业 2021 年 12 月 31 日的资产负债表的部分资料见表 2-12。

表 2-12　某企业 2021 年 12 月 31 日的资产负债表的部分资料

单位：元

项　　目	金　额	项　　目	金　额
货币资金	130 000	流动负债	200 000
交易性金融资产	10 000	长期借款	850 000
应收账款	100 000	所有者权益	1 000 000
存　货	120 000		
固定资产	200 000		

要求：根据上述资料，回答下列问题。

(1) 该企业 2021 年末的流动比率为（　　）。

A. 1.2　　　　B. 1.8　　　　C. 2.7

(2) 该企业 2021 年末的速动比率为（　　）。

A. 2.7　　　　B. 1.8　　　　C. 1.2

实践练习

实践练习 1

1. 晨光股份有限公司 2021 年各总账账户期末余额表见表 2-13, 有关明细账户的余额表见表 2-14。

要求：编制该公司 2021 年度的资产负债表 (年初余额略)，见表 2-15。

表 2-13　2021 年各总账账户期末余额表

单位：元

账户名称	借方余额	账户名称	贷方余额
库存现金	470	坏账准备	750
银行存款	280 000	累计折旧	160 000
其他货币资金	10 000	应付账款	540 000
应收账款	305 000	应付职工薪酬	5 000
其他应收款	52 500	应交税费	10 500
材料采购	90 000	其他应付款	52 000
原材料	300 000	长期借款	505 000
周转材料	175 000	股本	4 299 720
生产成本	230 000	资本公积	150 000
库存商品	620 000	盈余公积	200 000
债权投资	600 000	利润分配	60 000
固定资产	2 350 000		
在建工程	470 000		
无形资产	350 000		
长期待摊费用	150 000		
合计	5 982 970	合计	5 982 970

表 2-14　2021 年有关明细账户的余额表

单位：元

总分类账户	明细账户	期末余额 借方	期末余额 贷方	备　注
应付账款	万豪公司		210 000	
	腾达公司		38 000	
	环宇公司	68 000		
债权投资	债券投资	100 000		2019年5月到期
	其他投资	500 000		2020年5月到期
长期借款	专用借款		155 000	2014年3月借入，三年期
	更新改造借款		350 000	2012年1月借入，五年期

表 2-15 资产负债表

编制单位：　　　　　　　　　　　年　月　日　　　　　　　　　会企 01 表

单位：元

资　　产	期初余额	年初余额	负债和所有者权益(或股东权益)	期末余额	年初余额
流动资产：			流动负债：		
货币资金			短期借款		
交易性金融资产			交易性金融负债		
应收票据			应付票据		
应收账款			应付账款		
应收款项融资			合同负债		
预付账款			预收账款		
其他应收款			应付职工薪酬		
存货			应交税费		
持有待售资产			其他应付款		
一年内到期的非流动资产			持有待售负债		
其他流动资产			一年内到期的非流动负债		
流动资产合计			其他流动负债		
非流动资产：			流动负债合计		
债权投资			非流动负债：		
其他债权投资			长期借款		
长期应收款			应付债券		
其他权益工具投资			租赁负债		
长期股权投资			长期应付款		
投资性房地产			预计负债		
固定资产			递延所得税负债		
在建工程			其他非流动负债		
生产性生物资产			非流动负债合计		
油气资产			负债合计		
无形资产			所有者权益(或股东权益)：		
开发支出			实收资本(或股本)		
商誉			资本公积		
长期待摊费用			减：库存股		
递延所得税资产			盈余公积		
其他非流动资产			未分配利润		
			其他权益工具		
			其他综合收益		
			专项储备		
非流动资产合计			所有者权益合计		
资产总计			负债和所有者权益(或股东权益)总计		

单位负责人：　　　　　财会负责人：　　　　　复核：　　　　　制表：

实践练习 2

1. 华胜股份有限公司于 2019 年按面值 1 元平价发行股票 5 000 000 股。该公司为增值税一般纳税人，适用的增值税税率为 13%，所得税税率为 25%，原材料采用计划成本进行核算。2021 年该公司除固定资产减值准备导致固定资产账面价值与其计税基础存在可抵扣暂时性差异外，其他资产和负债项目的账面价值均等于其计税基础。

华胜股份有限公司 2020 年各总账账户期末余额表见表 2-16。"银行存款"账户的余额可随时动用；"坏账准备"账户的余额按"应收账款"账户的余额计提；"其他应收款"账户预计无损失，未提取坏账准备；"长期借款"账户的余额中，有一年内到期的长期借款 600 000 元。

表 2-16　2020 年各总账账户期末余额表

单位：元

账户名称	借方余额	账户名称	贷方余额
库存现金	2600	坏账准备	900
银行存款	1 084 300	累计折旧	400 000
其他货币资金	120 000	累计摊销	100 000
交易性金融资产	15 000	短期借款	300 000
应收票据	96 000	应付票据	52 800
应收账款	400 000	应付账款	1 100 000
预付账款	100 000	其他应付款	52 000
其他应收款	155 000	应付职工薪酬	110 000
原材料	1 500 000	应交税费	36 600
材料采购	100 000	长期借款	1 200 000
周转材料	100 000	股本	6 000 000
库存商品	800 000	盈余公积	650 000
材料成本差异	80 000	利润分配	54 600
长期股权投资	750 000		
固定资产	1 800 000		
在建工程	2 000 000		
无形资产	704 000		
其他非流动资产	250 000		
合计	10 056 900	合计	10 056 900

2. 华胜股份有限公司 2021 年发生了如下经济业务。

(1) 收到银行通知，用银行存款支付到期的商业承兑汇票 100 000 元。

(2) 购入 A 材料一批，收到的增值税专用发票上注明的材料价款为 150 000 元，增值税税额为 19 500 元，开出一张银行转账支票用于支付，材料尚未验收入库。

(3) 收到 A 材料一批，实际采购成本为 100 000 元，计划成本为 95 000 元，材料已验收入库。

(4) 用银行汇票支付材料价款，收到开户银行转来的银行汇票多余款收账通知，上面

073

填写的多余款为 300 元，购入材料价款为 99 800 元，增值税税额为 12 974 元，材料已验收入库。该批原材料的计划成本为 100 000 元。

(5) 销售甲产品一批，开出的增值税专用发票上注明的销售价款为 300 000 元，增值税税额为 39 000 元，货款尚未收到。甲产品已发出，实际生产成本为 180 000 元。

(6) 该公司出售交易性金融资产（股票），收到 16 500 元并存入银行。该股票的初始投资成本为 13 000 元，公允价值变动收益为 2 000 元。

(7) 购入不需要安装的管理用设备一台，收到的增值税专用发票上注明的设备价款为 10 000 元，增值税税额为 1300 元，以银行存款支付，设备已交付使用。

(8) 购入工程用材料一批，收到增值税专用发票上注明的材料价款和增值税税额合计为 200 000 元，以银行存款支付。

(9) 生产车间报废一台机床，该设备的原值为 200 000 元，已计提折旧 180 000 元，支付清理费用 1000 元，残值变价收入为 2000 元，款项均通过银行存款收支。该项固定资产已清理完毕。

(10) 从银行借入三年期借款 1 000 000 元，已存入银行账户。

(11) 销售产品一批，开出的增值税专用发票上注明的销售价款为 700 000 元，增值税销项税额为 91 000 元，款项已存入银行。该批产品的实际生产成本为 420 000 元。

(12) 公司的一张面值为 180 000 元的不带息银行承兑汇票到期，款项已存入银行。

(13) 公司出售一台不需用的设备，收到价款 300 000 元，该设备原值为 400 000 元，已计提折旧 150 000 元。

(14) 分配应付的职工工资 600 000 元，包括在建工程人员应付工资 200 000 元；生产经营人员应付工资 400 000 元，其中，生产人员工资为 300 000 元，车间管理人员工资为 60 000 元，行政管理人员工资为 40 000 元。

(15) 在建工程人员提取职工福利费 28 000 元；生产经营人员提取职工福利费 56 000 元，其中，生产人员福利费为 42 000 元，车间管理人员福利费为 8400 元，行政管理人员福利费为 5600 元。

(16) 在建工程人员领用工程用材料 100 000 元。

(17) 提取现金 600 000 元，准备发工资。

(18) 通过银行支付职工工资 600 000 元，其中包括支付在建工程人员的工资 200 000 元。

(19) 基本生产车间领用一批原材料，其计划成本为 700 000 元；领用低值易耗品，其计划成本为 50 000 元，低值易耗品采用一次摊销法来摊销。

(20) 结转领用原材料应分摊的材料成本差异，假设材料成本差异率为 5%。

(21) 以银行存款支付基本生产车间水电费 90 000 元。

(22) 收到应收账款 50 000 元，已存入银行。

(23) 用银行存款支付宣传费 10 000 元、广告费 10 000 元。

(24) 公司采用商业承兑汇票结算方式销售产品一批，开出的增值税专用发票上注明的销售价款为 400 000 元，增值税税额为 52 000 元，收到金额为 468 000 元的商业承兑汇票一张。该批产品的实际生产成本为 250 000 元。

(25) 将上述商业承兑汇票办理贴现，贴现利息为 30 000 元。

(26) 用银行存款 20 000 元偿还应付账款。

(27) 本期销售产品应交纳的城市维护建设税为 800 元，教育费附加为 1200 元。

(28) 用银行存款交纳增值税 100 000 元、城市维护建设税 800 元、教育费附加 1200 元。

(29) 偿还短期借款本金 250 000 元。

(30) 本期在建工程应负担的长期借款利息为 200 000 元，计入本期损益的长期借款利息费用为 10 000 元，采用长期借款分期付息方式。

(31) 支付长期借款利息 210 000 元。

(32) 偿还长期借款本金 1 000 000 元。

(33) 无形资产摊销额为 60 000 元。

(34) 计提固定资产折旧 100 000 元，其中，制造费用为 80 000 元，管理费用为 20 000 元。

(35) 将制造费用转入生产成本，计算并结转本期完工产品成本，本期生产的产品全部完工入库。

(36) 结转本期产品的销售成本。

(37) 期末按应收账款余额的 5% 计提应收账款坏账准备金。

(38) 期末计提固定资产减值准备 10 000 元。

(39) 将各损益类账户的本年发生额结转到本年利润账户。

(40) 计算企业应交所得税，并结转到本年利润账户。

(41) 结转本年净利润。

(42) 按照净利润的 10% 提取法定盈余公积金，按照净利润的 5% 提取任意盈余公积金，将净利润的 30% 向投资者分配现金股利。

(43) 将利润分配各明细科目的余额转入未分配利润明细科目。

(44) 用银行存款交纳所得税 90 000 元。

3. 华胜股份有限公司的资产负债表有关项目的期末余额见表 2-17。

表 2-17　资产负债表有关项目的期末余额

单位：元

项目	应收账款	存货	流动资产	固定资产	总资产	所有者权益
2019年期末余额	1300	3500	6500	11000	19000	13900

注：2019 年期末股本和资本公积期末余额分别为 12 000 万元和 600 万元。

4. 华胜股份有限公司 2019 年、2020 年和 2021 年发行在外的普通股股数均为 12 000 万股；2020 年度和 2021 年度分别发放普通股股利 600 万元和 700 万元；2020 年末和 2021 年末每股市价分别为 6 元和 7 元。

要求：

(1) 依据华胜股份有限公司的会计资料编制会计凭证 (用会计分录代替)。

(2) 依据华胜股份有限公司的会计凭证登记账簿 (用 T 型账代替)。

(3) 编制华胜股份有限公司的资产负债表 (见表 2-18)。

(4) 依据华胜股份有限公司的资产负债表编制并分析水平资产负债表 (见表 2-19) 和结构资产负债表 (见表 2-20)。

(5) 计算并分析华胜股份有限公司的短期偿债能力指标计算表 (见表 2-21) 和长期偿债能力指标计算表 (见表 2-22)。

表 2-18　资产负债表

会企 01 表

编制单位：　　　　　　　　　　年　　月　　日　　　　　　　　　　　单位：元

资　　　产	期末余额	年初余额	负债和所有者权益(或股东权益)	期末余额	年初余额
流动资产：			流动负债：		
货币资金			短期借款		
交易性金融资产			交易性金融负债		
应收票据			应付票据		
应收账款			应付账款		
应收款项融资			合同负债		
预付账款			预收账款		
其他应收款			应付职工薪酬		
存货			应交税费		
持有待售资产			其他应付款		
一年内到期的非流动资产			持有待售负债		
其他流动资产			一年内到期的非流动负债		
流动资产合计			其他流动负债		
非流动资产：			流动负债合计		
债权投资			非流动负债：		
其他债权投资			长期借款		
长期应收款			应付债券		
其他权益工具投资			租赁负债		
长期股权投资			长期应付款		
投资性房地产			预计负债		
固定资产			递延所得税负债		
在建工程			其他非流动负债		
生产性生物资产			非流动负债合计		
油气资产			负债合计		
无形资产			所有者权益(或股东权益)：		
开发支出			实收资本(或股本)		
商誉			资本公积		
长期待摊费用			减：库存股		
递延所得税资产			盈余公积		
其他非流动资产			未分配利润		
			其他权益工具		
			其他综合收益		
			专项储备		
非流动资产合计			所有者权益合计		
资产总计			负债和所有者权益(或股东权益)总计		

单位负责人：　　　　　　财会负责人：　　　　　　复核：　　　　　　制表：

表 2-19 水平资产负债表

项 目	年初余额/元	年末余额/元	增减变动额/元	增减变动率/%
一、流动资产				
货币资金				
交易性金融资产				
应收票据				
应收账款				
预付账款				
其他应收款				
存货				
流动资产合计				
二、非流动资产				
债权投资				
长期股权投资				
固定资产				
在建工程				
无形资产				
递延所得税资产				
非流动资产合计				
资产总计				
三、流动负债				
短期借款				
应付票据				
应付账款				
应付职工薪酬				
应交税费				
其他应付款				
一年内到期的非流动负债				
流动负债合计				
四、非流动负债				
长期借款				
递延所得税负债				
非流动负债合计				
负债合计				
五、所有者权益				
实收资本				
资本公积				
盈余公积				
未分配利润				
所有者权益合计				
负债和所有者权益总计				

表 2-20　结构资产负债表

项　目	年初余额/元	年末余额/元	年初结构/%	年末结构/%	差异/%
一、流动资产					
货币资金					
交易性金融资产					
应收票据					
应收账款					
预付账款					
其他应收款					
存货					
流动资产合计					
二、非流动资产					
债权投资					
长期股权投资					
固定资产					
在建工程					
无形资产					
递延所得税资产					
非流动资产合计					
资产总计					
三、流动负债					
短期借款					
应付票据					
应付账款					
应付职工薪酬					
应交税费					
其他应付款					
一年内到期的非流动负债					
流动负债合计					
四、非流动负债					
长期借款					
递延所得税负债					
非流动负债合计					
负债合计					
五、所有者权益					
实收资本					
资本公积					
盈余公积					
未分配利润					
所有者权益合计					
负债和所有者权益总计					

表 2-21   短期偿债能力指标计算表

财务比率	2021年初	2021年末
流动比率		
速动比率		
现金比率		

表 2-22   长期偿债能力指标计算表

财务比率	2021年初	2021年末
资产负债率		
股东权益比率		
权益乘数		
产权比率		
利息保障倍数		

第 3 章
利润表编制与分析

▼

本章重难点

· 利润表的编制方法；

· 企业营运能力分析、盈利能力分析。

学习目标

知识目标

· 了解利润表的作用；

· 掌握利润表的编制程序；

· 掌握利润表的编制方法；

· 掌握与利润表有关的财务指标分析。

技能目标

· 能够编制利润表；

· 掌握利润表的水平分析和结构分析。

3.1 编制利润表

案例导入

腾飞股份有限公司 2021 年度发生的经济业务见 2.1 节的"案例导入"。

任务要求

(1) 根据腾飞股份有限公司 2021 年的账簿资料计算损益类账户的本期发生额。

(2) 根据损益类账户的本期发生额编制腾飞股份有限公司 2021 年度利润表。

知识准备

3.1.1 利润表概述

利润表相关知识

一、利润表的概念

利润表是指反映企业在一定会计期间 (年度、半年度、季度、月份) 的经营成果的报表。利润表是根据收入、费用和利润三个会计要素的内在联系，按照一定的分类标准和一定的顺序，将企业一定时期内的经营成果予以适当排列编制而成的。

二、利润表的格式类型

利润表的格式类型主要有单步式和多步式两种。《企业会计准则》规定企业利润表采用多步式结构。下面分别介绍单步式利润表和多步式利润表。

利润表的格式
类型和计算步骤

1. 单步式利润表

单步式利润表是将企业当期的所有收入和所有成本费用分别汇总，然后使两者相减得出当期净利润。单步式利润表的优点是格式简单、易于编制，缺点是无法反映利润各构成要素之间的关系，无法满足报表使用者的决策需要。单步式利润表见表 3-1。

表 3-1　单步式利润表

编制单位：　　　　　　　　　　　　　年　　月　　　　　　　　　　　　单位：元

项　　目	本期金额	上期金额
一、收入		
营业收入		
投资收益		
营业外收入		
⋮		
收入合计		
二、成本与费用		
营业成本		
税金及附加		
销售费用		
管理费用		
研发费用		
财务费用		
其中：利息费用		
利息收入		
营业外支出		
所得税费用		
⋮		
成本与费用合计		
三、净利润		

2. 多步式利润表

多步式利润表是将企业当期的收入、费用和支出项目按性质进行分类，依照利润形成的主要环节列示一些中间性的利润指标，分步计算当期净利润。多步式利润表能清晰地反映企业利润的形成过程，明确利润各构成要素之间的内在联系，提供中间性的利润指标。多步式利润表的不足之处是计算步骤较多，比较繁琐。

三、利润的计算步骤

利润的计算步骤具体如下。

(1) 计算营业利润：

营业利润＝营业收入－营业成本－税金及附加－销售费用－管理费用－研发费用－财务费用－资产减值损失＋公允价值变动收益（－公允价值变动损失）＋资产处置收益（－资产处置损失）－信用减值损失＋其他收益＋投资收益（－投资损失）

(2) 计算利润总额：

利润总额 = 营业利润 + 营业外收入 − 营业外支出

(3) 计算净利润：

净利润 = 利润总额 − 所得税费用

(4) 计算每股收益：

$$基本每股收益 = \frac{净利润 - 优先股股利}{发行在外的普通股加权平均数稀释每股收益}$$

$$= \frac{净利润 - 优先股股利}{普通股平均数 + 约当普通股股数}$$

(5) 计算综合收益总额：

$$综合收益总额 = 净利润 + 其他综合收益$$

四、利润表的作用

利润表的作用主要体现在以下几个方面。

(1) 反映企业利润形成的过程。

企业通过计算营业利润、利润总额、净利润，能更好地反映企业利润的形成过程，揭示利润总额各构成要素之间的内在联系。

(2) 反映企业在一定会计期间的经营成果。

利润表能够反映企业在一定会计期间的收入和成本费用情况，通过各项收入与成本费用的配比，来揭示企业投入和产出的关系，确定企业在一定期间内是处在盈利还是亏损状态，以反映企业在一定会计期间内的经营成果，据以判断资本保值、增值等情况。

(3) 作为评价和考核企业经营业绩的依据。

利润表可以反映出企业不同时期的收入、费用和利润情况，通过对其进行比较与分析，可以客观地评价和考核企业经营管理人员的经营业绩，这有利于评估企业的投资价值。

(4) 是判断企业未来发展趋势的基本资料。

将利润表中的信息与资产负债表中的信息相结合，可以提供财务分析的基本资料，如应收账款周转率、净资产周转率等，以反映企业的资金周转情况及企业的盈利能力和水平，便于投资者作出经济决策。

五、利润表的编制程序

利润表的编制程序具体包括以下内容。

(1) 依据原始凭证编制记账凭证，登记总账及明细账，并进行账账核对、账证核对及账实核对。

(2) 在确保会计业务均入账的前提下，编制试算平衡表，检查账户的正确性，为编制会计报表作准备。

(3) 依据损益类账户的本期发生额，计算并填列利润表的各项目。

(4) 检查利润表的完整性及正确性，包括表头部分的填制是否齐全，各项目的填列是否正确，营业利润、利润总额、净利润及每股收益的计算是否正确，有关人员是否签字盖章等。

3.1.2　利润表的编制方法

一、"上期金额"栏的填列

利润表的"上期金额"栏应根据上年该期利润表"本期金额"栏内所列的金额填列。如果上年该期利润表规定的各个项目名称和内容与本期不一致，应当对上期利润表各项目的名称和数字按照本期的规定进行调整，并将调整后的金额填入本期利润表的"上期金额"栏内。

利润表填列
的变化

二、"本期金额"栏的填列

1. "营业收入"项目

该项目反映了企业经营主营业务和其他业务所确认的收入总额。本项目应根据"主营业务收入"账户的发生额和"其他业务收入"账户的发生额合计填列。

2. "营业成本"项目

该项目反映了企业经营主营业务和其他业务所发生的成本总额。本项目应根据"主营业务成本"账户发生额和"其他业务成本"账户的发生额合计填列。

3. "税金及附加"项目

该项目反映了企业在生产经营活动中应负担的消费税、资源税、土地增值税、城市维护建设税和教育费附加等税费。本项目应根据"税金及附加"账户的发生额分析填列。

4. "销售费用"项目

该项目反映了企业在销售商品和材料、提供劳务过程中发生的包装费、保险费和广告费等费用，以及为销售本企业商品而专设的销售机构的职工薪酬、业务费和折旧费等费用。本项目应根据"销售费用"账户的发生额分析填列。

5. "管理费用"项目

该项目反映了企业为组织和管理生产经营活动而发生的各类管理费用，包括企业的董事会和行政管理部门在经营管理活动中发生的，或者应由企业统一负担的公司经费、董事会费、聘请中介机构费、咨询费、顾问费、诉讼费、业务招待费、房产税、车船税、土地使用税、印花税、技术转让费、矿产资源补偿费、研究费用和排污费等。本项目应根据"管理费用"账户的发生额分析填列。

6. "研发费用"项目

该项目反映了企业在研究与开发过程中发生的费用化支出。本项目应根据"管理费用"账户下的"研发费用"明细账户的发生额分析填列。

7. "财务费用"项目

该项目反映了企业为筹集生产经营所需资金等而发生的费用，包括应当作为期间费用的利息支出（减利息收入）、汇兑损失（减汇兑收益）及相关的手续费等。本项目应根据"财务费用"账户的发生额分析填列。

8. "资产减值损失"项目

该项目反映了企业存货和固定资产等发生的减值损失。本项目应根据"资产减值损失"账户的发生额分析填列。

9. "信用减值损失"项目

该项目反映了企业应收账款发生的减值损失。本项目应根据"信用减值损失"账户的发生额分析填列。

10. "公允价值变动收益"项目

该项目反映了企业因交易性金融资产、交易性金融负债，以及采用公允价值模式计量的投资性房地产、衍生金融工具等公允价值变动而形成的应计入当期损益的利得或损失。本项目应根据"公允价值变动损益"账户的发生额分析填列。若发生额最终是贷方的发生额，则以"＋"号填列；若发生额最终是借方的发生额，则以"－"号填列。

11. "资产处置收益"项目

该项目反映了企业出售划分为持有待售的非流动资产（金融工具、长期股权投资和投资性房地产除外）或处置（子公司除外）确认的处置利得或损失，以及处置未划分为持有待售的固定资产、在建工程、生产性生物资产及无形资产而产生的处置利得或损失。本项目应根据"资产处置收益"账户的发生额分析填列。

12. "投资收益"项目

该项目反映了企业以各种方式进行对外投资所发生的投资收益或损失。本项目应根据"投资收益"账户的发生额分析填列，若是投资损失，则以"－"号填列。

13. "其他收益"项目

该项目反映了计入其他收益的政府补助等。本项目应根据"其他收益"账户的发生额分析填列。

14. "营业利润"项目

该项目反映了企业实现的营业利润。若为亏损，则以"－"号填列。本项目用营业收入减去营业成本、税金及附加、销售费用、管理费用、财务费用和资产减值损失，加上公允价值变动净收益和投资收益计算得出。

15. "营业外收入"项目

该项目反映了企业发生的与生产经营无直接关系的各项收入。本项目应根据"营业外收入"账户的发生额分析填列。

16. "营业外支出"项目

该项目反映了企业发生的与生产经营无直接关系的各项支出。本项目应根据"营业外支出"账户的发生额分析填列。

17. "利润总额"项目

该项目反映了企业实现的利润总额。若为亏损，则以"－"号填列。本项目用营业利润加上营业外收入，减去营业外支出计算得出。

18."所得税费用"项目

该项目反映了企业根据所得税准则确认的，应从当期利润总额中扣除的所得税费用。本项目应根据"所得税费用"账户的发生额填列。

19."净利润"项目

该项目反映了企业实现的净利润。若为亏损，则以"－"号填列。本项目用利润总额减去所得税费用计算得出。

20."基本每股收益"项目

该项目应按照企业归属于普通股股东的当期净利润（若存在优先股，则净利润减去优先股股利的结果为企业归属于普通股股东的当期净利润）除以发行在外的普通股的加权平均数计算填列。

21."稀释每股收益"项目

企业存在稀释性潜在普通股的，应分别调整归属于普通股股东的当期净利润和发行在外的普通股的加权平均股数，然后根据调整后的归属于普通股股东的当期净利润除以发行在外的普通股的加权平均股数填列本项目。

22."其他综合收益"项目

该项目反映了企业根据会计准则规定未在损益中确认的各项利得和损失扣除所得税影响后的净额。

23."综合收益总额"项目

该项目是企业净利润与其他综合收益的合计金额。

案例解析

1. 根据腾飞股份有限公司 2021 年的账簿资料计算损益类账户的本期发生额。该公司损益类账户的本期发生额见表 3-2。

表 3-2 损益类账户的本期发生额

单位：元

账户名称	借方发生额	贷方发生额	账户名称	借方发生额	贷方发生额
主营业务收入		1 450 000	资产减值损失	20 000	
信用减值损失		1694	营业外支出	97 000	
主营业务成本	1 320 000		公允价值变动损益	0	
税金及附加	63 700		投资收益		50 000
销售费用	65 000		所得税费用	7500	
管理费用	105 600		营业外收入		236 206
财务费用	16 600				

2. 根据腾飞股份有限公司损益类账户的本期发生额编制 2021 年度利润表。2021 年度利润表 (上期金额已知) 见表 3-3。

表 3-3　利润表

编制单位：腾飞股份有限公司　　　　　　　　　2021 年度　　　　　　　　　会企 02 表

单位：元

项　　目	本期金额	上期金额
一、营业收入	1 450 000	1 350 000
减：营业成本	1 320 000	950 000
税金及附加	63 700	62 000
销售费用	65 000	25 000
管理费用	105 600	72 000
研发费用		
财务费用	16 600	15 000
其中：利息费用	16 600	15 000
利息收入		
加：其他收益		
投资收益 (损失以 "－" 号填列)	50 000	35 000
其中：对联营企业和合营企业的投资收益		
公允价值变动收益 (损失以 "－" 号填列)	0	2000
资产减值损失 (损失以 "－" 号填列)	−20 000	−16 500
信用减值损失 (损失以 "－" 号填列)	1694	0
资产处置收益 (损失以 "－" 号填列)		
二、营业利润 (亏损以 "－" 号填列)	−89 206	246 500
加：营业外收入	236 206	0
减：营业外支出	97 000	70 000
三、利润总额 (亏损以 "－" 号填列)	50 000	176 500
减：所得税费用	7500	44 125
四、净利润 (净亏损以 "－" 号填列)	42 500	132 375
（一）持续经营净利润 (净亏损以 "－" 号填列)		
（二）终止经营净利润 (净亏损以 "－" 号填列)		
五、其他综合收益的税后净额		
（一）不能重分类进损益的其他综合收益		
1. 重新计量设定受益计划变动额		
2. 权益法下不能转损益的其他综合收益		
3. 其他权益工具投资公允价值变动		
4. 企业自身信用风险公允价值变动		

续表

项　　目	本期金额	上期金额
（二）将重分类进损益的其他综合收益		
1. 权益法下可转损益的其他综合收益		
2. 其他债权投资公允价值变动		
3. 金融资产重分类计入其他综合收益的金额		
4. 其他债权投资信用减值准备		
5. 现金流量套期储备		
6. 外币财务报表折算差额		
7. 其他		
六、综合收益总额	42 500	132 375
七、每股收益		
（一）基本每股收益	0.028 3	0.132
（二）稀释每股收益		

单位负责人：李梅　　　　　财会负责人：王双　　　　　复核：王江　　　　　制表：韩红

3.2　分析利润表

案例导入

裕隆股份有限公司 2021 年度利润表见表 3-4。

表 3-4　利润表

编制单位：裕隆股份有限公司　　　　　　　2021 年度　　　　　　　　　　　会企 02 表
单位：元

项　　目	本期金额	上期金额
一、营业收入	21 100	18 700
减：营业成本	12 350	10 890
税金及附加	1200	1100
销售费用	1900	1600
管理费用	900	800
财务费用	400	200
加：公允价值变动收益（损失以"－"号填列）	0	0
投资收益（损失以"－"号填列）	310	300

项 目	本期金额	上期金额
其中：对联营企业和合营企业的投资收益	0	0
资产减值损失（损失以"－"号填列）	0	0
二、营业利润（亏损以"－"号填列）	4660	4410
加：营业外收入	150	100
减：营业外支出	650	600
其中：非流动资产处置损失		
三、利润总额（亏损以"－"号填列）	4160	3910
减：所得税费用	1040	977.5
四、净利润（净亏损以"－"号填列）	3120	2932.5
五、其他综合收益的税后净额		
六、综合收益总额		
七、每股收益		
（一）基本每股收益		
（二）稀释每股收益		

单位负责人：李梅　　　财会负责人：王双　　　复核：王江　　　制表：韩红

裕隆股份有限公司资产负债表有关项目的期末余额见表 3-5。

表 3-5　资产负债表有关项目的期末余额　　　　　　　单位：元

项目	应收账款	存货	流动资产	固定资产	总资产	所有者权益
2019年期末余额	1300	3500	6500	11 000	19 000	13 900

注：2019 年期末股本和资本公积期末余额分别为 12 000 万元和 600 万元。

裕隆股份有限公司 2019 年、2020 年和 2021 年发行在外的普通股股数均为 12 000 万股，2020 年度和 2021 年度分别发放普通股股利 600 万元和 700 万元，2020 年末和 2021 年末每股市价分别为 6 元和 7 元。

案例要求

(1) 编制并分析腾飞股份有限公司的水平利润表。
(2) 编制并分析腾飞股份有限公司的结构利润表。
(3) 计算并分析裕隆股份有限公司的营运能力指标。
(4) 计算并分析裕隆股份有限公司的盈利能力指标。

知识准备

利润表的水平
分析与结构分析

3.2.1　利润表的水平分析

利润表的水平分析是指把企业连续两期或多期利润表中的数据进行比较，计算利润表

中各项目的增减变动额和增减变动率，从而了解企业利润变动数额、变动方向和变动幅度，据以预测企业未来的发展前景。利润表的水平分析要从绝对额和百分率两个方面来进行，即绝对额比较分析和百分率比较分析。绝对额比较分析是将利润表中各损益项目增减变动额作为分析对象，分析其增减变化趋势以及企业的发展前景。百分率比较分析是将利润表中各项目增减变动率作为分析对象，揭示各损益项目变动对净利润的影响，找出企业在经营过程中存在的问题。

3.2.2 利润表的结构分析

利润表的结构分析是指以利润表中的营业收入项目为100%，计算出利润表中的各个项目占营业收入的百分比，然后比较各百分比在不同时期的差异，以此判断企业成本、费用以及利润等项目的变动规律和趋势。

对于利润表的结构分析，既可以从静态的角度评价利润的构成情况，又可以从动态的角度将本期利润的构成与前期或标准构成进行分析与评价。企业通过利润表的结构分析，将利润表各个项目的本期与前期或连续数期的结构百分比进行逐项比较，查明各个项目在不同年度所占比重的变化情况，就可以进一步评价企业经营成果的发展趋势。

3.2.3 与利润表有关的财务指标分析

一、营运能力分析

营运能力分析

营运能力是指企业资产的利用效率。资产的营运能力分析是指通过资产负债表与利润表相关项目之间的对比关系，即运用一定时期的周转额（收入或成本）与一定时期的资产平均占用额之间的比率关系，分析各项资产的周转速度及其对收入的贡献程度。它反映了企业资金的周转状况。一般来说，资产的周转速度越快，利用效率越高，说明企业的营运能力越强。营运能力的强弱，对企业的偿债能力和盈利能力都有重要影响。反映企业营运能力的主要财务指标包括应收账款周转率、存货周转率、流动资产周转率、固定资产周转率和总资产周转率。周转率和周转期的计算公式分别为。

$$周转率(次数) = \frac{周转额}{资产平均余额}$$

$$周转期(天数) = \frac{计算期天数}{周转率} = 资产平均余额 \times \frac{计算期天数}{周转额}$$

1. 应收账款周转率

应收账款周转率是指企业在一定时期内的赊销收入净额与应收账款平均余额的比率，反映了企业收回赊销账款的能力。应收账款周转率是指年度内应收账款转为现金的平均次数，它表示应收账款变现的速度。应收账款周转期是指企业从取得应收账款的权利到收回款项所需要的时间。

应收账款周转率计算公式为

$$应收账款周转率(次数) = \frac{赊销收入净额}{应收账款平均余额}$$

应收账款平均余额计算公式为

$$应收账款平均余额 = \frac{应收账款年初余额 + 应收账款年末余额}{2}$$

应收账款周转期计算公式为

$$应收账款周转期(天数) = \frac{计算期天数}{应收账款周转率}$$

式中,"赊销收入净额"是利润表中的销售收入扣除现销收入及折扣和折让后的销售净额,在实务中多采用"销售净额"来计算应收账款周转率;"应收账款平均余额"是未扣除坏账准备的应收账款金额。

一般来说,应收账款周转率越高,平均收账期越短,说明应收账款的收回速度越快,企业的营运能力越强。

2. 存货周转率

存货周转率是指一定时期内企业的营业成本与存货平均余额的比率。它有两种表示方法,即存货周转率和存货周转期。

存货周转率计算公式为

$$存货周转率(次数) = \frac{营业成本}{存货平均余额}$$

存货平均余额计算公式为

$$存货平均余额 = \frac{存货年初余额 + 存货年末余额}{2}$$

存货周转期计算公式为

$$存货周转期(天数) = \frac{计算期天数}{存货周转率}$$

式中,"营业成本"来自利润表。

存货周转率反映了企业的存货管理水平,提高存货周转率可以提高企业资产的变现能力,以及企业的短期偿债能力和获利能力。

一般情况下,企业的存货周转率越高,周转次数越多,周转天数越少,表明存货周转速度越快,资产流动性越强。在企业的流动资产中,存货所占的比重较大,存货流动性将直接影响企业的流动比率,因此,企业应重视对存货流动性的分析,通过提高存货周转率来加快存货的流动。

3. 流动资产周转率

流动资产周转率是指企业在一定时期内的营业收入净额与流动资产平均总额的比率。流动资产周转率计算公式为

$$流动资产周转率(次数) = \frac{营业收入净额}{流动资产平均总额}$$

流动资产平均总额计算公式为

$$流动资产平均总额 = \frac{流动资产总额年初数 + 流动资产总额年末数}{2}$$

流动资产周转期计算公式为

$$流动资产周转期(天数) = \frac{计算期天数}{流动资产周转率}$$

一般情况下，流动资产周转率反映了企业流动资产的周转速度和利用效率。周转次数越多，表明周转速度越快，流动资产的利用效率越高。提高流动资产的利用效率，会相对节约流动资金，即相对扩大资产投入，增强企业的盈利能力。

4. 固定资产周转率

固定资产周转率是指企业在一定时期内的营业收入与固定资产净值平均数的比率。它是反映企业固定资产周转情况，衡量固定资产利用效率的指标。该指标分别用固定资产周转率和固定资产周转期来表示。

固定资产周转率计算公式为

$$固定资产周转率(次数) = \frac{营业收入}{固定资产净值平均数}$$

固定资产净值平均数计算公式为

$$固定资产净值平均数 = \frac{固定资产净值年初数 + 固定资产净值年末数}{2}$$

固定资产周转期计算公式为

$$固定资产周转期(天数) = \frac{计算期天数}{固定资产周转率}$$

一般情况下，固定资产周转率越高，周转天数越短，固定资产利用效率就越高；反之，固定资产利用效率就越低。

5. 总资产周转率

总资产周转率是指企业的营业收入与资产平均总额的比率。它是综合评价企业全部资产管理水平和利用效率的重要指标。该指标分别用总资产周转率和总资产周转期来表示。

总资产周转率计算公式为

$$总资产周转率(次数) = \frac{营业收入}{资产平均总额}$$

资产平均总额计算公式为

$$资产平均总额 = \frac{资产总额年初数 + 资产总额年末数}{2}$$

总资产周转期计算公式为

$$总资产周转期(天数) = \frac{计算期天数}{总资产周转率}$$

一般情况下，总资产周转率越高，表明总资产利用效率越高，企业的盈利能力和偿债能力较强。如果这个比率较低，则说明企业全部资产利用效率较低，企业的盈利能力较弱，企业应该采取扩大销售量或处理多余的资产等措施来提高企业资产的利用效率。

二、盈利能力分析

盈利能力是指企业运用其所支配的经济资源开展经营活动，并从中获取利润的能力，或者说是使企业资金增值的能力。盈利能力是企业生存和发展的基本条件。不论是投资人、债权人，还是企业经营管理者，都非常关心企业的盈利能力，因为企业盈利可以使投资人获得资本收益，使债权人的权益得到保障，能够提升企业经营管理者的经营业绩。

盈利能力分析

盈利能力分析是指通过分析利润表相关项目之间的对比关系，以及资产负债表与利润表相关项目之间的对比关系来评价企业的经营成果和发展趋势。盈利能力分析是企业财务分析的主要内容。企业的盈利能力越强，带来的现金流量越多，企业的偿债能力就会越强。企业盈利能力分析一般包括经营盈利能力分析、资产盈利能力分析和资本盈利能力分析。

1. 经营盈利能力分析

经营盈利能力分析是指对企业生产经营过程中的成本、收入和利润之间的比例关系进行分析，以评价企业的盈利能力。与此相关的指标主要有营业毛利率、营业利润率、营业净利率和成本费用利润率。

1) 营业毛利率

营业毛利率是指企业在一定时期内的营业毛利与营业收入的比率。营业毛利是指企业的营业收入扣除营业成本后的余额。

营业毛利率的计算公式为

$$营业毛利率 = \frac{营业收入 - 营业成本}{营业收入} \times 100\%$$

营业毛利率体现了企业在经营活动中的最基本的盈利能力，是企业营业净利率的基础。没有足够的营业毛利率，企业就不可能盈利。

2) 营业利润率

营业利润率是指企业在一定时期内的营业利润与营业收入的比率。它反映了企业每单位营业收入所能带来的营业利润，表明了企业经营业务的盈利能力，是评价企业经营业务的盈利能力的主要指标。

营业利润率的计算公式为

$$营业利润率 = \frac{营业利润}{营业收入} \times 100\%$$

营业利润率越高，说明企业经营所获得的利润越高，市场竞争力越强，发展潜力越大，企业的盈利能力越强；反之，说明企业的盈利能力越弱。

3) 营业净利率

营业净利率是指企业在一定时期内的净利润与营业收入的比率。它反映了企业每单位销售收入所带来的净利润。营业净利率越高，说明企业通过增加销售获取利润的能力越强。

营业净利率的计算公式为

$$营业净利率 = \frac{净利润}{营业收入} \times 100\%$$

营业净利率可用来衡量营业收入给企业带来利润的能力，营业净利率越高越好。营业净利率越高，说明企业的盈利能力越强；反之，说明企业的盈利能力越弱。

4) 成本费用利润率

成本费用利润率是指企业在一定时期内的利润总额与成本费用总额的比率。它反映了企业每单位成本费用可带来的利润。成本费用总额包括营业成本、税金及附加、销售费用、管理费用和财务费用。

成本费用利润率的计算公式为

$$成本费用利润率 = \frac{利润总额}{成本费用总额} \times 100\%$$

一般情况下，成本费用利润率越高越好。成本费用利润率越高，说明企业为获取利润所付出的代价较小，企业的盈利能力越强。成本费用利润率可用来评价企业的获利能力，以及对成本费用的控制能力和经营管理水平。

2. 资产盈利能力分析

资产盈利能力是指企业利用资产获取利润的能力。其衡量指标主要有总资产报酬率、总资产利润率和总资产净利率。

1) 总资产报酬率

总资产报酬率是指企业在一定时期内的息税前利润与资产平均总额的比率。它是反映企业资产综合运营效益的指标。

总资产报酬率的计算公式为

$$总资产报酬率 = \frac{息税前利润}{资产平均总额} \times 100\%$$

总资产报酬率越高，表明资产利用效率越高，企业的盈利能力越强，同时也表明企业的经营管理水平越高。

2) 总资产利润率

总资产利润率是指企业在一定时期内的利润总额与资产平均总额的比率。它是一个综合性的效益指标。

总资产利润率的计算公式为

$$总资产利润率 = \frac{利润总额}{资产平均总额} \times 100\%$$

总资产利润率可用于衡量企业全部资产的获利能力。一般情况下，总资产利润率越高，说明企业的资产利用效率越高，企业的盈利能力越强；反之，说明企业的资产利用效率越低，企业的盈利能力也越弱。一般情况下，企业可以通过扩大经营规模、增加销售量、加强资产管理、减少总资产占用额等方法来提高总资产利润率。

3) 总资产净利率

总资产净利率是指企业在一定时期内的净利润与资产平均总额的比率。它能够反映企业资产利用的综合效果，是衡量企业利用债权人和所有者资金所取得盈利的重要指标。

总资产净利率的计算公式为

$$总资产净利率 = \frac{净利润}{资产平均总额} \times 100\%$$

总资产净利率越高，表明资产的利用效率越高；反之，则表明资产的利用效率越低。

3. 资本盈利能力分析

资本盈利能力分析是指企业投资者所投入资本在生产经营过程中获取利润的能力。其衡量指标主要有净资产收益率、资本收益率、每股收益、股利支付率、市盈率、每股净资产和市净率等。

1) 净资产收益率

净资产收益率也称为股东权益净利率，是指企业在一定时期内的净利润与平均净资产的比率。净资产收益率表明企业所有者权益获取报酬的水平。

净资产收益率的计算公式为

$$净资产收益率 = \frac{净利润}{平均净资产} \times 100\%$$

净资产收益率是衡量企业综合经营业绩的指标，是杜邦财务分析体系的核心指标。净资产收益率越高，说明企业自有资本盈利能力越强，运营效率越高，对企业投资人权益的保障程度越高。

2) 资本收益率

资本收益率是指企业在一定时期内的净利润与平均资本的比率。

资本收益率的计算公式为

$$资本收益率 = \frac{净利润}{平均资产} \times 100\%$$

$$平均资本 = \frac{股本年初数 + 资本公积年初数 + 股本年末数 + 资本公积年末数}{2}$$

资本收益率越高，说明企业自有资本利用效果越好，投资者风险越小；资本收益率是投资者进行投资决策的重要依据。

3）每股收益

每股收益又称每股盈余或每股利润，是指企业在一定时期内的净利润扣除优先股股利后与发行在外的普通股加权平均数的比率。每股收益可分为基本每股收益和稀释每股收益。

(1) 基本每股收益只考虑当期发行在外的普通股，是普通股当期净利润（净利润扣除优先股股利）与当期发行在外的普通股加权平均数之比。其计算公式为

$$基本每股收益 = \frac{净利润 - 优先股股利}{当期发行在外的普通股加权平均数}$$

当期发行在外的普通股加权平均数 = 期初发行在外的普通股股数 + 当期新发行的普通股股数 ×（已发行时间 / 报告期时间）− 期初回购的普通股股数 ×（已回购时间 / 报告期时间）

(2) 稀释每股利益是以基本每股收益为基础，假设企业所有发行在外的稀释性潜在普通股均已转换为普通股，从而分别调整归属于普通股股东的当期净利润，以及发行在外的普通股的加权平均数计算得到的每股收益。稀释性潜在普通股是指假设当期转换为普通股会减少每股收益的潜在普通股，主要有可转换公司债券、认股权证和股票期权等。

稀释每股收益的计算公式为

$$稀释每股收益 = \frac{净利润 - 优先股股利}{普通股平均数 + 约当普通股股数}$$

每股收益是评价企业盈利能力的一个非常重要的指标。每股收益越高，说明每股所得利润越多，企业的盈利能力越强。同时，每股收益还是确定企业股票价格的主要参考指标，是影响企业股票市场价格的重要因素。

4）股利支付率

股利支付率又称股利发放率，是指企业在一定时期内的普通股每股股利与普通股每股收益的比率。它表明企业的净利润中有多少用于股利的分配。

股利支付率的计算公式为

$$股利支付率 = \frac{普通股每股股利}{普通股每股收益} \times 100\%$$

股利支付率能够反映企业的股利政策。股利支付率越高，说明企业支付给股东的利润越多，而股东留在企业的权益将会减少。股利支付率的高低取决于企业的股利政策，没有一个具体的标准可判断股利支付率是多少为好。一般认为，股利支付率若能逐年持续稳定地增长，就能提高股票的质量。

5）市盈率

市盈率是指企业在一定时期内的普通股每股市价与普通股每股收益的比率。

市盈率的计算公式为

$$市盈率 = \frac{普通股每股市价}{普通股每股收益}$$

市盈率是反映股票投资价值的一个重要的参考指标。它反映了投资人对每一元净利润所愿支付的价格。市盈率越高，说明市场对公司的发展前景越看好，但市盈率过高，也意味着该股票有较高的投资风险。

在每股市价确定的情况下，每股收益越高，市盈率越低，投资风险越小；在每股收益确定的情况下，每股市价越高，市盈率越高，投资风险越大。

关于市盈率的高低，世界各国并没有统一的标准。一般来说，在发展中国家，由于经济增长前景好，故市盈率相对较高，一般在 20～30 倍之间；在发达国家，由于股市较为成熟，故市盈率相对较低，一般在 10～20 倍之间。

需要注意的是，市盈率指标不宜用于不同行业公司之间的比较，因为新兴产业、成熟产业和夕阳产业的市盈率不具有可比性。

6) 每股净资产

每股净资产又称每股账面价值，是指企业在一定时期内的期末股东权益中扣除优先股权益的数额，除以期末流通在外的普通股股数的数值。

每股净资产的计算公式为

$$每股净资产 = \frac{期末股东权益 - 优先股权益}{期末流通在外的普通股股数}$$

每股净资产是决定股票市场价格的重要因素。每股净资产的高低说明企业股票投资价值和发展潜力的大小，能够间接地表明企业盈利能力的大小。

7) 市净率

市净率是指企业在一定时期内的每股市价与每股净资产的比值，表明股票的市场价值是净资产的倍数。

市净率的计算公式为

$$市净率 = \frac{每股市价}{每股净资产}$$

市价是证券市场的交易价格。净资产是股票的账面价值。市净率能够表明市场对企业资产质量的评价。若每股市价高于每股净资产，则说明资产质量较好，企业有发展潜力；反之，则说明资产质量较差，企业没有发展潜力。优秀的上市企业的股票市价通常是净资产的许多倍。

案例解析

1. 依据表 3-3 编制并分析腾飞股份有限公司的水平利润表。

腾飞股份有限公司的水平利润表见表 3-6。

表 3-6　水平利润表

项　　目	2020年度/元	2021年度/元	增减变动额/元	增减变动率/%
一、营业收入	1 350 000	1 450 000	100 000	7.41
减：营业成本	950 000	1 320 000	370 000	38.95
税金及附加	62 000	63 700	1700	2.74
销售费用	25 000	65 000	40 000	160
管理费用	72 000	105 600	33 600	46.67
研发费用				
财务费用	15 000	16 600	1600	10.67
其中：利息费用	15 000	16 600	1600	10.67
利息收入				
加：其他收益				
投资收益(损失以"－"号填列)	35 000	60 000	25 000	71.43
其中：对联营企业和合营企业的投资收益				
公允价值变动收益(损失以"－"号填列)	2000	−10 000	−12 000	−600
资产减值损失(损失以"－"号填列)	−16 500	−20 000	−3500	21.21
信用减值损失(损失以"－"号填列)	0	1694	1694	—
资产处置收益(损失以"－"号填列)	0	0	0	0
二、营业利润(亏损以"－"号填列)	246 500	−89 206	−335 706	−136.19
加：营业外收入	0	236 206	236 206	—
减：营业外支出	70 000	97 000	27 000	38.57
三、利润总额(亏损以"－"号填列)	176 500	50 000	−126 500	−71.67
减：所得税费用	44 125	11 189.7	−32 935.3	−74.64
四、净利润(净亏损以"－"号填列)	132 375	38 810.3	−93 564.7	−70.68

通过表 3-6 可以看出，该公司的营业利润比去年降低了 335 706 元，增减变动率为 −136.19%，营业利润有大幅度下降。其降低的主要原因是营业收入增减变动率 (7.41%) 小于营业成本增减变动率 (38.95%)。另外，销售费用增减变动率为 160%，管理费用增减变动率为 46.67%，财务费用增减变动率为 10.67%，资产减值损失增减变动率为 21.21%，信用减值损失增加了 1694 元，投资收益增减变动率为 71.43%，公允价值变动收益比较异常，增减变动率为 −600%，利润总额比去年降低了 126 500 元，增减变动率为 −71.67%。

总之，该公司的生产经营获利能力没有得到保障，应降低成本费用，提高盈利水平。

2. 依据表 3-3 编制并分析腾飞股份有限公司的结构利润表。

腾飞股份有限公司的结构利润表见表 3-7。

表 3-7　结构利润表

项　　目	2020年度/元	2021年度/元	2020年结构/%	2021年结构/%	差异/%
一、营业收入	1 350 000	1 450 000	100	100	0
减：营业成本	950 000	1 320 000	70.37	91.03	20.66
税金及附加	62 000	63 700	4.59	4.39	-0.20
销售费用	25 000	65 000	1.85	4.48	2.63
管理费用	72 000	105 600	5.33	7.28	1.95
研发费用					
财务费用	15 000	16 600	1.11	1.14	0.03
其中：利息费用	15 000	16 600	1.11	1.14	0.03
利息收入					
资产减值损失(损失以"-"号填列)	-16 500	-20 000	-1.22	-1.38	-0.16
加：其他收益					
投资收益(损失以"-"号填列)	35 000	60 000	2.59	4.14	1.55
其中：对联营企业和合营企业的投资收益					
公允价值变动收益(损失以"-"号填列)	2000	-10 000	0.15	-0.69	-0.84
资产处置收益(损失以"-"号填列)	0	0	0	0	0
信用减值损失(损失以"-"号填列)	0	1694	0	0.12	0.12
二、营业利润(亏损以"-"号填列)	246 500	-89 206	18.26	-6.15	-24.41
加：营业外收入	0	236 206	0	16.29	16.29
减：营业外支出	70 000	97 000	5.19	6.69	1.50
三、利润总额(亏损以"-"号填列)	176 500	50 000	13.07	3.45	-9.62
减：所得税费用	44 125	11 189.7	3.27	0.77	-2.50
四、净利润(净亏损以"-"号填列)	132 375	38 810.3	9.81	2.68	-7.13

通过表 3-7 可以看出，该公司 2020 年的营业利润占营业收入的比重为 18.26%，2021
年的营业利润占营业收入的比重为 -6.15%，下降了 24.41%，这表明该公司生产经营的
盈利能力是下降的，其主要原因是营业成本比重比去年上升了 20.66%，同时，销售费用
比重上升了 2.63%，管理费用比重上升了 1.95%，税金及附加比重降低了 0.20%。这些都
是营业利润比重降低的主要原因。由于营业外支出比重上升了 1.50%，营业外收入比重上
升了 16.29%，因此导致利润总额和净利润比重的下降幅度远远低于营业利润的下降幅度，
分别是 -9.62% 和 -7.13%。另外，公允价值变动收益占营业收入的比重下降了 0.84%，
应进一步分析其发生的原因。

3. 依据表 3-4 和表 3-5 计算并分析裕隆股份有限公司的营运能力指标。

(1) 应收账款平均余额、存货平均余额、流动资产平均总额、固定资产净值平均余额、资产平均总额、净资产平均余额、资本平均余额的计算如下：

$$2020 \text{ 年应收账款平均余额} = \frac{1300 + 1200}{2} = 1250 \text{（元）}$$

$$2021 \text{ 年应收账款平均余额} = \frac{1200 + 1300}{2} = 1250 \text{（元）}$$

$$2020 \text{ 年存货平均余额} = \frac{3500 + 4000}{2} = 3750 \text{（元）}$$

$$2021 \text{ 年存货平均余额} = \frac{4000 + 5200}{2} = 4600 \text{（元）}$$

$$2020 \text{ 年流动资产平均总额} = \frac{6500 + 7050}{2} = 6775 \text{（元）}$$

$$2021 \text{ 年流动资产平均总额} = \frac{7050 + 8000}{2} = 7525 \text{（元）}$$

$$2020 \text{ 年固定资产净值平均余额} = \frac{11\,000 + 12\,000}{2} = 11\,500 \text{（元）}$$

$$2021 \text{ 年固定资产净值平均余额} = \frac{12\,000 + 14\,000}{2} = 13\,000 \text{（元）}$$

$$2020 \text{ 年资产平均总额} = \frac{19\,000 + 19\,950}{2} = 19\,475 \text{（元）}$$

$$2021 \text{ 年资产平均总额} = \frac{19\,950 + 22\,950}{2} = 21\,450 \text{（元）}$$

$$2020 \text{ 年净资产平均余额} = \frac{13\,900 + 14\,600}{2} = 14\,250 \text{（元）}$$

$$2021 \text{ 年净资产平均余额} = \frac{14\,600 + 16\,500}{2} = 15\,550 \text{（元）}$$

$$2020 \text{ 年资本平均余额} = \frac{12\,000 + 600 + 12\,000 + 600}{2} = 12\,600 \text{（元）}$$

$$2021 \text{ 年资本平均余额} = \frac{12\,000 + 600 + 12\,000 + 600}{2} = 12\,600 \text{（元）}$$

(2) 裕隆股份有限公司的营运能力指标计算表见表 3-8。

表 3-8　营运能力指标计算表

营运能力指标	2020年	2021年
应收账款周转率	18 700/1250 = 14.96 (次)	21 100/1250 = 16.88 (次)
应收账款周转天数	360/14.96≈24 (天)	360/16.88≈21 (天)
存货周转率	10 890/3750≈2.90 (次)	12 350/4600≈2.68 (次)
存货周转天数	360/2.9≈124 (天)	360/2.68≈134 (天)
流动资产周转率	18 700/6775≈2.76 (次)	21 100/7525≈2.80 (次)
流动资产周转天数	360/2.76≈130 (天)	360/2.8≈129 (天)
固定资产周转率	18 700/11 500≈1.63 (次)	21 100/13 000≈1.62 (次)
固定资产周转天数	360/1.63≈221 (天)	360/1.62≈222 (天)
总资产周转率	18 700/19 475≈0.96 (次)	21 100/21 450≈0.98 (次)
总资产周转天数	360/0.96 = 375 (天)	360/0.983≈366 (天)

通过表 3-8 可以看出，该公司 2021 年和 2020 年的流动资产周转率分别为 2.80 和 2.76，相差不大，周转速度比较快，说明流动资产的利用效果较好；2021 年的应收账款周转率为 16.88，比 2020 年有所提高，但 2021 年的存货周转率为 2.68，比 2020 年有所减少，该公司应进一步分析其产生的原因。

该公司 2021 年和 2020 年的总资产周转率分别为 0.98 和 0.96，总资产周转率略有上升，总资产周转天数缩短了 9 天，这表明总资产周转速度较快，利用效率较高。

4. 依据表 2-7、表 3-4 和表 3-5 计算并分析裕隆股份有限公司的各项盈利能力指标。

(1) 裕隆股份有限公司的经营盈利能力指标计算表见表 3-9 (依据表 3-4 计算)。

表 3-9　经营盈利能力指标计算表

经营盈利能力指标	2020年	2021年
营业毛利率	[(18 700 − 10 890)/18 700] × 100%≈41.76%	[(21 100 − 12 350)/21 100] × 100%≈41.47%
营业利润率	(4410/18 700) × 100%≈23.58%	(4660/21 100) × 100%≈22.09%
营业净利率	(2932.5/18 700) × 100%≈15.68%	(3120/21 100) × 100%≈14.79%
成本费用利润率	(3910/14 590) × 100%≈26.80%	(4160/16 750) × 100%≈24.84%

(2) 裕隆股份有限公司的资产盈利能力指标计算表见表 3-10 (依据表 2-7、表 3-4 和表 3-5 计算)。

表 3-10　资产盈利能力指标计算表

资产盈利能力指标	2020年	2021年
总资产报酬率	[(3910 + 200)/19 475] × 100%≈21.10%	[(4160 + 400)/21 450] × 100%≈21.26%
总资产利润率	(3910/19 475) × 100%≈20.08%	(4160/21 450) × 100%≈19.39%
总资产净利率	(2932.5/19 475) × 100%≈15.06%	(3120/21 450) × 100%≈14.55%

(3) 裕隆股份有限公司的资本盈利能力指标计算表见表 3-11(依据表 2-7、表 3-4 和表 3-5 计算)。

表 3-11　资本盈利能力指标计算表

资本盈利能力指标	2020年	2021年
净资产收益率	(2932.5/14 250) × 100%≈20.58%	(3120/15 550) × 100%≈20.06%
资本收益率	(2932.5/12 600) × 100%≈23.27%	(3120/12 600) × 100%≈24.76%
每股收益	2932.5/12 000≈0.24 (元)	3120/12 000 = 0.26 (元)
每股净资产	14 600/12 000≈1.22 (元)	16 500/12 000≈1.38 (元)
股利支付率	(600/2932.5) × 100%≈20.46%	(700/3120) × 100%≈22.44%
市盈率	6/0.24 = 25	7/0.26≈27

综上可知，裕隆股份有限公司的营业毛利率、营业利润率、营业净利率和成本费用利润率整体较高，虽 2021 年较 2020 年各项指标均有所下降，但下降的幅度不大，这说明该公司应该控制成本，提高经营盈利能力；总资产报酬率、总资产利润率和总资产净利率较高，且 2021 年与 2020 年相比变化不大，这说明其运用资产获取利润的能力较强；净资产收益率和资本收益率很高，2021 年净资产收益率比 2020 年略有下降，资本收益率比 2020 年提高 1.49%，这说明其运用资本获取利润的能力较强。

本章小结

利润表是指反映企业在一定会计期间 (年度、半年度、季度、月份) 的经营成果的报表。利润表能把一定会计期间的收入与同一会计期间相关的费用进行配比，以计算出企业在一定时期内的净利润 (或净亏损)。对利润表的综合分析包括利润表的水平分析与利润表的结构分析，在分析时要注意各项目的内涵及变动关系。

与利润表有关的财务指标主要是公司的获利能力指标，包括非上市公司的获利能力指标和上市公司的获利能力指标。非上市公司的获利能力指标主要有公司的经营盈利能力、资产盈利能力与资本盈利能力。上市公司的获利能力指标主要有每股收益、市盈率、股利支付率等指标。

本章的学习重点是掌握利润表的编制与分析。学生要能够完成利润表的编制，并对利润表进行综合分析和指标分析，进而评价公司的盈利能力。

职业能力训练

一、单项选择题

1. 以下业务中，不影响企业营业利润的是 (　　)。

A. 处置固定资产净收益　　　　　　　B. 支付广告费

C. 应收账款计提减值准备　　　　　　D. 报废固定资产净损失

2. 下列各项税费中，应在利润表的"税金及附加"项目下反映的是（　　）。

A. 印花税　　　　　　B. 房产税　　　　　　C. 土地使用税　　　　D. 资源税

3. 利润表是指反映企业在（　　）的经营成果的报表。

A. 特定日期　　　　　B. 年末　　　　　　　C. 一定会计期间　　　D. 季末

4. 下列不属于利润表的作用的是（　　）。

A. 作为评价和考核企业经营业绩的依据　　B. 反映企业在一定会计期间的经营成果

C. 反映企业的财务状况　　　　　　　　　D. 反映企业利润形成的过程

5. 利润表的利润项目不是完全根据表内项目计算的是（　　）。

A. 营业利润　　　　　B. 利润总额　　　　　C. 净利润　　　　　　D. 每股收益

6. 下列不是利润表填列项目的是（　　）。

A. 应交税费　　　　　B. 税金及附加　　　　C. 投资收益　　　　　D. 所得税费用

7. 下列各项税费中，不在利润表的"税金及附加"项目下反映的是（　　）。

A. 增值税　　　　　　　　　　　　B. 城市维护建设税

C. 消费税　　　　　　　　　　　　D. 资源税

8. 我国企业利润表采用的格式是（　　）。

A. 单步式　　　　　　B. 多步式　　　　　　C. 账户式　　　　　　D. 报告式

9. 下列与计算营业利润无关的项目是（　　）。

A. 营业收入　　　　　B. 营业外收入　　　　C. 营业成本　　　　　D. 资产减值损失

10. 下列与计算利润总额无关的项目是（　　）。

A. 投资收益　　　　　B. 营业外收入　　　　C. 管理费用　　　　　D. 所得税费用

11. 关于利润表的作用，下列说法中正确的是（　　）。

A. 反映企业利润形成的过程

B. 反映企业资产构成情况

C. 报表使用者通过利润表能评价企业的财务状况

D. 反映企业负债构成情况

12. 下列指标中，能衡量企业盈利能力大小的指标是（　　）。

A. 流动资产周转率　　　　　　　　B. 每股收益

C. 权益乘数　　　　　　　　　　　D. 产权比率

13. 某股份公司上市流通的普通股每股股价为 17 元，每股收益为 2 元。该公司的市盈率为（　　）。

A. 17 元　　　　　　　B. 34 元　　　　　　　C. 8.5 元　　　　　　D. 2 元

14. 企业经营成果结构分析的共同比基数是（　　）。

A. 营业利润　　　　　B. 营业成本　　　　　C. 营业收入　　　　　D. 利润总额

15. （　　）是评价上市公司盈利能力的基本核心指标。

A. 每股收益　　　　　B. 市盈率　　　　　　C. 每股市价　　　　　D. 净利润

16. 下列各项中，计算结果等于股利支付率的是（　　）。

A. 普通股每股收益除以普通股每股股利

B. 普通股每股股利除以普通股每股收益

C. 普通股每股股利除以普通股每股市价

D. 普通股每股收益除以普通股每股市价

17. 下列不属于反映企业盈利能力的指标是 ( )。

A. 销售净利率   B. 应收账款周转率

C. 每股收益   D. 总资产报酬率

18. 计算下列各项指标时，不需要采用平均数的是 ( )。

A. 净资产收益率   B. 成本费用利润率

C. 存货周转率   D. 总资产报酬率

二、多项选择题

1. 利润表中反映的内容有 ( )。

A. 基本每股收益   B. 净利润   C. 折旧费用   D. 稀释每股收益

2. 利润表是根据 ( ) 三个会计要素的内在联系，按照一定的分类标准和一定的顺序，将企业一定时期内的经营成果予以适当的排列编制而成的。

A. 资产和负债   B. 所有者权益   C. 收入和费用   D. 利润

3. 利润表的格式主要有 ( )。

A. 单步式   B. 多步式   C. 账户式   D. 报告式

4. 与计算营业利润有关的有 ( )。

A. 营业收入   B. 营业外收入   C. 营业成本   D. 营业外支出

5. 与计算利润总额有关的有 ( )。

A. 所得税费用   B. 营业外收入   C. 营业成本   D. 营业外支出

6. 关于利润表的编制程序，下列表述中正确的有 ( )。

A. 依据原始凭证编制记账凭证，登记总账及明细账，并进行账账核对、账证核对及账实核对

B. 在确保会计业务均入账的前提下，编制试算平衡表，检查账户的正确性，为编制会计报表作准备

C. 依据损益类账户的本期发生额，计算并填列利润表的各项目

D. 检验利润表的完整性及正确性

7. 可以记入利润表"税金及附加"项目的有 ( )。

A. 增值税   B. 城市维护建设税

C. 教育费附加   D. 消费税

8. 下列各项中，影响企业营业利润的有 ( )。

A. 处置固定资产净收益   B. 业务招待费

C. 接受公益性捐赠   D. 经营性出租固定资产的折旧额

9. 下列与利润表有关的财务比率有 ( )。

A. 营业毛利率   B. 营业利润率

C. 成本费用利润率   D. 资产负债率

三、判断题

1. 应收账款周转率是指企业在一定时期内的赊销收入净额与应收账款平均余额的比

率，反映了企业收回应收账款的能力。 （　　）

2. 应收账款周转次数与周转天数成正比。 （　　）

3. 市盈率是指企业在一定时期内的普通股每股收益与普通股每股市价的比率。（　　）

4. 市净率是指企业在一定时期内的每股市价与每股净资产的比值。其反映了股票的市场价值是净资产的倍数。 （　　）

5. 企业的应收账款周转率越高，说明发生坏账损失的可能性越大。 （　　）

6. 市盈率越高的股票，其投资风险也越大。 （　　）

7. 存货周转率是用营业收入除以存货平均余额。 （　　）

8. 利润表的水平分析是指把企业连续两期或多期利润表中的数据进行比较，计算利润表中各项目的增减变动额和增减变动率，从而了解企业利润变动数额、变动方向和变动幅度，预测企业未来的发展前景。 （　　）

9. 利润表的结构分析是指以利润表中的营业成本项目为100%，计算出利润表中的各个项目占营业成本项目的百分比，然后比较各个项目的百分比在不同时期的差异，以此判断企业成本、费用以及利润等项目的变动规律和趋势。 （　　）

10. 在分析资产周转率时，只需选用年末资产余额作为基数即可。 （　　）

11. 销售增长率是反映企业发展能力的首要指标。 （　　）

12. 市盈率越高，说明企业的发展前景越差。 （　　）

13. 应收账款周转期 = 360/ 应收账款周转率。 （　　）

14. 利润表是反映企业在一定会计期间内的经营成果的报表。 （　　）

15. 利润总额是用营业利润减去所得税费用。 （　　）

16. 营业利润等于营业收入减去营业成本。 （　　）

17. 印花税应在利润表的"税金及附加"项目下列示。 （　　）

18. 流动资产周转率是用营业收入除以流动资产平均总额。 （　　）

19. 如果某企业的流动负债为60万元，流动比率为2.5，速动比率为1.4，则年末存货价值为84万元。 （　　）

20. 营运能力是指企业资产的利用效率。 （　　）

四、不定项选择题

1. 某公司2021年初实收资本的贷方余额是450 000元，盈余公积的贷方余额是8000元，利润分配的贷方余额是11 550元。该公司2020年实现净利润180 000元，盈余公积按10%计提，应付投资者利润按税后利润的30%计算。

要求：根据上述资料计算如下内容。

(1) 该公司2021年12月31日的资产负债表中"未分配利润"项目的金额是（　　）元。

A. 108 000 　　　 B. 162 000 　　　 C. 119 550 　　　 D. 137 550

(2) 该公司2021年12月31日的资产负债表中"所有者权益"项目的金额是（　　）元。

A. 595 550 　　　 B. 649 550 　　　 C. 607 199 　　　 D. 469 550

2. 某公司2020年与2021年的有关财务资料如下。

2020年：销售收入为2000万元，净利润为400万元，资产总额为10 000万元，负债总额为5000万元。

2021年：销售收入为2200万元，净利润为432万元，资产总额为11 200万元，负债总额为 5450 万元。

要求：根据上述资料计算如下内容。

(1) 该公司 2021 年的净资产收益率为（　　）。

　A. 8.04%　　　　　B. 7.51%　　　　　C. 7.44%　　　　　D. 7.93%

(2) 该公司 2021 年的资产周转率为（　　）。

　A. 20%　　　　　B. 20.75%　　　　　C. 19.64%　　　　　D. 18.86%

(3) 该公司 2020 年的销售净利率为（　　）。

　A. 20%　　　　　B. 20.75%　　　　　C. 19.64%　　　　　D. 18.86%

(4) 该公司 2020 年的销售收入增长率为（　　）。

　A. 8%　　　　　B. 12%　　　　　C. 9%　　　　　D. 10%

3. B 公司是一家上市公司，年初未分配利润为 400 万元，本年净利润为 2100 万元，分配普通股股利 1200 万元，股票市价 10.5 元，流通在外的普通股股数为 3000 万股，所有者权益为 7000 万元。

要求：根据上述资料计算如下内容。

(1) B 公司普通股每股收益为（　　）元。

　A. 0.4　　　　　B. 0.83　　　　　C. 0.7　　　　　D. 0.13

(2) B 公司股票的市盈率为（　　）。

　A. 26.5%　　　　　B. 15%　　　　　C. 12.65%　　　　　D. 80.77%

(3) B 公司股票的每股净资产为（　　）元。

　A. 0.83　　　　　B. 1.1　　　　　C. 1.17　　　　　D. 2.33

(4) B 公司股票的市净率为（　　）。

　A. 4.51%　　　　　B. 12.65%　　　　　C. 9.54%　　　　　D. 8.97%

4. 甲公司 2020 年末所有者权益总额为 123 400 元，2021 年末所有者权益总额为 257 800 元，2021 年息税前利润为 80 000 元，利息费用为 5000 元，所得税税率为 25%。

要求：根据上述资料计算如下内容。

(1) 该公司 2021 年的净利润为（　　）元。

　A. 60 000　　　　　B. 56 250　　　　　C. 75 000　　　　　D. 85 000

(2) 该公司 2021 年的净资产收益率为（　　）。

　A. 31.48%　　　　　B. 39.35%　　　　　C. 29.51%　　　　　D. 44.60%

5. A 公司 2021 年营业收入贷方发生额为 150 万元，营业成本借方发生额为 100 万元，税金及附加借方发生额为 5 万元，销售费用借方发生额为 3 万元，管理费用借方发生额为 6 万元，财务费用借方发生额为 1 万元。该公司期初存货是 40 万元，期末存货是 60 万元。该公司所得税税率为 25%，假设无纳税调整事项。

要求：根据上述资料计算如下内容。

(1) A 公司的营业利润是（　　）万元。

　A. 35　　　　　B. 21　　　　　C. 26　　　　　D. 50

(2) A 公司的所得税费用是（　　）万元。

　A. 8.75　　　　　B. 6.5　　　　　C. 26.25　　　　　D. 19.5

(3) A 公司的净利润是（　　）万元。

A. 8.75　　　　　　B. 6.5　　　　　　C. 26.25　　　　　　D. 19.5

(4) A 公司的存货周转率是 (　　)。

A. 3　　　　　　B. 2.5　　　　　　C. 2　　　　　　D. 1.67

6. 某公司 2021 年的营业收入为 170 000 万元，净利润为 30 000 万元，2021 年初的总资产为 220 000 万元，2021 年末的总资产为 240 000 万元，权益乘数为 1.5。

要求：根据上述资料计算如下内容。

(1) 该公司 2021 年的营业净利率和总资产周转率分别为 (　　)。

A. 17.65%，0.77%　　　　B. 17.65%，0.71%　　　　C. 17.65%，0.74%

(2) 该公司 2021 年的净资产收益率为 (　　)。

A. 26.47%　　　　　　B. 19.59%　　　　　　C. 13.06%

7. 某公司 2021 年的有关资料如表 3-12 所示。

表 3-12　某公司 2021 年的有关资料　　　　　　　　　　　单位：元

项　　目	年初数	年末数	本年数或平均数
存货	5000	8000	
流动负债	7 000	10 000	
总资产	20 000	25 000	
流动比率		200%	
速动比率	120%		
流动资产周转率			4

要求：根据上述资料计算如下内容。

(1) 该公司 2021 年的流动资产平均余额 (假设流动资产由速动资产和存货组成) 为 (　　) 万元。

A. 20 000　　　　　　B. 13 400　　　　　　C. 16 700

(2) 该公司 2021 年的营业收入和总资产周转率分别为 (　　)。

A. 66 800 万元，2.97%　　B. 66 800 万元，3.34%　　C. 66 800 万元，2.67%

实践练习

资料：见第 2 章 "实践练习" 中的实践练习 2。

要求：

(1) 编制华胜股份有限公司 2021 年度利润表 (见表 3-13)，上期金额已知。

(2) 依据华胜股份有限公司的利润表编制并分析水平利润表 (见表 3-14) 和结构利润表 (见表 3-15)。

(3) 计算并分析华胜股份有限公司的营运能力指标 (见表 3-16)。

(4) 计算并分析华胜股份有限公司的经营盈利能力指标 (见表 3-17)、资产盈利能力指标 (见表 3-18)、资本盈利能力指标 (见表 3-19)。

表 3-13　利润表

会企 02 表

编制单位：华胜股份有限公司　　　　　　2021 年度　　　　　　　　单位：元

项　　目	本期金额	上期金额
一、营业收入		1 400 000
减：营业成本		850 000
税金及附加		0
销售费用		20 000
管理费用		125 600
研发费用		
财务费用		40 000
其中：利息费用		
利息收入		
加：其他收益		
公允价值变动收益（损失以"－"号填列）		−2000
投资收益（损失以"－"号填列）		3500
其中：对联营企业和合营企业的投资收益		0
资产减值损失（损失以"－"号填列）		−12 135
信用减值损失（损失以"－"号填列）		
资产处置收益（损失以"－"号填列）		
二、营业利润（亏损以"－"号填列）		353 765
加：营业外收入		50 000
减：营业外支出		17 000
其中：非流动资产处置损失		0
三、利润总额（亏损以"－"号填列）		386 765
减：所得税费用		96 691.25
四、净利润（净亏损以"－"号填列）		290 073.75
五、其他综合收益的税后净额		
六、综合收益总额		290 073.75
七、每股收益		
（一）基本每股收益		
（二）稀释每股收益		

单位负责人：　　　　　财会负责人：　　　　　复核：　　　　　制表：

表 3-14　水平利润表

项　目	2020年度/元	2021年度/元	增减变动额/元	增减变动率/%
一、营业收入				
减：营业成本				
税金及附加				
销售费用				
管理费用				
研发费用				
财务费用				
其中：利息费用				
利息收入				
加：其他收益				
投资收益（损失以"－"号填列）				
其中：对联营企业和合营企业的投资收益				
公允价值变动收益（损失以"－"号填列）				
资产减值损失（损失以"－"号填列）				
信用减值损失（损失以"－"号填列）				
资产处置收益（损失以"－"号填列）				
二、营业利润（亏损以"－"号填列）				
加：营业外收入				
减：营业外支出				
三、利润总额（亏损以"－"号填列）				
减：所得税费用				
四、净利润（净亏损以"－"号填列）				

表 3-15　结构利润表

项　目	2020年度/元	2021年度/元	2020年结构/%	2021年结构/%	差异/%
一、营业收入					
减：营业成本					
税金及附加					
销售费用					

项　目	2020年度/元	2021年度/元	2020年结构/%	2021年结构/%	差异/%
管理费用					
研发费用					
财务费用					
其中：利息费用					
利息收入					
资产减值损失(损失以"－"号填列)					
加：其他收益					
投资收益(损失以"－"号填列)					
其中：对联营企业和合营企业的投资收益					
公允价值变动收益(损失以"－"号填列)					
资产处置收益(损失以"－"号填列)					
信用减值损失(损失以"－"号填列)					
二、营业利润(亏损以"－"号填列)					
加：营业外收入					
减：营业外支出					
三、利润总额(亏损以"－"号填列)					
减：所得税费用					
四、净利润(净亏损以"－"号填列)					

表 3-16　营运能力指标计算表

营运能力指标	2020 年	2021 年
应收账款周转率		
应收账款周转天数		
存货周转率		
存货周转天数		
流动资产周转率		
流动资产周转天数		
固定资产周转率		
固定资产周转天数		
总资产周转率		
总资产周转天数		

表 3-17　经营盈利能力指标计算表

经营盈利能力指标	2020 年	2021 年
营业毛利率		
营业利润率		
营业净利率		
成本费用利润率		

表 3-18　资产盈利能力指标计算表

资产盈利能力指标	2020 年	2021 年
总资产报酬率		
总资产利润率		
总资产净利率		

表 3-19　资本盈利能力指标计算

资本盈利能力指标	2020 年	2021 年
净资产收益率		
资本收益率		
每股收益		
每股净资产		
股利支付率		
市盈率		

小　贴　士

　　2018年1月1日—22日，雅戈尔出售了浦发银行、宁波银行可转债等金融资产，交易金额合计5.56亿元；1月23日—4月12日，出售了浦发银行、宁波银行可转债等金融资产，交易金额为19.58亿元；4月13日—9月6日，出售了中信股份、宁波银行可转债等金融资产，交易金额约为2.28亿元；9月7日—11月15日，出售了创业软件股份，交易金额为5287.24万元；紧接着11月16日—20日继续抛售，继续出售创业软件股份交易，金额为4439.68万元。

　　外界普遍以为，雅戈尔出售金融资产回笼资金回归服装主业，此举操之过急，导致其业绩不断呈下跌趋势。这表明经营企业做事情不能操之过急，要脚踏实地，不忘初心；同时也应树立创新意识，只有不断创新，企业才能活得长久。

第 4 章
现金流量表编制与分析

▼

本章重难点

- 现金流量表各项目的填列方法；
- 现金流量表结构分析、偿债能力分析。

学习目标

知识目标

- 了解现金流量表的作用；
- 掌握现金流量表各项目的填列方法；
- 掌握现金流量表的编制方法；
- 掌握与现金流量表有关的财务比率分析方法。

技能目标

- 能够编制现金流量表；
- 能够对现金流量表进行结构分析。

4.1　编制现金流量表

案例导入

　　腾飞股份有限公司 2021 年度发生的经济业务见 2.1 节的"案例导入"。该公司 2021 年 12 月 31 日的资产负债表见表 2-6，2021 年度的利润表见表 3-3。

案例要求

　　(1) 用现金类日记账法编制腾飞股份有限公司的现金流量表。

　　(2) 用分析填列法编制腾飞股份有限公司的现金流量表。

　　(3) 编制腾飞股份有限公司的现金流量表补充资料。

知识准备

现金流量表
的相关知识

4.1.1　现金流量表概述

一、现金流量表的概念

　　现金流量表是反映企业在一定会计期间的现金及现金等价物流入和流出信息的会计报表。现金流量表以现金及现金等价物为编制基础，以收付实现制为编制原则，将权责发生制下的盈利信息调整为收付实现制下的现金流量信息，便于信息使用者了解企业净利润的质量。

二、现金流量表的编制基础

　　现金流量表是以现金为基础而编制的。这里的"现金"是指广义的现金，具体包括库存现金、银行存款、其他货币资金和现金等价物四项。

1. 库存现金

　　库存现金是指企业持有的、可随时用于支付的现金限额，与企业会计核算中"库存现金"科目所包含的内容基本一致。

2.银行存款

银行存款是指企业存放在金融机构的、随时可以用于支付的存款，与企业会计核算中的"银行存款"科目所包含的内容基本一致。有些银行存款是不能随时用于支付的定期存款，不应作为现金，但提前通知金融机构便可以支取的定期存款，可作为现金。

3.其他货币资金

其他货币资金是指企业存放在金融机构的、有特定用途的资金，包括外埠存款、银行汇票存款、银行本票存款、信用卡存款和信用保证金存款等，属于现金流量表中的现金范围，与企业会计核算中的"其他货币资金"科目所包含的内容基本一致。

4.现金等价物

现金等价物是指企业持有的期限短、流动性强、易于转换为已知金额现金、价值变动风险很小的投资。权益性投资变现的金额通常不确定，因而不属于现金等价物。

三、现金流量的内容

现金流量是指在某一期间企业现金及现金等价物流入和流出的数量。现金流量净额是指一段时期内企业现金流入量与现金流出量的差额。现金流量通常按照企业经营业务的性质划分为经营活动产生的现金流量、投资活动产生的现金流量和筹资活动产生的现金流量三类。

1.经营活动产生的现金流量

经营活动是指企业投资活动和筹资活动以外的所有交易与事项。企业经营活动的范围很广，以工商企业为例，经营活动主要包括销售商品、提供劳务、经营性租赁、购买商品、接受劳务、广告宣传和缴纳税款等事项。经营活动产生的现金流量是指销售商品、提供劳务所收到的现金，收到的税费返还，购买商品、接受劳务所支付的现金，支付给职工及为职工支付的现金，支付的各项税费，收到（支付）的其他与经营活动有关的现金。

2.投资活动产生的现金流量

投资活动产生的现金流量是指企业的固定资产、无形资产、在建工程和其他长期资产等期限在一年或一个营业周期以上的资产的购建，以及不包括在现金范围之内的短期投资活动所产生的现金流量，具体包括收回投资时收到的现金，取得投资收益时收到的现金，处置固定资产、无形资产和其他长期资产时收回的现金净额，购建固定资产、无形资产和其他长期资产时支付的现金。

3.筹资活动产生的现金流量

筹资活动产生的现金流量是指导致企业资本及债务规模和构成发生变化的业务所产生的现金流量，主要包括吸收投资时收到的现金，取得借款时收到的现金，偿还债务时支付的现金，分配股利、利润或偿付利息时支付的现金，收到（支付）的其他与筹资活动有关的现金。

对于企业日常生产经营活动之外不经常发生的特殊项目，如自然灾害、保险赔款和捐赠等，应当将其归并到现金流量表的相关类别中，并单独反映。

四、现金流量表的格式和内容

现金流量表由现金流量表正表和现金流量表补充资料两部分组成。

1. 现金流量表正表

现金流量表正表包括经营活动产生的现金流量、投资活动产生的现金流量、筹资活动产生的现金流量、汇率变动对现金及现金等价物的影响、现金及现金等价物净增加额、期末现金及现金等价物余额等六个方面的内容。

2. 现金流量表补充资料

现金流量表补充资料是对正表内容的补充说明，包括以下三部分内容。

(1) 将净利润调节为经营活动的现金流量，现金流量表正表中的"经营活动产生的现金流量净额"与补充资料中的"经营活动产生的现金流量净额"应当相等。

(2) 不涉及现金收支的重大投资和筹资活动。

(3) 现金及现金等价物净变动情况。

五、现金流量表的作用

(1) 清晰地反映企业现金流入和流出的原因，客观地评价企业的财务状况。

现金流量表将现金流量划分为经营活动产生的现金流量、投资活动产生的现金流量和筹资活动产生的现金流量三类，又将各种活动产生的现金流量细分为流入量、流出量和净流量，真实地反映出现金从哪里来，又用到哪里去，展现出企业现金流入和流出的全貌，可用于判断企业的现金周转是否顺畅，从而对企业的整体财务状况作出客观评价。

(2) 真实地反映企业的偿债能力和支付股利的能力。

现金流量表反映了企业的现金流动情况，包括现金流入量、现金流出量和现金净流量等情况，有利于投资者和债权人了解企业的偿债能力和支付能力。

(3) 可以提高会计信息的真实性。

现金流量表的编制原则是收付实现制。利用收付实现制可以消除不同企业对于相同的经济业务采用不同的会计政策而带来的影响，可以防止企业通过对会计政策的选择来粉饰财务报表的信息，从而提高了报表所提供的会计信息的真实性。

(4) 能够评价企业未来获取现金流量的能力。

现金流量表反映了经营活动产生的现金流量、投资活动产生的现金流量和筹资活动产生的现金流量等情况，通过现金流量表可以了解企业的现金来源和用途是否合理，了解经营活动产生的现金流量有多少。经营活动产生的现金流量占的比重越大，企业未来的现金流量就越稳定，现金流量的质量也就越高。投资者和债权人可以根据现金流量表所提供的现金流量信息直接预测企业未来的现金流量，从而评价企业未来获取现金的能力。

4.1.2 现金流量表的编制范围

一般来说，能够引起企业现金流量净额发生变动的交易或事项，均应纳入当年的现金流量表的编制范围。虽然企业的日常经营业务是影响现金净流量的重要因素，但并不是所有的交易或事项都会影响现金净流量。企业的经济业务按照其与现金流量的关系可分为以下三种情况。

一、现金各项目之间的增减变动

现金各项目主要是指库存现金、银行存款、其他货币资金及现金等价物四项。一般来说，在增加现金流入量的同时，也增加了现金流出量，因此不会影响现金净流量的增减变动。例如，把现金存入银行，再从银行提取现金和用现金购买一个月到期的国债等，均属于现金各项目之间的资金转换，不会引起企业当期现金净流量的变动。

二、非现金各项目之间的增减变动

非现金项目是指除了库存现金、银行存款、其他货币资金及现金等价物以外的其他会计事项，如固定资产、无形资产等。非现金各项目之间的增减变动不涉及现金的收支，不会影响现金净流量的增减变动。例如，用固定资产对外投资、用原材料清偿债务、对无形资产进行摊销等会计事项，均属于非现金各项目之间的增减变动，不涉及现金的收支，不会引起企业当期现金净流量的增减变动。

三、现金各项目与非现金各项目之间的增减变动

现金各项目与非现金各项目之间的增减变动，会引起现金流入量或流出量的单方面变化，从而引起现金净流量的增加或减少。例如，用现金购买固定资产，会使得企业的非现金项目固定资产增加，现金流出量增加，导致企业的现金净流量减少；取得长期借款，会使得企业的非现金项目长期借款增加，现金流入量增加，导致企业的现金净流量增加。凡是现金各项目与非现金各项目之间的增减变动，都会引起现金净流量的增减变动。

凡是使现金净流量发生变动的经济业务，均应列入现金流量表的编制范围中；不影响现金净流量变动的经济业务，不应列入现金流量表。因此，上述现金各项目与非现金各项目之间的增减变动，能够引起现金流量的增加或减少，并反映在现金流量表中；现金各项目内部的增减变动及非现金各项目之间的增减变动，不影响企业的现金净流量，不反映在现金流量表中。对于企业中重要的投资和筹资活动，应在现金流量表的补充资料中单独反映，如融资租入固定资产、债务转资本等情况。

■ 4.1.3　现金流量表各项目的填列方法

一、经营活动产生的现金流量

经营活动产生的现金流量通常可以采用直接法和间接法两种列报方法。

直接法是通过现金收入和现金支出的主要类别来反映企业经营活动中的现金流量。采用直接法编制经营活动的现金流量时，一般以利润表中的营业收入为起算点，调节与经营活动有关的项目的增减变动，然后计算出经营活动产生的现金流量。采用直接法编制的现金流量表，便于报表使用者了解企业通过经营活动产生的现金流量的来源和用途，进而预测企业未来的现金流量状况。

间接法是将净利润调节为经营活动产生的现金流量，实际上就是将按权责发生制原则确定的净利润，调整为现金净流入，并剔除投资活动和筹资活动对现金流量的影响，然后计算出经营活动产生的现金流量。采用间接法编制的现金流量表，便于将企业的净利润与

经营活动产生的现金流量净额进行比较，从而了解企业净利润与经营活动产生的现金净流量之间差异形成的原因，有利于从现金流量的角度来分析企业净利润的质量。

我国《企业会计准则》规定，企业应当采用直接法编制现金流量表正表，采用间接法编制现金流量表补充资料。

1. "销售商品、提供劳务收到的现金"项目

本项目反映了企业销售商品、提供劳务时实际收到的现金（含销售收入和应向购买者收取的增值税额），包括本期销售商品、提供劳务时收到的现金，前期销售商品、提供劳务后收回的现金和前期与本期预收的账款。企业因发生销售退回而支付的现金，应从该项目中扣除。企业收回以前已经核销的坏账、因销售材料或代销代购业务而收到的现金在该项目中反映。本项目可根据"库存现金""银行存款""应收账款""应收票据""预收账款""主营业务收入""其他业务收入"等科目分析填列。

根据上述原理，"销售商品、提供劳务收到的现金"项目的填列公式分为两类，具体如下。

(1) 采用直接法时，以本期实际发生的经济业务为依据计算填列。

销售商品、提供劳务收到的现金 = 当期销售商品、提供劳务收到的现金（包括价款与增值税销项税额）+ 当期收回前期的应收账款 + 当期收回前期的应收票据 + 当期收到的预收账款 − 当期因销货退回而支付的现金 + 当期收回前期已核销的坏账损失

(2) 采用间接法时，以资产负债表和利润表为依据计算填列。

以资产负债表和利润表为基础计算本项目时，应以权责发生制下的营业收入和应交的增值税销项税额为计算起点，把实现销售但未收到现金的金额减去，收到现金但未包括在收入中的金额加上，同时对特殊项目进行调整，最后计算出销售商品、提供劳务收到的现金。以本期资产负债表和利润表为依据计算填列的本质是将权责发生制下的收入金额调整为收付实现制下的"销售商品、提供劳务收到的现金"项目的金额。

销售商品、提供劳务收到的现金 = 利润表中"营业收入"项目的金额 + 应交增值税销项税额的发生额 + 应收账款（期初余额 − 期末余额）+ 应收票据（期初余额 − 期末余额）+ 预收账款（期末余额 − 期初余额）± 特殊调整项目

式中，"特殊调整项目"是针对当期应收账款、应收票据、预收账款和应交增值税销项税额的发生与企业的销售商品、提供劳务项目无关时进行的调整，如应收票据贴现产生的贴现利息，非现金资产抵债导致应收项目的减少，应收账款与应付账款的对冲等项目。

【例 4-1】　某企业本期发生下列相关经济业务。

① 销售产品价款为 100 000 元，增值税销项税额为 13 000 元，货款及增值税已收到并且存入银行；

② 销售产品价款为 200 000 元，增值税销项税额为 26 000 元，货款及增值税均未收到；

③ 收回上年的应收账款 7000 元（含增值税销项税额），已存入银行；

④ 收到商品的预收款 5000 元并存入银行；

⑤ 将未到期的应收票据向银行贴现，面值为 292 500 元，贴现利息为 20 000 元，将实际收到的贴现收入 272 500 元存入银行账户；

经营活动现金流入量各项目的填列

⑥ 发生销售商品退回，企业以银行存款退回商品款 12 000 元。

要求：计算销售商品、提供劳务收到的现金。

销售商品、提供劳务收到的现金 = ① + ③ + ④ + ⑤ - ⑥ = (100 000 + 13 000) + 7000 + 5000 + 272 500 - 12 000 = 385 500(元)

【例 4-2】 某企业本年发生下列有关的经济业务。

① 利润表中"营业收入"项目的金额为 300 000 元；

②"应交税费—应交增值税（销项税额）"科目的贷方发生额为 39 000 元；

③ 在资产负债表中，"应收票据"项目的期初余额为 45 000 元，期末余额为 52 000 元；

④ 在资产负债表中，"应收账款"项目的期初余额为 86 000 元，期末余额为 30 000 元，应收账款的余额为未扣除坏账准备前的账面余额；

⑤ 在资产负债表中，"预收账款"项目的期初余额为 40 000 元，期末余额为 80 000 元；

⑥ 在企业当期收回的应收账款中，以商品抵偿债务的金额为 10 000 元。

要求：计算销售商品、提供劳务收到的现金。

销售商品、提供劳务收到的现金 = ① + ② + ③ + ④ + ⑤ - ⑥ = 300 000 + 39 000 + (45 000 - 52 000) + (86 000 - 30 000) + (80 000 - 40 000) - 10 000 = 418 000(元)

2."收到的税费返还"项目

本项目反映了企业收到返还的各项税费，包括收到返还的增值税、消费税、企业所得税、关税和教育费附加返还款等。本项目可根据"库存现金""银行存款""税金及附加""营业外收入""其他应收款"等科目分析填列。

3."收到的其他与经营活动有关的现金"项目

本项目反映了企业除上述各项外，收到的其他与经营活动有关的现金流入，如罚款收入、因经营性租赁固定资产而收取的租金收入、流动资产损失中由个人赔偿的现金收入等。本项目可以根据"库存现金""银行存款""营业外收入"等科目分析填列。

4."购买商品、接受劳务支付的现金"项目

本项目反映了企业购买商品、接受劳务时实际支付的现金，包括本期购买商品、接受劳务时支付的现金（包括增值税进项税额），本期支付前期购买商品、接受劳务的未付款项，本期预付款项等。本期发生的购货退回收到的现金应从本项目内减去。本项目可根据"库存现金""银行存款""应付账款""应付票据""存货""主营业务成本""其他业务成本"等科目分析填列。

经营活动现金流出量各项目的填列

根据上述原理，"购买商品、接受劳务支付的现金"项目的填列公式如下。

(1) 采用直接法时以本期实际发生的经济业务为依据计算填列。

购买商品、接受劳务支付的现金 = 当期购买商品、接受劳务支付的现金（包括价款与增值税进项税额）+ 当期偿付前期应付账款 + 当期偿付前期应付票据 + 当期支付的预付账款 - 当期因购货退回而收到的现金

(2) 采用间接法时以资产负债表和利润表为依据计算填列。

购买商品、接受劳务支付的现金 = 利润表中"营业成本"项目的金额 + 应交增值税

进项税额的发生额 + 未扣除存货减值准备的存货 (期末余额 − 期初余额) + 应付票据 (期初余额 − 期末余额) + 应付账款 (期初余额 − 期末余额) + 预付账款 (期末余额 − 期初余额) ± 特殊调整项目

式中，"特殊调整项目"是针对当期应付账款、应付票据、预付账款和应交增值税进项税额的发生与企业的购买商品、接受劳务项目无关时进行的调整，如本期列入生产成本、制造费用的职工薪酬，列入制造费用的折旧费用，应收账款与应付账款的对冲业务，工程领用本企业产品引起的存货减少业务等。

【例 4-3】　某企业本年发生下列有关的经济业务。

① 购买材料价款为 20 000 元，进项税额为 2600 元，以银行存款支付；

② 购买材料价款为 30 000 元，进项税额为 3900 元，货款与增值税尚未支付；

③ 用银行汇票支付材料价款及增值税，收到银行转来的银行汇票多余款项通知，退回余款 34 000 元，材料价款 100 000 元，其相应的增值税为 13 000 元；

④ 以银行存款预付材料价款 30 000 元；

⑤ 以银行存款支付到期的应付票据，到期值为 68 500 元 (含增值税进项税额)；

⑥ 购买工程物资 150 000 元 (含增值税)，款项已用银行存款支付。

要求：计算购买商品、接受劳务支付的现金。

购买商品、接受劳务支付的现金 = ① + ③ + ④ + ⑤ = (20 000 + 2600) + (100 000 + 13 000) + 30 000 + 68 500 = 234 100(元)

【例 4-4】　某企业本年发生下列有关的经济业务。

① 利润表中"营业成本"项目的金额为 2 000 000 元；

②"应交税费—应交增值税 (进项税额)"科目的借方发生额为 130 000 元；

③ 在资产负债表中，"存货"项目的期初余额为 970 000 元，期末余额为 780 000 元，均是与经营活动有关的存货；

④ 在资产负债表中，"应付票据"项目的期初余额为 75 000 元，期末余额为 90 000 元；

⑤ 在资产负债表中，"应付账款"项目的期初余额为 70 000 元，期末余额为 50 000 元；

⑥ 以固定资产偿还应付账款 10 000 元；

⑦ 在生产成本中，直接工资项目含有本期发生的生产工人工资费用 500 000 元；

⑧ 在制造费用中，本期计提折旧、摊销待摊费用的发生额为 200 000 元。

要求：计算购买商品、接受劳务支付的现金。

购买商品、接受劳务支付的现金 = ① + ② + ③ + ④ + ⑤ − ⑥ − ⑦ − ⑧ = 2 000 000 + 130 000 + (780 000 − 970 000) + (75 000 − 90 000) + (70 000 − 50 000) − 10 000 − 500 000 − 200 000 = 1 235 000(元)

5."支付给职工以及为职工支付的现金"项目

本项目反映了企业实际支付给职工及为职工支付的现金，包括本期实际支付给职工的工资、奖金、各种津贴和补贴等，以及为职工支付的养老保险、医疗保险、失业保险等其他费用，但不包括支付给离退休人员的各项费用和支付给在建工程人员的工资等。企业支付给离退休人员的各项费用，包括支付的统筹退休金及未参加统筹的退休人员的费用，在"支付的其他与经营活动有关的现金"项目中反映；支付给在建工程人员的工资在"购建固定资产、无形资产和其他长期资产所支付的现金"项目中反映。本项目根据"应付职工薪酬""库存现金""银行存款"等科目分析填列。

【例 4-5】 某企业本期实际支付的工资及相关款项如下。

① 企业本年实际支付的工资及各种奖金、津贴共计 1 000 000 元，其中，在建工程人员工资为 200 000 元；

② 支付离退休人员工资 400 000 元；

③ 支付除在建工程人员以外的职工困难补助 100 000 元；

④ 支付除在建工程人员以外的职工养老保险 400 000 元。

要求：计算支付给职工以及为职工支付的现金。

支付给职工以及为职工支付的现金 = ① + ③ + ④ = (1 000 000 − 200 000) + 100 000 + 400 000 = 1 300 000(元)

6."支付的各项税费"项目

本项目反映了企业按规定实际支付的各种税费，包括本期发生并支付的税费，以及本期支付以前各期发生的税费和预交的税金，如支付的营业税、增值税、企业所得税、教育费附加、矿产资源补偿费、印花税、房产税、土地增值税和车船税等。计入固定资产成本的耕地占用税不列入本项目，而应在"购建固定资产、无形资产和其他长期资产所支付的现金"项目中反映。收到的本期退回的各项税费不列入本项目，而应在"收到的税费返还"项目中反映。本项目应根据"应交税费""库存现金""银行存款"等科目分析填列。

7."支付的其他与经营活动有关的现金"项目

本项目反映了企业除上述各项目外，支付的其他与经营活动有关的现金，如支付的罚款、差旅费等。本项目应根据"库存现金""银行存款""管理费用""营业外支出"等有关科目分析填列。

二、投资活动产生的现金流量

1."收回投资收到的现金"项目

本项目反映了企业出售、转让或到期收回除现金等价物以外的权益投资或债权投资而收回的现金。债权投资收回的本金应在本项目中反映，但是收回的利息不应在本项目中反映，而应在"取得投资收益收到的现金"项目中反映。处置子公司及其他营业单位收到的现金净额，也不应在本项目中反映，而应在"处置子公司及其他营业单位收到的现金净额"项目中反映。本项目应根据"库存现金""银行存款""其他货币资金""交易性金融资产""投资性房地产""持有至到期投资""可供出售金融资产""长期股权投资"等科目分析填列。

投资活动现金流量各项目的填列

2."取得投资收益收到的现金"项目

本项目反映了企业因股权性投资和债权性投资而取得的现金股利、利息，以及从子公司、联营企业和合营企业分回利润时收到的现金，但不包括股票股利。本项目应根据"库

存现金""银行存款""应收股利""应收利息""投资收益"等科目分析填列。

3."处置固定资产、无形资产和其他长期资产收回的现金净额"项目

本项目反映了企业处置固定资产、无形资产和其他长期资产时所取得的现金，减去为处置这些资产而支付有关费用后的现金净额。如果处置固定资产、无形资产和其他长期资产时所收回的现金净额为负数，应在"支付的其他与投资活动有关的现金"项目中反映。由于自然灾害所造成的固定资产等长期资产损失而收到的保险赔偿收入，也在本项目中反映。本项目应根据"固定资产清理""库存现金""银行存款"等科目分析填列。

4."处置子公司及其他营业单位收到的现金净额"项目

本项目反映了企业处置子公司或其他营业单位所取得的现金，减去相应的处置费用和子公司及其他营业单位持有的现金与现金等价物后的净额。本项目应根据"库存现金""银行存款""长期股权投资"等科目分析填列。

5."收到的其他与投资活动有关的现金"项目

本项目反映了企业除了上述各项以外收到的其他与投资活动有关的现金。本项目应根据"库存现金""银行存款""应收股利""应收利息"等科目分析填列。

【例4-6】 企业本年发生如下与投资活动现金流入有关的经济业务。

① 企业将持有的交易性金融资产出售，交易性金融资产的本金为25 000元，收回本金25 000元，投资收益5000元，均已存入银行。

② 企业因调整投资策略出售一项长期股权投资，该投资的本金为500 000元，转让收入为480 000元，已存入银行。

③ 企业将某项债权投资出售，债权投资的本金为300 000元。企业出售该投资项目，收回的全部投资金额为350 000元，其中，50 000元是债券利息。

④ 企业将持有长期股权投资期间内实际分得的现金股利30 000元已存入银行。

⑤ 企业出售设备一台，收到的价款240 000元已存入银行，设备的原价为400 000元，已提折旧150 000元。设备已由购入单位运走。

⑥ 企业报废设备一台，设备的原价为120 000元，已提折旧110 000元，以现金支付清理费2000元，以现金收取残值变现收入2500元。该设备已清理完毕。

要求：根据上述资料，计算投资活动现金流入的各项目金额。

收回投资收到的现金 = ① + ② + ③ = (25 000 + 5000) + 480 000 + 300 000 = 810 000(元)

取得投资收益收到的现金 = ③ + ④ = 50 000 + 30 000 = 80 000(元)

处置固定资产、无形资产和其他长期资产收回的现金净额 = ⑤ + ⑥ = 240 000 + (2500 - 2000) = 240 500(元)

6."购建固定资产、无形资产和其他长期资产所支付的现金"项目

本项目反映了企业购建固定资产，无形资产和其他长期资产时支付的现金，但融资租入固定资产所支付的租赁费和分期付款购买固定资产时支付的分期款项，在筹资活动中的"支付的其他与筹资活动有关的现金"项目中反映。因购建固定资产而发生的借款利息资本化的部分，在筹资活动中的"分配股利、利润或偿付利息所支付的现金"项目中反映。

本项目应根据"固定资产""在建工程""无形资产""库存现金""银行存款"等科目分析填列。

7."投资支付的现金"项目

本项目反映了企业取得除现金等价物以外的权益性投资和债权性投资所支付的现金，以及支付的佣金、手续费等交易费用。本项目可以根据"长期股权投资""持有至到期投资""交易性金融资产""可供出售金融资产""库存现金""银行存款"等科目分析填列。

企业在购买股票和债券时，其实际支付的价款中包含的已宣告但尚未领取的现金股利或已到付息期但尚未领取的债券利息，应在投资活动中的"支付的其他与投资活动有关的现金"项目中反映。收回购买股票和债券时支付的已宣告但尚未领取的现金股利或已到付息期但尚未领取的债券利息，应在投资活动中的"收到的其他与投资活动有关的现金"项目中反映。

8."取得子公司及其他营业单位支付的现金净额"项目

本项目反映了企业购买子公司或其他营业单位而支付的现金，减去子公司或其他营业单位持有的现金及现金等价物后的净额。本项目应根据"库存现金""银行存款""长期股权投资"等科目分析填列。

9."支付的其他与投资活动有关的现金"项目

本项目反映了企业除了上述各项以外，支付的其他与投资活动有关的现金。本项目应根据"银行存款""其他货币资金""应收股利""应收利息"等有关科目分析填列。

【例 4-7】 企业本年发生如下与投资活动现金流出有关的经济业务。

① 购入不需要安装的设备一台，价款为 80 000 元，增值税专用发票中列明的增值税额为 13 600 元，包装费及运费为 1000 元，价税及包装费、运费均以银行存款支付，设备已交付使用；

② 购入在建工程用材料一批，价款为 100 000 元，增值税专用发票中列明的增值税额为 17 000 元，已用支票支付；

③ 领用工程物资共计 117 000 元；

④ 支付在建工程人员工资 23 000 元；

⑤ 工程应负担的长期借款利息为 150 000 元，该项利息已用银行存款支付；

⑥ 工程完工并交付使用，固定资产价值总额为 290 000 元；

⑦ 购入准备近期出售的股票金额为 100 000 元，以银行存款支付；

⑧ 购入准备长期持有的债券，债券的票面金额为 200 000 元，票面利率为 8%，企业实际支付的现金金额为 240 000 元；

⑨ 购入股票，实际支付的买入价为 254 000 元，其中包括已宣告发放但尚未领取的现金股利 4000 元，另支付手续费 3 000 元，上述款项均以银行存款支付。

要求：根据上述资料，计算投资活动现金流出的各项目金额。

购建固定资产、无形资产和其他长期资产所支付的现金 = ① + ② + ④ = (80 000 + 13 600 + 1 000) + (100 000 + 17 000) + 23 000 = 234 600(元)

在建工程负担的利息计入筹资活动，不在本项目中反映。

投资支付的现金 = ⑦ + ⑧ + ⑨ = 100 000 + 240 000 + (254 000 - 4000 + 3000) = 593 000(元)

支付的其他与投资活动有关的现金 = 4000(元)

三、筹资活动产生的现金流量

1. "吸收投资收到的现金" 项目

本项目反映了企业收到的投资者投入的现金净额 (企业发行股票和债券的发行收入扣除发行佣金、手续费等相关费用后的净额)。企业通过发行股票、债券等方式筹集资金时，由企业直接支付的审计、咨询等费用，不从本项目中扣除，而在"支付的其他与筹资活动有关的现金"项目中反映。本项目应根据"实收资本 (或股本)""银行存款""应付债券"等科目分析填列。

筹资活动现金流量
各项目的填列 1

2. "取得借款收到的现金" 项目

本项目反映了企业举借各种短期借款、长期借款时收到的现金。本项目应根据"短期借款""长期借款""银行存款"等科目分析填列。

3. "收到的其他与筹资活动有关的现金" 项目

本项目反映了企业除上述各项目外收到的其他与筹资活动有关的现金，如接受现金捐赠等。本项目可以根据有关科目分析填列。

【例 4-8】　企业发生如下与筹资活动现金流入有关的经济业务。

① 企业发行股票 10 000 000 股，每股面值为 1 元，每股发行价值为 1.2 元，发行手续费按发行收入的 2% 支付，发行费用共计 240 000 元。企业已取得发行股票的发行净收入并将其存入银行。

② 企业经批准发行长期债券，债券的面值为 2 000 000 元，实际发行价值为 2 200 000 元。债券公司按发行收入的 3% 计提手续费 66 000 元，从发行收入中扣除。证券公司代为支付宣传费及印刷费共计 8000 元，从发行收入中扣除。企业以银行存款直接支付的审计费 3000 元。企业已收到发行债券的款项净额。

③ 企业从银行取得短期借款 150 000 元，并已将其划入企业账户。

④ 企业接受现金捐赠 100 000 元。

要求：根据上述资料，计算企业筹资活动现金流入的各项目金额。

吸收投资收到的现金 = ① + ② = (10 000 000 × 1.2 - 240 000) + (2 200 000 - 66 000 - 8 000) = 13 886 000(元)

企业直接支付的审计费 3000 元不从本项目中扣除，列入"支付的其他与筹资活动有关的现金"项目。

取得借款收到的现金 = ③ = 150 000(元)

收到的其他与筹资活动有关的现金 = ④ = 100 000(元)

4. "偿还债务支付的现金" 项目

本项目反映了企业以现金偿还债务的本金，包括偿付金融企业的借款本金和企业到期的债券本金等。企业偿付的借款利息、债券利息在"分配股利、利润或偿付利息所支付的现金"项目中反映，不在本项目中反映。本项目应根据"短期借款""长期借款""应付债券""银行存款"等科目分析填列。

筹资活动现金流量
各项目的填列 2

5. "分配股利、利润或偿付利息所支付的现金"项目

本项目反映了企业实际支付的现金股利，支付给其他投资单位的利润及支付的借款利息、债券利息等。本项目应根据"应付股利""应付利息""利润分配""财务费用""长期借款""库存现金""银行存款"等科目分析填列。

6. "支付的其他与筹资活动有关的现金"项目

本项目反映了企业除上述各项外，支付的其他与筹资活动有关的现金，如捐赠现金支出、融资租入固定资产时支付的租赁费、以分期付款方式购建固定资产以后各期支付的现金等。本项目应根据"库存现金""银行存款""长期应付款""营业外支出"等科目分析填列。

【例4-9】 企业本年发生如下与筹资活动现金流出有关的经济业务。

① 以银行存款支付在建工程负担的资本化利息150 000元；

② 归还短期借款本金250 000元，利息12 000元；

③ 宣告分配并且支付现金股利70 000元；

④ 发行股票100 000股，每股面值为1元，每股市场价格为2元；

⑤ 支付融资租入固定资产的租赁费80 000元。

要求：根据上述资料，计算企业筹资活动现金流出的各项目金额。

偿还债务支付的现金 = ② = 250 000(元)

分配股利、利润或偿付利息所支付的现金 = ① + ② + ③ = 150 000 + 12 000 + 70 000 = 232 000(元)

支付的其他与筹资活动有关的现金 = ⑤ = 80 000(元)

四、汇率变动对现金流量的影响

将企业外币的现金流量及境外子公司的现金流量折算为人民币时，所采用的是现金流量发生日的汇率或平均汇率，而现金流量表中的"现金及现金等价物净增加额"栏的外币现金净增加额按期末汇率折算为人民币，两种汇率折算为人民币的差额即为汇率变动对现金流量的影响。汇率变动对现金流量的影响金额计算公式为

汇率变动对现金流量的影响金额 = 汇率变动对现金流入的影响金额 − 汇率变动对现金流出的影响金额

4.1.4 现金流量表的编制方法

现金流量表的编制方法主要有工作底稿法、T型账户法、现金类日记账法和分析填列法。

一、工作底稿法

企业采用工作底稿法编制现金流量表，是以工作底稿为手段，以资产负债表和利润表中的数据为基础，对每一个项目进行分析并编制调整分录，最终编制出现金流量表。企业采用工作底稿法编制现金流量表的具体步骤如下。

(1) 设置现金流量表工作底稿。现金流量表工作底稿的简化格式见表4-1。

(2) 将资产负债表中"年初余额"栏和"期末余额"栏的数据分别录入工作底稿的"期

初数"栏和"期末数"栏。

(3) 对当期的经济业务进行分析并编制调整分录。在编制调整分录时，应以利润表中的项目为基础，从"营业收入"栏开始，并结合资产负债表中的项目逐一进行分析。在调整分录中，有关现金及现金等价物的事项并不直接借记或贷记现金，而应当分别记入"经营活动产生的现金流量""投资活动产生的现金流量""筹资活动产生的现金流量"栏内的有关项目中，借方发生额表示现金流入，贷方发生额表示现金流出。

(4) 将调整分录录入工作底稿的相应项目中。

(5) 核对调整分录。资产负债表各个项目的期初数加减调整分录中的借贷金额等于其期末数；调整分录的借方合计数和贷方合计数相等。

(6) 根据工作底稿中的现金流量表项目编制现金流量表。

表 4-1　现金流量表工作底稿的简化格式

项目	期初数	调整分录		期末数
		借方	贷方	
一、资产负债表项目				
借方项目：				
货币资金				
交易性金融资产				
⋮				
借方项目合计				
贷方项目：				
坏账准备				
累计折旧				
⋮				
贷方项目合计				
二、利润表项目				
营业收入				
营业成本				
⋮				
净利润				
三、现金流量表项目				
(一) 经营活动产生的现金流量				
(二) 投资活动产生的现金流量				
(三) 筹资活动产生的现金流量				
(四) 现金及现金等价物净增加额				
调整分录借贷合计				

二、T 型账户法

企业采用 T 型账户法编制现金流量表，是以 T 型账户为手段，以资产负债表和利润表中的数据为基础，对每一个项目进行分析并编制调整分录，最终编制出现金流量表。企业采用 T 型账户法编制现金流量表的具体步骤如下。

(1) 为资产负债表和利润表中的所有非现金类项目分别开设 T 型账户，并将其期末与期初的变动数录入各 T 型账户中。若各个项目的期末数大于期初数，应将差额录入和项目余额相同的方向；若项目的期末数小于期初数，应将差额录入和项目余额相反的方向。

(2) 设置一个大的"现金及现金等价物" T 型账户，该 T 型账户的借方和贷方分别设置经营活动、投资活动和筹资活动三个部分，T 型账户的左边记录现金流入，右边记录现金流出，录入现金及现金等价物期末与期初的变动数。若期末数大于期初数，则填列在左边的现金流入中，若期末数小于期初数，则填列在右边的现金流出中。

(3) 以利润表项目为基础，结合资产负债表分析每一个非现金项目的增减变动，并据此编制调整分录。

(4) 将调整分录录入各 T 型账户的借方或贷方，并核对 T 型账户。该账户的借方发生额和贷方发生额相抵后的余额应当与原先录入的期末与期初变动数一致。

(5) 根据大的"现金及现金等价物" T 型账户的借方和贷方发生额编制现金流量表。

三、现金类日记账法

由于现金流量表以现金及现金等价物为编制基础，反映企业经营活动、投资活动和筹资活动的现金流入量及现金流出量，涉及的会计账簿主要有"库存现金""银行存款""其他货币资金"，因此，这几个账簿可以统称为现金类日记账。企业采用现金类日记账法编制现金流量表的具体步骤如下。

(1) 设置库存现金日记账、银行存款日记账、其他货币资金明细账和现金等价物明细账。

(2) 在现金类日记账的"摘要"栏和"对方科目"栏之间增加"行次"栏。"行次"栏中的数字以现金流量表中列示的行次为准，实际代表的是现金流量表中的项目名称。

(3) 企业发生影响现金流量的业务时，在登记现金类日记账的同时，要确认该项业务应记入现金流量表中的哪个项目，将该项目在现金流量表中所对应"行次"的序号记入现金类日记账的"行次"栏中。例如，企业从银行借入 300 000 元并存入银行，在登记银行存款日记账借方金额 300 000 元的同时，还要在"行次"栏内加注序号(筹资活动中"取得借款收到的现金"项目所在的行号)，表明该项现金流入应列入筹资活动产生的现金流量的"取得借款收到的现金"项目中。若某项业务涉及现金或现金等价物，但不影响企业的现金净流量，则应在登记现金类日记账的同时，在现金流量表中对应的"行次"栏内打"×"，表示该项业务不应列入现金流量表。若某项业务中产生的现金流量分别属于现金流量表中的两个不同的项目，则应在登记现金类日记账的同时，分别填写对应科目的名称、金额及所属现金流量表的"行次"。

(4) 期末将现金类日记账"行次"栏中相同的项目所记录的金额进行汇总，将其合计金额填列到现金流量表的对应项目中，即可完成现金流量表的编制。

四、分析填列法

分析填列法是直接根据资产负债表、利润表和有关会计科目明细账的记录，分析并计算出现金流量表中各个项目的金额，据此编制现金流量表的一种方法。

1. 现金流量表"上期金额"栏

现金流量表"上期金额"栏中各项目的金额，根据上期现金流量表各项目"本期金额"

栏的金额对应填列。如果本期现金流量表规定的各项目的名称或内容与上期不一致，应当对上期现金流量表规定的各项目的名称或内容按照本期进行调整，将调整后的金额填入本期现金流量表中对应项目的"上期金额"栏内。

2. 现金流量表"本期金额"栏

现金流量表"本期金额"栏中各项目的金额，根据现金流量表各项目的填列方法进行填列。

4.1.5　现金流量表补充资料的填列方法

为了向会计报表使用者提供全面、准确的财务信息，在现金流量表中，除了反映现金流量内容外，企业还应提供补充资料。现金流量表补充资料包括将净利润调整为经营活动的现金流量、不涉及现金收支的重大投资和筹资活动、现金及现金等价物净变动情况三部分内容。

一、将净利润调整为经营活动的现金流量

将净利润调整为经营活动的现金流量是以利润表中的"净利润"项目为起算点，调整不涉及现金流量的收入、利得、费用和损失及投资活动与筹资活动对现金流量的影响，最终计算出经营活动中形成的现金流量。

1. "资产减值准备"项目

本项目反映了企业实际计提的各项资产减值准备，包括"坏账准备""存货跌价准备""持有至到期投资减值准备"等。企业计提的资产减值准备在计算净利润时扣除，由于没有发生现金流出，所以在将净利润调整为经营活动的现金流量时应当加回。本项目应根据"资产减值损失"明细账账户的发生额分析填列。

2. "固定资产折旧、油气资产折耗、生产性生物资产折旧"项目

本项目反映了企业本期计提的固定资产折旧、油气资产折耗、生产性生物资产折旧。对于固定资产计提的折旧，有的计入管理费用，有的计入制造费用。计入管理费用的部分，作为期间费用在计算净利润时扣除，不发生现金流出。计入制造费用的已经变现的部分，在计算净利润时通过销售成本予以扣除，不发生现金流出；计入制造费用的没有变现的部分，不涉及现金收支，在调节存货时已予以扣除，所以若计提折旧，在将净利润调整为经营活动的现金流量时应当加回。本项目应根据"累计折旧""累计折耗"等明细账账户的贷方发生额分析填列。

3. "无形资产摊销"项目

本项目反映了企业摊销的无形资产。企业摊销无形资产时，将摊销额计入管理费用，在计算净利润时从中扣除，由于没有发生现金流出，所以在将净利润调整为经营活动的现金流量时应当加回。本项目应根据"累计摊销"明细账账户的贷方发生额分析填列。

4. "长期待摊费用摊销"项目

本项目反映了企业本期待摊的长期待摊费用。摊销长期待摊费用时，有的计入管理费用，有的计入制造费用，在计算净利润时扣除，由于没有发生现金流出，因此在将净利润

调整为经营活动的现金流量时应当加回。本项目应根据"长期待摊费用"明细账账户的贷方发生额分析填列。

5. "处置固定资产、无形资产和其他长期资产的损失"项目

本项目反映了企业在处置固定资产、无形资产和其他长期资产时发生的净损益。企业在处置固定资产、无形资产和其他长期资产时发生的损益，属于投资活动产生的损益，不属于经营活动产生的损益，因此，在将净利润调整为经营活动的现金流量时，应当予以扣除，若为净损失，应当加回；若为净收益，应当扣除。本项目应根据"营业外收入""营业外支出"等明细账账户的发生额分析填列。

6. "固定资产报废损失"项目

本项目反映了企业在报废固定资产时产生的净损益。企业在报废固定资产时产生的净损益，属于投资活动产生的损益，不属于经营活动产生的损益，因此，在将净利润调整为经营活动的现金流量时，应当予以扣除，若为净损失，应当加回；若为净收益，应当扣除。本项目应根据"营业外收入""营业外支出"等明细账账户的发生额分析填列。

7. "公允价值变动损失"项目

本项目反映了企业持有的金融资产、金融负债及采用公允价值计量的投资性房地产的公允价值变动损益。企业所发生的公允价值变动损益，属于投资活动产生的损益，不属于经营活动产生的损益，因此，在将净利润调整为经营活动的现金流量时，应当予以扣除，若为净损失，应当加回；若为净收益，应当扣除。本项目应根据"公允价值变动损益"明细账账户的发生额分析填列。

8. "财务费用"项目

本项目反映了企业发生的与投资活动及筹资活动有关的财务费用，不包括由于经营活动而产生的财务费用，因此，在将净利润调整为经营活动的现金流量时，应把属于投资活动和筹资活动部分的财务费用从净利润中扣除。本项目应根据"财务费用"明细账账户的发生额分析填列。

9. "投资损失"项目

本项目反映了企业本期发生的投资损益。企业所发生的投资损益，应归属于投资活动产生的损益，而不应归属于经营活动产生的损益，因此，在将净利润调整为经营活动的现金流量时，应当予以扣除，若为净损失，应当加回；若为净收益，应当扣除。本项目应根据"投资收益"明细账账户的发生额分析填列。

10. "递延所得税资产减少"项目

本项目反映企业递延所得税资产的期初余额与期末余额的差额。若递延所得税资产减少使得计入所得税费用的金额大于当期应交纳所得税的金额，则其差额在计算净利润时应予以扣除，由于不会影响现金流出，因此在将净利润调整为经营活动的现金流量时，应当加回。若递延所得税资产增加使得计入所得税费用的金额小于当期应交纳所得税的金额，则其差额已经包含在净利润中，由于不会影响现金流入，因此在将净利润调整为经营活动的现金流量时，应当扣除。本项目应根据资产负债表中"递延所得税资产"项目的期初余额和期末余额分析填列。

11. "递延所得税负债增加"项目

本项目反映企业递延所得税负债的期末与期初余额的差额。若递延所得税负债增加使得计入所得税费用的金额大于当期应交纳所得税的金额，则其差额在计算净利润时应予以扣除，由于不影响现金流出，因此在将净利润调整为经营活动的现金流量时，应当加回。若递延所得税负债减少使得计入所得税费用的金额小于当期应交纳所得税的金额，则其差额已经包含在净利润中，由于不会影响现金流入，也不会形成现金流入，因此在将净利润调整为经营活动的现金流量时，应当扣除。本项目应根据资产负债表中"递延所得税负债"项目的期初余额和期末余额分析填列。

12. "存货的减少"项目

本项目反映了企业本期期末存货与期初存货的差额。若企业的期末存货小于期初存货，说明本期生产经营中所耗用的存货有一部分是期初存货，耗用的这部分存货并没有现金流出，在计算净利润时已予以扣除，因此在将净利润调整为经营活动的现金流量时，应当加回。若企业的期末存货大于期初存货，说明本期购入的存货除耗用外还有剩余，这部分存货有现金流出，但在计算净利润时没有包括在内，因此在将净利润调整为经营活动的现金流量时，应当扣除。本项目应根据资产负债表中"存货"项目的期初余额和期末余额分析填列。

13. "经营性应收项目的减少"项目

本项目反映了企业经营性应收项目（包括应收账款、应收票据、预付账款和其他应收款中与经营活动有关的部分及应收的增值税销项税额）期末与期初的差额。若经营性应收项目的期末余额小于期初余额，则表明本期收回的现金大于利润表中确认的营业收入，由于这一部分没有体现在净利润中，因此在将净利润调整为经营活动的现金流量时，应当加回。若经营性应收项目的期末余额大于期初余额，则表明本期营业收入中有一部分没有现金流入，但这一部分营业收入已包括在净利润中，因此将净利润调整为经营活动的现金流量时，应当扣除。本项目应根据"经营性应收"项目的期初余额和期末余额分析填列。

14. "经营性应付项目的增加"项目

本项目反映了企业经营性应付项目期初与期末的差额。企业经营性应付项目包括应付账款、应付票据、预收账款、应付职工薪酬（应扣除在建工程人员未付的福利费）、应交税费（应扣除在建工程等投资活动所负担的应付未付的税金）、其他应付款等项目中与经营活动有关的部分及应付的增值税进项税额。若经营性应付项目的期末余额大于期初余额，则表明本期购入的存货中有一部分没有支付现金，但是在计算净利润时已通过营业成本予以扣除，因此在将净利润调整为经营活动的现金流量时，应当加回。若经营性应付项目的期末余额小于期初余额，则表明本期实际支付的现金大于利润表中确认的营业成本，因此在将净利润调整为经营活动的现金流量时，应当扣除。本项目应根据"经营性应付"项目的期初余额和期末余额分析填列。

二、不涉及现金收支的重大投资和筹资活动

不涉及现金收支的重大投资和筹资活动，反映了企业在一定会计期间影响资产或负债，但不会影响该期现金收支的所有投资和筹资活动的信息。虽然这些重大投资和筹资活动不影响企业的当期现金收支，但对以后各期的现金流量有重大影响。不涉及现金收支的重大投资和筹资活动的业务有债务转为资本、一年内到期的可转换公司债券和融资租入固

定资产。

三、现金及现金等价物净变动情况

现金及现金等价物净变动情况，反映了企业在一定会计期间现金及现金等价物的期末余额减去期初余额后的净增加额。本项目与现金流量表中的"现金及现金等价物净增加额"项目的金额相等。

现金流量表补充
资料的填列

案例解析

1. 用现金类日记账法编制腾飞股份有限公司的现金流量表。现金类日记账中的业务号与企业经济业务及会计分录的序号一致。

(1) 设置并登记库存现金日记账。简化的库存现金日记账见表4-2。

表4-2 简化的库存现金日记账

业务号	摘要	行次	对方科目	借方	贷方	余额
	期初余额					700 000
(11)	提取现金	X	银行存款	500 000		.
(12)	支付在建工程人员工资	30	应付职工薪酬		200 000	
	支付其他人员工资	12	应付职工薪酬		300 000	
	期末余额					700 000

(2) 设置并登记银行存款日记账。简化的银行存款日记账见表4-3。

表4-3 简化的银行存款日记账

业务号	摘要	行次	对方科目	借方	贷方	余额
	期初余额					3 109 400
(1)	支付材料价款	10	材料采购		202 000	
	支付增值税进项税额	10	应交税费		26 000	
(2)	取得长期借款	40	长期借款	1 000 000		
(3)	出售交易性金融资产	22	交易性金融资产	70 000		
		22	投资收益	30 000		
(4)	归还短期借款本金	4 5	短期借款		50 000	
(5)	收回银行本票余款	X	其他货币资金	268		
(6)	支付设备价款	30	固定资产		96 000	
	支付增值税进项税额	30	应交税费		12 480	
(9)	支付工程物资款	30	工程物资		260 000	
(10)	支付长期借款利息	46	应付利息		66 000	
(11)	提取现金	X	库存现金		500 000	

业务号	摘要	行次	对方科目	借方	贷方	余额
(14)	支付生产经营人员社会保险费	12	应付职工薪酬		200 000	
(14)	支付在建工程人员社会保险费	30	应付职工薪酬		40 000	
(15)	出售设备残值	25	固定资产清理	8000		
(15)	支付设备清理费	25	固定资产清理		5000	
(18)	收取销售商品款	1	主营业务收入	1 100 000		
(18)	收取增值税销项税额	1	应交税费	143 000		
(19)	支付广告费、宣传费	18	销售费用		29 000	
(21)	支付车间、厂房修理费	18	管理费用		20 000	
(26)	交纳增值税	13	应交税费		138 000	
(26)	交纳消费税	13	应交税费		11 509	
(26)	交纳城市维护建设税	13	应交税费		10 465.6	
(26)	交纳教育费附加	13	应交税费		7475.4	
(27)	收回应收账款	1	应收账款	80 500		
(27)	偿还应付账款	10	应付账款		75 000	
(32)	购买债券	31	持有至到期投资		53 000	
(33)	收到税费返还	3	应交税费	210 000		
(34)	收到现金股利	23	应收股利	20 000		
(35)	发行股票	38	股本	500 000		
(35)	发行股票	38	资本公积	600 000		
(36)	收到应收票据	1	应收票据	29 400		
(43)	收回商业汇票余款	1	应收票据	30 000		
(44)	交纳所得税	13	应交税费		30 000	
	期末余额					5 198 638

(3) 设置并登记其他货币资金明细账。简化的其他货币资金明细账见表4-4。

表4-4　简化的其他货币资金明细账

业务号	摘要	行次	对方科目	借方	贷方	余额
	期初余额					810 000
(5)	退回多余款	X	银行存款		268	
(5)	支付购买材料款	10	原材料		99 800	
(5)	支付增值税进项税额	10	应交税费		12 582	
	期末余额					697 350

将现金类日记账中行次相同的数字汇总，填入现金流量表对应的"行次"栏中，则完成腾飞股份有限公司的现金流量表（见表4-5）的编制。

表4-5　现金流量表

会企03表

编制单位：腾飞股份有限公司　　　　　　2021年度　　　　　　　　　　单位：元

项　　目	行次	本期金额	上期金额
一、经营活动产生的现金流量			
销售商品、提供劳务收到的现金	1	1 382 900	略
收到的税费返还	3	210 000	
收到的其他与经营活动有关的现金	8	0	
经营活动现金流入小计	9	1 592 900	
购买商品、接受劳务支付的现金	10	415 382	
支付给职工以及为职工支付的现金	12	500 000	
支付的各项税费	13	197 450	
支付的其他与经营活动有关的现金	18	49 000	
经营活动现金流出小计	20	1 161 832	
经营活动产生的现金流量净额	21	431 068	
二、投资活动产生的现金流量			
收回投资收到的现金	22	200 000	
取得投资收益收到的现金	23	20 000	
处置固定资产、无形资产和其他长期资产收回的现金净额	25	3000	
处置子公司及其他营业单位收到的现金净额	26	0	
收到的其他与投资活动有关的现金	28	0	
投资活动现金流入小计	29	223 000	
购建固定资产、无形资产和其他长期资产所支付的现金	30	608 480	
投资支付的现金	31	53 000	
取得子公司及其他营业单位支付的现金净额	32	0	
支付的其他与投资活动有关的现金	35	0	
投资活动现金流出小计	36	661 480	
投资活动产生的现金流量净额	37	-438 480	
三、筹资活动产生的现金流量			
吸收投资收到的现金	38	1 100 000	
取得借款收到的现金	40	1 000 000	
收到的其他与筹资活动有关的现金	43	0	
筹资活动现金流入小计	44	2 100 000	
偿还债务支付的现金	45	50 000	

项　　目	行次	本期金额	上期金额
分配股利、利润或偿付利息所支付的现金	46	66 000	
支付的其他与筹资活动有关的现金	52	0	
筹资活动现金流出小计	53	116 000	
筹资活动产生的现金流量净额	54	1 984 000	
四、汇率变动对现金及现金等价物的影响	55	0	
五、现金及现金等价物净增加额	56	1 976 588	
加：期初现金及现金等价物余额	57	4 619 400	
六、期末现金及现金等价物余额	58	6 595 988	

在运用现金类日记账法编制现金流量表时，应注意以下事项。

对于一借一贷的会计记录，若其属于现金流量表的两个不同项目，要分别注明对应科目的名称、金额及所属的行次。如简化的库存现金日记账中的第 (12) 笔业务。

虽然现金及现金等价物内部的转换需要入账，但无须填列现金流量表的"行次"栏。如简化的库存现金日记账中的第 (11) 笔业务，简化的银行存款日记账中的第 (5)、(11) 笔业务，简化的其他货币资金明细账中的第 (5) 笔业务。对于业务量较大、按年汇总有困难的企业，可采用按月或季度小计各项目的金额，到年底时再进行汇总，以减轻期末编制现金流量表的工作量。

2. 根据腾飞股份有限公司的资产负债表、利润表和有关明细账的记录，依据现金流量表各项目的填列方法，分析并计算现金流量表各项目的金额。

(1) 销售商品、提供劳务收到的现金：

销售商品、提供劳务收到的现金 = 利润表中"营业收入"项目的金额 + 应交税费（应交增值税销项税额的发生额）+ 未扣除坏账准备的应收票据、应收账款（期初余额 − 期末余额）+ 预收账款（期末余额 − 期初余额）= 1 450 000 + 188 500 + (122 500 − 437 500) + (368 580 − 308 580 − 600) = 1 382 900（元）

(2) 收到的税费返还：

收到的增值税、消费税、所得税、关税、教育费附加 = 210 000（元）

(3) 购买商品、接受劳务支付的现金：

购买商品、接受劳务支付的现金 = 利润表中"营业成本"项目的金额 + 应交税费（应交增值税进项税额的发生额）+ 未扣除存货减值准备的存货（期末余额 − 期初余额）+ 应付票据、应付账款（期初余额 − 期末余额）+ 预付账款（期末余额 − 期初余额）− 计入生产成本、制造费用的应付职工薪酬 − 计入制造费用的折旧费 = 1 320 000 + (26 000 + 12 582) + (5 000 200 − 5 508 400) + (105 900 − 30 900) − (105 000 + 275 000 + 80 000 + 10 000 + 40 000) = 415 382（元）

(4) 支付给职工以及为职工支付的现金：

支付给职工以及为职工支付的现金 = 分配计入生产成本、制造费用、管理费用中的职工薪酬 + 扣除在建工程人员薪酬的应付职工薪酬（期初余额 − 期末余额）= 275 000

$+80\,000+0\,000+40\,000+15\,000+44\,000+36\,000=500\,000$（元）

（5）支付的各项税费：

支付的各项税费＝实交增值税＋实交消费税＋实交城市维护建设税＋实交教育费附加＋实交所得税＝$138\,000+11\,509+10\,465.6+7475.4+30\,000=197\,450$（元）

（6）支付的其他与经营活动有关的现金：

支付的其他与经营活动有关的现金＝销售费用、管理费用、其他应付款等账户中与经营活动有关的现金支出＝$29\,000+20\,000=49\,000$（元）

（7）收回投资收到的现金：

收回投资收到的现金＝交易性金融资产、持有至到期投资、长期股权投资等账户的贷方发生额＋与交易性金融资产、长期股权投资一起收回的投资收益＝$170\,000+30\,000=200\,000$（元）

（8）取得投资收益收到的现金：

取得投资收益收到的现金＝应收股利账户中收到的现金股利或利润＋应收利息账户中收到的利息收入＝$20\,000$（元）

（9）处置固定资产、无形资产和其他长期资产收回的现金净额：

处置固定资产、无形资产和其他长期资产收回的现金净额＝固定资产清理、银行存款账户中与固定资产、无形资产有关的金额（处置现金收入－处置现金支出）＝$8000-5000=3000$（元）

（10）收到的其他与投资活动有关的现金：

收到的其他与投资活动有关的现金＝0（元）

（11）购建固定资产、无形资产和其他长期资产所支付的现金：

购建固定资产、无形资产和其他长期资产所支付的现金＝固定资产、工程物资、在建工程、无形资产账户借方发生的现金支出＋支付的工程人员的职工薪酬＝$96\,000+12\,480+260\,000+200\,000+40\,000=608\,480$（元）

（12）投资支付的现金：

投资支付的现金＝交易性金融资产、持有至到期投资、长期股权投资等账户的借方发生额中的投资现金支出＝$53\,000$（元）

（13）支付的其他与投资活动有关的现金：

支付的其他与投资活动有关的现金＝0（元）

（14）吸收投资收到的现金：

发行股票、发行债券扣除手续费与佣金后的净额＝1100000（元）

（15）取得借款收到的现金：

取得借款收到的现金＝短期借款、长期借款账户中通过借款收到的现金＝1000000（元）

（16）偿还债务支付的现金：

偿还债务支付的现金＝短期借款、长期借款、应付债券等账户中偿还的借款本金＝$50\,000$（元）

（17）分配股利、利润或偿付利息所支付的现金：

分配股利、利润或偿付利息所支付的现金 = 应付股利、应付利息、应付债券等账户的借方发生额中偿还的利息 = 66 000(元)

将以上分析计算出的各项目的金额填入现金流量表中即得出腾飞股份有限公司的现金流量表 (见表 4-5)。

3.编制现金流量表补充资料。腾飞股份有限公司的现金流量表补充资料各项目的计算如下。

(1) 净利润：由表 3-3 可知，净利润为 38 810.3 元。

(2) 资产减值准备：通过查找本期"坏账准备"和"固定资产减值准备"账户可知，本期计提数为 18 306 元。

(3) 固定资产折旧：通过查找本期"累计折旧"账户的贷方发生额可知，本期计提数为 125 000 元。

(4) 无形资产摊销：通过查找本期"累计摊销"账户的贷方发生额可知，本期摊销数为 6600 元。

(5) 长期待摊费用摊销：通过查找本期"长期待摊费用"账户的贷方发生额可知，本期摊销数为 0 元。

(6) 处置固定资产、无形资产和其他长期资产的损失：通过查找"营业外收入"和"营业外支出"账户可知，本期没有处置资产。

(7) 固定资产报废损失：通过查找"营业外支出"账户可知，转入营业外支出的报废清理损失为 97 000 元。

(8) 公允价值变动损失：通过查找"公允价值变动损益"账户可知，本期公允价值变动损失为 10 000 元。

(9) 财务费用：通过查找"财务费用"账户中与筹资活动和投资活动有关的财务费用可知，财务费用共计 16 000 元。

(10) 投资损失：通过查找利润表中的"投资收益"项目可知，该项目的金额为 60 000 元，在现金流量表补充资料中以"-"号填列。

(11) 递延所得税资产：通过查找资产负债表中的"递延所得税资产"项目的年初余额和期末余额可知，本期增加数为 4576.5 元，以"-"号填列。

(12) 递延所得税负债：通过查找资产负债表中的"递延所得税负债"项目的年初余额和期末余额可知，本期增加数为 5241.2 元。

(13) 存货：通过查找资产负债表中的"存货"项目的期末余额、年初余额可知，存货 (期初数 - 期末数)=5 508 400-5 000 200=508 200(元)。

(14) 经营性应收项目：通过查找资产负债表中的相应项目可知，经营性应收项目 = 应收票据 (期初数 - 期末数) + 应收账款 (期初数 - 期末数) + 预付账款 (期初数 - 期末数) + 其他应收款 (期初数 - 期末数) = (368 580-308 580) + (122 500 - 437 500) + (108 200 - 108 200) + (2500 - 2500) = -255 000 元。

(15) 经营性应付项目：通过查找资产负债表中的相应项目可知，"应交税费"项目的期末余额为 14 663 元，固定资产进项税额为 12 480 元，属于投资活动的现金流出，在此加回。

经营性应付项目 = 应付票据（期末数 - 期初数）+ 应付账款（期末数 - 期初数）+ 应付职工薪酬（期末数 - 期初数）+ 应交税费（期末数 - 期初数）= (585 300 - 585 300) + (4694 - 105 900) + (3500 - 3500) + (14 663 - 450) + 12 480 = -74 513 元。

最终得出腾飞股份有限公司的现金流量表补充资料，见表4-6。

表4-6 现金流量表补充资料

单位：元

补充资料	本期金额	上期金额
1. 将净利润调整为经营活动的现金流量		略
净利润	38 810.3	
加：资产减值准备	18 306	
固定资产折旧、油气资产折耗、生产性生物资产折旧	125 000	
无形资产摊销	6600	
长期待摊费用摊销	0	
处置固定资产、无形资产和其他长期资产的损失(收益以"-"号填列)	0	
固定资产报废损失(收益以"-"号填列)	97 000	
公允价值变动损失(收益以"-"号填列)	10 000	
财务费用(收益以"-"号填列)	16 000	
投资损失(收益以"-"号填列)	-60 000	
递延所得税资产减少(增加以"-"号填列)	-4576.5	
递延所得税负债增加(减少以"-"号填列)	5241.2	
存货的减少(增加以"-"号填列)	508 200	
经营性应收项目的减少(增加以"-"号填列)	-255 000	
经营性应付项目的增加(减少以"-"号填列)	-74 513	
其他	0	
经营活动产生的现金流量净额	431 068	
2. 不涉及现金收支的重大投资和筹资活动		
债务转为资本	0	
一年内到期的可转换公司债券	0	
融资租入固定资产	0	
3. 现金及现金等价物净变动情况		
现金的期末余额	6 595 988	
减：现金的期初余额	4 619 400	
加：现金等价物的期末余额	0	
减：现金等价物的期初余额	0	
现金及现金等价物净增加额	1 976 588	

单位负责人：李梅　　　财会负责人：王双　　　　　复核：王江　　　　制表：韩红

小　贴　士

　　2020年1月28日万达商管集团宣布，将对全国各地所有万达广场的商户自1月24日至2月25日时间内的租金及物业费实行全免政策。预计减免租金额度达到30~40亿元。除了为商户减免租金外，万达集团在1月25日向武汉市慈善总会捐赠1000万元，用于帮助武汉人民抗击新冠肺炎疫情。商业项目在缩短营业时间或闭店的同时可能对商户产生较大的租金压力，而此时减免租金的政策可谓是共克时艰。

　　所以，同学们在实际工作中，应该具备一定的社会责任感，强化责任担当意识，树立正确的价值观。

4.2　分析现金流量表

案例导入

　　腾飞股份有限公司的现金流量表见表 4-5。

　　裕隆股份有限公司 2020 年度经营活动现金净流量为 3500 万元，2021 年度经营活动现金净流量为 4200 万元（经营活动现金净流量的数据来自该公司的现金流量表）。

案例要求

　　(1) 编制并分析腾飞股份有限公司 2021 年度现金流量流入流出结构分析表。

　　(2) 编制并分析腾飞股份有限公司 2021 年度现金净流量结构分析表。

　　(3) 根据表 2-7、表 3-4 和裕隆股份有限公司经营活动现金净流量数据，计算和分析现金流量比率。

知识准备

■ 4.2.1　现金流量表结构分析

　　现金流量表结构分析是以现金流量表为基础，通过计算各现金流入

现金流量表
的简单分析

量占现金流入总量的比重、各现金流出量占现金流出总量的比重，来反映企业经营活动、投资活动和筹资活动的现金流量对净现金流量的影响，从而作出评价并预测现金流量的发展趋势。

一、现金流入结构分析

现金流入结构包括两个方面的内容：一方面是企业经营活动的现金流入量、投资活动的现金流入量和筹资活动的现金流入量分别占现金流入总量的比重；另一方面是在企业经营活动的现金流入量、投资活动的现金流入量和筹资活动的现金流入量中，各项目产生的现金流入量占该类现金流入量的比重。现金流入结构分析明确了现金的来源，企业可依据现金来源采取相应的措施，以增加现金流入量。其计算公式为

$$现金流入总量结构比率 = \frac{某类活动的现金流入量}{现金流入总量} \times 100\%$$

$$现金流入内部结构比率 = \frac{某项活动的现金流入量}{某类活动的现金流入量} \times 100\%$$

一般情况下，经营状况良好的企业，其经营活动的现金流入量占现金流入总量的比重较大，尤其是销售商品、提供劳务收到的现金占经营活动的现金流入量的比重较大，现金流入结构合理。当然由于行业性质的不同，以及企业所处的发展阶段不同，对于企业的现金流入结构要具体加以分析。

二、现金流出结构分析

现金流出结构包括两个方面的内容：一方面是企业经营活动的现金流出量、投资活动的现金流出量和筹资活动的现金流出量分别占现金流出总量的比重；另一方面是在企业经营活动的现金流出量、投资活动的现金流出量和筹资活动的现金流出量中，各项目产生的现金流出量占该类现金流出量的比重。现金流出结构分析明确了现金的流向，企业可依据现金流向查找能节约的开支项目，并采取相应的措施。其计算公式为

$$现金流入总量结构比率 = \frac{某类活动的现金流出量}{现金流出总量} \times 100\%$$

$$现金流出内部结构比率 = \frac{某项活动的现金流出量}{某类活动的现金流出量} \times 100\%$$

一般情况下，如果企业经营活动的现金流出量占现金流出总量的比重较大，说明其生产经营比较稳定，各期现金流出变化幅度不会太大。投资活动和筹资活动产生的现金流出量，会因企业的财务策略不同而存在较大的差异，因此，在对企业现金流出结构进行分析时，应考虑企业在不同时期的发展状况，不能一概而论。

4.2.2 现金净流量结构分析

现金净流量结构比率是指企业经营活动、投资活动及筹资活动的现金净流量占全部现

金净流量的比重，也就是企业在一定时期内产生的现金及现金等价物净增加额中，企业经营活动、投资活动和筹资活动的贡献程度。

其计算公式为

$$现金净流量结构比率 = \frac{某类活动的现金净流量}{全部现金净流量} \times 100\%$$

通过现金净流量结构分析，可以明确地反映企业本期的现金净流量主要是哪类活动所产生的，并以此来说明现金净流量形成的原因是否合理。

4.2.3　与现金流量表有关的财务比率

一、反映偿债能力的现金流量比率

1. 现金流动负债比率

现金流动负债比率是指企业一定时期内的经营活动产生的现金净流量与流动负债的比率。其计算公式为

$$现金流动负债比率 = \frac{经营活动产生的现金净流量}{流动负债} \times 100\%$$

现金流动负债比率越大，说明企业经营活动产生的现金净流量对当期债务偿还的保障程度越高，企业资产的流动性越好；反之，则表明企业资产的流动性越差。

2. 现金流量债务比率

现金流量债务比率是指企业一定时期内的经营活动产生的现金净流量与负债总额的比率。其计算公式为

$$现金流量债务比率 = \frac{经营活动产生的现金净流量}{负债总额} \times 100\%$$

现金流量债务比率反映了企业用经营现金流量偿付全部债务的能力，体现了企业全部债务的现金保障程度。该比率越高，说明企业偿付债务总额的能力越强；反之，则说明企业偿付债务总额的能力越弱。

3. 利息现金保障倍数

利息现金保障倍数是指企业一定时期内的经营活动产生的现金净流量与利息费用的比率。其计算公式为

$$利息现金保障倍数 = \frac{经营活动产生的现金净流量}{利息费用} \times 100\%$$

利息现金保障倍数反映了企业每一元利息费用有多少经营现金净流量作为保障。该比率越高，说明企业的偿债能力越强；反之，则说明企业的偿债能力越弱。

二、反映盈利能力的现金流量比率

1. 销售现金比率

销售现金比率是指企业一定时期内的经营活动产生的现金净流量与营业收入的比率。该比率反映了企业每一元营业收入所产生的现金净流量。其计算公式为

$$销售现金比率 = \frac{经营活动产生的现金净流量}{营业收入} \times 100\%$$

销售现金比率表明了企业通过销售获取现金的能力。该比率越高，说明企业获取现金的能力越强；反之，则说明企业获取现金的能力越弱。

2. 全部资产现金回收率

全部资产现金回收率是指企业一定时期内的经营活动产生的现金净流量与资产总额的比率。该比率反映了企业每单位资产所产生的现金净流量。其计算公式为

$$全部资产现金回收率 = \frac{经营活动产生的现金净流量}{资产总额} \times 100\%$$

全部资产现金回收率表明了企业利用全部资产获取现金的能力。该比率越高，说明企业利用资产创造的现金净流量越多，企业资产利用效果越好，企业的经营管理水平越高；反之，则说明资产利用效果越差，企业的经营管理水平越低。

3. 盈利现金比率

盈利现金比率是指企业一定时期内的经营活动产生的现金净流量与净利润的比率。该比率反映了企业当期净利润中现金收益的保障程度。其计算公式为

$$盈利现金比率 = \frac{经营活动产生的现金净流量}{净利润} \times 100\%$$

盈利现金比率表明了企业单位净利润的现金净流入，能够从动态的角度对企业净利润的质量进行评价。如果净利润大于0，该比率却小于1，则说明企业净利润中尚存在没有实现的现金流入。一般情况下，盈利现金比率越大，说明企业的盈利能力越强，盈利质量也越高。

案例解析

1. 编制并分析腾飞股份有限公司的现金流量流入流出结构分析表。
腾飞股份有限公司2021年度现金流量流入流出结构分析表见表4-7。

表 4-7　现金流量流入流出结构分析表

编制单位：腾飞股份有限公司　　　　　　　　2021 年度

项　目	现金流入量/元	现金流入结构/%	现金流出量/元	现金流出结构/%	内部结构/%
一、经营活动的现金流入总量	1 592 900	40.67			100
其中：销售商品、提供劳务收到的现金	1 382 900	35.31			86.82
收到的税费返还	210 000	5.36			13.18
收到的其他与经营活动有关的现金	0				
二、经营活动的现金流出总量			1 161 832	59.91	100
其中：购买商品、接受劳务支付的现金			415 382	21.42	35.75
支付给职工以及为职工支付的现金			500 000	25.78	43.04
支付的各项税费			197 450	10.18	16.99
支付的其他与经营活动有关的现金			49 000	2.53	4.22
三、投资活动的现金流入总量	223 000	5.70			100
其中：收回投资收到的现金	200 000	5.11			89.69
取得投资收益收到的现金	20 000	0.51			8.97
处置固定资产、无形资产和其他长期资产收回的现金净额	3000	0.08			1.34
四、投资活动的现金流出总量			661 480	34.11	100
其中：购建固定资产、无形资产和其他长期资产所支付的现金			608 480	31.38	91.99
投资支付的现金			53 000	2.73	8.01
五、筹资活动的现金流入总量	2 100 000	53.63			100
其中：吸收投资收到的现金	1 100 000	28.09			52.38
取得借款收到的现金	1 000 000	25.54			47.62
六、筹资活动的现金流出总量			116 000	5.98	100
其中：偿还债务支付的现金			50 000	2.58	43.10
分配股利、利润或偿付利息所支付的现金			66 000	3.40	56.90
支付的其他与筹资活动有关的现金					
流量总额	3 915 900	100	1 939 312	100	

通过表 4-7 的计算结果可以得出以下几点结论：

(1) 2021 年，该公司的现金流入总量为 3 915 900 元，现金流出总量为 1 939 312 元。

(2) 从现金流入结构来看，该公司经营活动的现金流入总量、投资活动的现金流入总量和筹资活动的现金流入总量分别占现金流入总量的 40.67%、5.70% 和 53.63%。

经营活动的现金流入总量为销售商品、提供劳务收到的现金和收到的税费返还。

投资活动的现金流入总量主要是收回投资收到的现金，占内部结构的 89.69%。

筹资活动的现金流入总量中，吸收投资收到的现金占内部结构的 52.38%，取得借款收到的现金占内部结构的 47.62%。虽然腾飞股份有限公司的现金流量结构及内部结构基本正常，但是在现金流入结构中，投资活动的现金流入量较少，因此企业应该加大投资力度。

（3）从现金流出结构来看，该公司经营活动的现金流出总量、投资活动的现金流出总量和筹资活动的现金流出总量分别占现金流出总量的 59.91%、34.11% 和 5.98%。

在经营活动现金流出量的内部结构中，购买商品、接受劳务支付的现金占内部结构的 35.75%，支付给职工以及为职工支付的现金占内部结构的 43.04%，支付的各项税费占内部结构的 16.99%，支付的其他与经营活动有关的现金占内部结构的 4.22%，其内部结构较为合理。

在投资活动现金流出量的内部结构中，购建固定资产、无形资产和其他长期资产所支付的现金占比较大，占内部结构的 91.99%。

在筹资活动现金流出量的内部结构中，偿还债务支付的现金占内部结构的 43.10%，分配股利、利润或偿付利息所支付的现金占内部结构的 56.90%，这两个项目占筹资活动现金流出量的比重较大。

2. 编制并分析腾飞股份有限公司的现金净流量结构分析表。

腾飞股份有限公司 2021 年度的现金净流量结构分析表见表 4-8。

表 4-8 现金净流量结构分析表

项　目	金额/元	结构百分比/%
经营活动产生的现金净流量	431 068	21.81
投资活动产生的现金净流量	−438 480	−22.18
筹资活动产生的现金净流量	1 984 000	100.37
现金净流量	1 976 588	100.00

由表 4-8 可知，腾飞股份有限公司 2021 年现金净流量为 1 976 588 元，其中，经营活动产生的现金净流量为 431 068 元，投资活动产生的现金净流量为 −438 480 元，筹资活动产生的现金净流量为 1 984 000 元，分别占现金净流量的 21.81%、−22.18% 和 100.37%。该公司的现金净流量主要是经营活动和筹资活动所产生的，筹资活动产生的现金净流量主要来自银行借款，因此该公司应加强经营活动的力度，合理安排投资项目。

3. 计算和分析裕隆股份有限公司的现金流量比率。

裕隆股份有限公司的现金流量比率计算表见表 4-9。

表 4-9 现金流量比率计算表

现金流量比率	2020年度	2021年度
现金流动负债比率	(3500/3400) × 100%≈102.94%	(4200/4000) × 100% = 105%
现金流量债务比率	(3500/5350) × 100%≈65.42%	(4200/6450) × 100%≈65.12%
利息现金保障倍数	3500/200 = 17.5	4200/400 = 10.5
销售现金比率	(3500/18 700) × 100%≈18.72%	(4200/21 100) × 100%≈19.91%
全部资产现金回收率	(3500/19 950) × 100%≈17.54%	(4200/22 950) × 100%≈18.30%
盈利现金比率	(3500/2932.5) × 100%≈119.35%	(4200/3120) × 100%≈134.62%

由表 4-9 可知，裕隆股份有限公司 2020 年度和 2021 年度的现金流动负债比率分别为 102.94% 和 105%，这说明该公司经营活动现金流量能够偿还短期债务；2020 年度和 2021 年度的现金流量债务比分别为 65.42% 和 65.12%，这说明该公司经营活动现金流量能够偿还一半以上的债务。虽然利息现金保障倍数下降幅度较大，但数值仍然较高，这说明该公司偿还债务的能力仍然很强。

该公司 2021 年度的销售现金比率、全部资产现金回收率和盈利现金比率都略高于 2020 年度，其中，销售现金比率为 19.91%，表明每 100 元的销售收入中有近 20 元的经营活动创造的现金流入，这说明该公司的销售收入的质量不高；盈利现金比率为 134.62%，这说明本期现金收入均已收回，该公司的盈利能力较强，盈利质量也较高。

本章小结

现金流量表是反映企业在一定会计期间内的现金及现金等价物流入和流出信息的会计报表。它属于动态报表，揭示企业在一定会计期间内的经营、投资和筹资活动所产生的现金流量。

现金流量表主要由现金流量表正表和现金流量表补充资料两部分组成。我国《企业会计准则》规定，企业应当采用直接法编制现金流量表正表，采用间接法编制现金流量表补充资料。

现金流量表的编制方法主要有工作底稿法、T 型账户法、现金类日记账法和分析填列法。

现金流量分析是以现金流量表为主要材料，同时结合资产负债表、利润表等会计报表资料进行的。通过对现金流量表进行分析，有助于了解企业的偿债能力和盈利能力，预测企业未来的现金流量，从而为投资者和债权人进行决策提供必要的信息。

职业能力训练

一、单项选择题

1. 以下应在"吸收投资收到的现金"项目下反映的是 (　　)。
A. 发行股票　　　　B. 取得股票股利　　　　C. 长期借款　　　　D. 取得现金股利

2. 以下项目属于投资活动产生的现金流量的是 (　　)。
A. 取得投资收益收到的现金　　　　　　B. 分配股利支付的现金
C. 吸收投资收到的现金　　　　　　　　D. 经营租赁支付的现金

3. 编制现金流量表的目的是为会计信息使用者提供企业在一定会计期间内 (　　) 流入和流出的信息。
A. 现金　　　　　　　　　　　　　　　B. 现金等价物
C. 现金及现金等价物　　　　　　　　　D. 净利润

4. 以现金流量表中的营业收入为起点，调整与经营活动有关的项目的增减变动，然后计算出经营活动产生的现金流量的方法是 (　　)。

A. 间接法　　　　　　B. 直接法　　　　　C. 计算法　　　　　D. 调整法

5. 引起现金流量发生变动的经济业务是（　　　）。

A. 将现金存入银行　　　　　　　　　　B. 用现金购买短期国债

C. 用现金偿还短期银行借款　　　　　　D. 从银行提取现金

6. 下列各项中，属于投资活动的是（　　　）。

A. 购买原材料　　　　　　　　　　　　B. 支付生产经营人员工资

C. 缴纳税款　　　　　　　　　　　　　D. 购建固定资产

7. 下列不引起现金流量净额变动的项目是（　　　）。

A. 用银行存款清偿 10 万元的债务　　　 B. 从银行提取现金

C. 用固定资产抵偿债务　　　　　　　　D. 用银行存款支付管理费用

8. 某企业本期出售股票，该股票的投资成本为 2.5 万元，出售收入为 3 万元，已存入银行，在现金流量表中，"收回投资收到的现金"项目的金额是（　　　）。

A. 3 万元　　　　　B. 2.5 万元　　　　C. 5.5 万元　　　　D. 0.5 万元

9. 某企业出售一项债券投资，本金为 30 万元，收回全部投资金额为 35 万元，其中，5 万元是债券利息，在现金流量表中，"收回投资收到的现金"项目的金额是（　　　）。

A. 65 万元　　　　　B. 5 万元　　　　　C. 30 万元　　　　D. 35 万元

10. 现金流量表的编制范围是（　　　）。

A. 涉及现金项目之间增减变动的经济业务

B. 涉及非现金项目之间增减变动的经济业务

C. 涉及现金项目与非现金项目之间增减变动的经济业务

D. 涉及所有的经济业务

11. 甲企业本期发生下列业务：① 企业本年实际支付工资及各种奖金、津贴共 100 万元，其中，在建工程人员工资 20 万元；② 支付离退休人员工资 40 万元；③ 支付在岗职工困难补助 10 万元；④ 支付职工养老保险 40 万元。在现金流量表中，"支付给职工以及为职工支付的现金"项目的金额为（　　　）。

A. 120 万元　　　　　B. 140 万元　　　　C. 130 万元　　　　D. 150 万元

12. 下列不属于现金流量表编制方法的是（　　　）。

A. 工作底稿法　　　　B. T 型账户法　　　C. 现金类日记账法　　D. 直接填列法

13. 下列不会引起现金流量发生变化的事项是（　　　）。

A. 纳税　　　　　B. 计提折旧　　　　C. 发工资　　　　　D. 支付电费

14. 因购建固定资产而发生的借款利息资本化部分，在现金流量表的（　　　）项目中反映。

A. 购建固定资产、无形资产和其他长期资产所支付的现金

B. 取得借款收到的现金

C. 偿还债务支付的现金

D. 分配股利、利润或偿付利息所支付的现金

15. 下列不属于经营活动的现金流量项目的是（　　　）。

A. 收到的退税　　　　　　　　　　　　B. 支付劳务费所付出的现金

C. 取得投资收益收到的现金　　　　　　D. 经营性租赁收到的现金

16. 捐赠现金应记入现金流量表 (　　) 项目。

A. 支付的其他与投资活动有关的现金　　　B. 支付的其他与经营活动有关的现金

C. 支付的其他与筹资活动有关的现金　　　D. 偿还债务支付的现金

17. 企业通过发行股票、债券等方式筹集资金而直接支付的审计、咨询费用，在现金流量表的 (　　) 项目中反映。

A. 支付的其他与投资活动有关的现金　　　B. 支付的其他与经营活动有关的现金

C. 吸收投资收到的现金　　　　　　　　　D. 支付的其他与筹资活动有关的现金

18. 分期付款购买固定资产所支付的分期款项在现金流量表的 (　　) 项目中反映。

A. 购建固定资产、无形资产和其他长期资产所支付的现金

B. 支付的其他与经营活动有关的现金

C. 支付的其他与筹资活动有关的现金

D. 支付的其他与投资活动有关的现金

19. 支付在建工程人员工资属于 (　　) 产生的现金流量。

A. 经营活动　　　　B. 投资活动　　　　C. 筹资活动　　　　D. 汇率变动

20. 以下应在"收到的其他与筹资活动有关的现金"项目反映的是 (　　)。

A. 接受现金捐赠　　　　　　　　　　　　B. 取得股票股利

C. 取得长期借款　　　　　　　　　　　　D. 取得现金股利

21. 某企业 2021 年利润表中的营业收入为 200 万元，增值税销项税额为 26 万元，应收账款年初数为 30 万元，期末数为 40 万元。假定不考虑其他因素，根据上述资料，该企业 2021 年"销售商品、提供劳务收到的现金"项目的金额为 (　　) 万元。

A. 266　　　　　　B. 276　　　　　　C. 236　　　　　　D. 216

22. 以下项目中，属于筹资活动产生的现金流量的是 (　　)。

A. 吸收投资时收到的现金　　　　　　　　B. 投资支付的现金

C. 吸收投资收到的现金　　　　　　　　　D. 经营租赁支付的现金

23. 下列各项中，属于投资活动产生的现金流量的是 (　　)。

A. 购买商品　　　　　　　　　　　　　　B. 支付生产经营人员工资

C. 缴纳税款　　　　　　　　　　　　　　D. 支付在建工程人员工资

24. 某企业本年发行长期债券，面值为 300 万元，实际发行价格为 350 万元，证券公司扣除印刷费、手续费等费用 6 万元。另外，该企业支付审计费 4 万元。在现金流量表中，"吸收投资收到的现金"项目的金额为 (　　) 万元。

A. 348　　　　　　B. 294　　　　　　C. 344　　　　　　D. 354

25. 下列各项中，不属于经营活动的是 (　　)。

A. 购买商品　　　　B. 支付工资　　　　C. 缴纳税款　　　　D. 购建固定资产

26. 下列各项中，不属于筹资活动的是 (　　)。

A. 发行股票　　　　B. 购买股票　　　　C. 取得借款　　　　D. 分配股利

27. 下列各项中，不应在现金流量表的"支付的各项税费"项目中列示的是 (　　)。

A. 支付的耕地占用税　　　　　　　　　　B. 支付的房产税

C. 支付的保险费　　　　　　　　　　　　D. 支付的教育费附加

28. 下列交易和事项中，不影响当期经营活动产生的现金流量的是（　　）。

A. 以银行汇票购买材料　　　　　　　　B. 用产品抵偿应付账款

C. 用银行存款购买 2 个月到期的国债　　　D. 以现金购买商品

二、多项选择题

1. 现金流量表是反映企业在一定会计期间内的现金及现金等价物（　　）信息的会计报表。

A. 本期发生额　　　　B. 期末余额　　　　C. 流入　　　　D. 流出

2. 现金流量表以现金为编制基础，以收付实现制为编制原则，将其从权责发生制下的盈利信息调整为收付实现制下的现金流量信息，便于信息使用者了解企业净利润的质量。这里的"现金"指广义的现金，具体包括（　　）。

A. 银行汇票存款　　　　　　　　　　　B. 银行本票存款

C. 商业汇票　　　　　　　　　　　　　D. 现金等价物

3. 现金等价物指企业持有的（　　）易于转换为已知金额现金、价值变动风险很小的投资。

A. 期限短　　　　B. 期限长　　　　C. 流动性弱　　　　D. 流动性强

4. 下列各项中，属于经营活动的有（　　）。

A. 购买商品　　　　B. 支付工资　　　　C. 缴纳税款　　　　D. 购建固定资产

5. 下列各项中，属于筹资活动的有（　　）。

A. 发行股票　　　B. 取得长期股权投资　　　C. 取得长期借款　　　D. 分配股利

6. 下列各项中，应在"支付的各项税费"项目中核算的有（　　）。

A. 罚款支出　　　　　　　　　　　　　B. 支付的房产税

C. 支付的保险费　　　　　　　　　　　D. 支付的教育费附加

7. 以下属于现金流量表中的现金的有（　　）。

A. 库存现金　　　　　　　　　　　　　B. 外埠存款

C. 银行汇票存款　　　　　　　　　　　D. 不能随时用于支付的定期存款

8. 现金流量通常按照企业经营业务的性质划分为（　　）。

A. 经营活动产生的现金流量

B. 筹资活动产生的现金流量

C. 汇率变动对现金及现金等价物的影响

D. 投资活动产生的现金流量

9. 对于销售商品、提供劳务收到的现金，以本期实际发生的经济业务为依据计算并填列时应包括（　　）。

A. 当期销售商品、提供劳务收到的现金

B. 当期收回前期的应收账款

C. 当期收回前期的应收票据

D. 当期收到的预收账款

10. "支付给职工以及为职工支付的现金"项目包括（　　）。

A. 本期实际支付给职工的工资、奖金、各种津贴和补贴等

B. 为职工支付的养老保险、医疗保险、失业保险

C. 支付给离退休人员的各项费用

D. 支付给在建工程人员的工资

11. 现金流量表的编制方法有（ ）。

A. 直接法   B. 工作底稿法   C. T 型账户法   D. 分析填列法

12. 将净利润调整为经营活动的现金流量时，以下表达不恰当的是（ ）。

A. 以利润表中的"净利润"为起点

B. 以利润表中的"营业利润"为起点

C. 以利润表中的"利润总额"为起点

D. 以利润表中的"营业收入"为起点

13. 现金流量表补充资料是对正表内容的补充说明，包括（ ）。

A. 销售商品、提供劳务收到现金

B. 将净利润调整为经营活动的现金流量

C. 不涉及现金收支的重大投资和筹资活动

D. 现金及现金等价物净变动情况

14. 现金流量表补充资料的经营性应收项目包括（ ）。

A. 应收账款   B. 应收票据   C. 预付账款   D. 预收账款

15. 现金流量表以现金为编制基础，这里的"现金"是指（ ）。

A. 库存现金   B. 随时可用于支付的银行存款

C. 其他货币资金   D. 3 个月内到期的国债

16. 下列项目中，属于经营活动产生的现金流量的有（ ）。

A. 销售商品、提供劳务收到的现金

B. 购买商品、接受劳务支付的现金

C. 支付给职工以及为职工支付的现金

D. 购建固定资产、无形资产和其他长期资产所支付的现金

17. 下列各项中，不影响现金流量表中现金流量增减变动的有（ ）。

A. 用银行存款购买 2 个月内到期的国债

B. 从银行账户中提取现金

C. 收回期限为 2 个月的应收票据

D. 用银行存款偿还应付账款

18. 下列交易或事项产生的现金流量中，属于投资活动产生的现金流量的有（ ）。

A. 最后一次支付分期付款购入固定资产的价款

B. 为购建固定资产而支付的资本化利息

C. 收回投资收到的现金

D. 为购建固定资产而支付的耕地占用税

19. 下列各项中，属于现金流量表中经营活动产生的现金流量的有（ ）。

A. 销售商品收到的现金

B. 取得借款收到的现金

C. 采购原材料支付的增值税

D. 取得长期股权投资所支付的手续费

20. 下列各项中，属于现金流量表中"支付的其他与筹资活动有关的现金"项目的有（　　）。

A. 捐赠现金支出

B. 银行借款利息

C. 企业直接支付的发行股票、债券的有关费用，如审计费、咨询费等

D. 以分期付款方式购建固定资产以后各期支付的现金

21. 现金流量表补充资料的经营性应付项目包括（　　）。

A. 应付账款　　　　　B. 应付票据　　　　　C. 预付账款　　　　　D. 预收账款

22. 下列属于投资活动产生的现金流量的项目有（　　）。

A. 销售商品、接受劳务时收到的现金

B. 借款收到的现金

C. 取得投资收益时收到的现金

D. 投资支付的现金

23. 下列不会引起现金净流量发生变动的事项有（　　）。

A. 用房屋对外投资　　　　　　　　　　B. 用股票偿还借款本金

D. 支付商业汇票贴现利息　　　　　　　C. 支付税费

24. 与现金流量表有关的财务比率有（　　）。

A. 现金流动负债比率　　　　　　　　　B. 现金流量债务比

C. 利息现金保障倍数　　　　　　　　　D. 销售现金比率

25. 现金流量表补充资料包括（　　）。

A. 将净利润调整为经营活动的现金流量

B. 不涉及现金收支的重大投资和筹资活动

C. 现金及现金等价物变动情况

D. 筹资活动产生的现金流量

26. （　　）属于现金及现金等价物。

A. 交易性金融资产　　　　　　　　　　B. 库存现金

C. 银行汇票存款　　　　　　　　　　　D. 银行本票存款

27. 投资活动的现金流入总量有（　　）。

A. 收到的税费返还

B. 收回投资收到的现金

C. 取得投资收益收到的现金

D. 取得借款收到的现金

28. 筹资活动的现金流入总量有（　　）。

A. 吸收投资收到的现金

B. 取得投资收益收到的现金

C. 取得借款收到的现金

D. 收到的其他与筹资活动有关的现金

三、判断题

1. 现金流量表结构分析是以现金流量表为基础，通过计算各现金流入量和流出量占现金流入流出总量的比重，来反映企业经营活动、投资活动和筹资活动的现金流量对净现金流量的影响。 （　　）

2. 现金净流量结构分析可以明确地反映企业本期现金净利润主要为哪些活动所产生的，并以此来说明净利润形成的原因是否合理。 （　　）

3. 经营活动业绩评价使用的利润表和现金流量表都是以权责发生制为基础的。 （　　）

4. 现金流量表以现金及现金等价物为编制基础。 （　　）

5. 经营活动产生的现金流量通常可以采用直接法和间接法两种列报方法。 （　　）

6. 现金流动负债比率是企业一定时期内的经营活动产生的现金净流量与流动负债的比率。 （　　）

7. 现金流量表中的现金包括库存现金、可以随时支付的银行存款和其他货币资金。（　　）

8. 将净利润调整为经营活动的现金流量是以利润表中的净利润为计算起点的。（　　）

9. 现金等价物不包括银行本票存款。 （　　）

10. 从银行提取现金会引起当期现金净流量的变化。 （　　）

11. 经营活动产生的现金流量最能反映企业获取现金的能力。 （　　）

12. 固定资产折旧是一种付现成本，在计算现金流量时不应扣除。 （　　）

13. 借款利息资本化金额应记入"购建固定资产、无形资产和其他长期资产所支付的现金"项目中。 （　　）

14. 由企业直接支付的审计、咨询等费用，从吸收投资收到的现金中扣除。 （　　）

15. 在不存在现金等价物的情况下，在现金流量表中，"现金及现金等价物净增加额"项目与资产负债表中"货币资金"项目的期末、期初余额的差额相等。 （　　）

16. 现金流量表是年度报告。 （　　）

17. 采用直接法编制经营活动产生的现金流量时，一般以净利润为起点调整与经营活动有关项目的变动，从而计算出该项目金额。 （　　）

18. 收到的税费返还和支付的各项税费都属于投资活动的现金流量。 （　　）

19. 用银行存款购买两个月内到期的国债，不会使现金流量表中的现金净流量发生增减变动。 （　　）

20. 现金流量表的分析填列法是直接根据资产负债表、利润表和有关会计科目明细账的记录，分析并计算出现金流量表中各个项目的金额，据此编制现金流量表的一种方法。（　　）

四、不定项选择题

1. 甲公司 2021 年的本期营业收入为 80 000 元，应收账款期初余额为 10 000 元，应收账款期末余额为 34 000 元，本期预收的货款为 4000 元。本期用银行存款支付购买原材料货款 40 000 元，用银行存款支付工程用物资货款 81 900 元。本期购买原材料预付货款 15 000 元。要求：根据上述资料，计算甲公司现金流量表中下列项目的金额 (不考虑增值税)。

(1) "销售商品、提供劳务收到的现金"项目的金额为 (　　) 元。

A. 60 000　　　　B. 90 000　　　　C. 12 000　　　　D. 6000

(2) "购买商品、接受劳务支付的现金"项目的金额为（　　）元。

A. 40 000　　　　B. 15 000　　　　C. 55 000　　　　D. 121 900

2. 丙公司 2021 年从银行提取现金 33 000 元，用于发放工资。本期实际支付工资 30 000 元，各种奖金 3000 元，其中经营人员工资 18 000 元，奖金 2000 元；在建工程人员工资 12 000 元，奖金 1000 元。用银行存款支付工程用物资货款 81 900 元。用银行存款支付银行借款利息 3000 元，其中资本化利息为 5000 元。要求：根据上述资料，计算丙公司现金流量表中下列项目的金额。

(1) "支付给职工以及为职工支付的现金"项目的金额为（　　）元。

A. 18 000　　　　B. 2000　　　　C. 30 000　　　　D. 20 000

(2) "购建固定资产、无形资产和其他长期资产所支付的现金"项目的金额为（　　）元。

A. 94 900　　　　B. 18 000　　　　C. 81 900　　　　D. 143 900

3. 某企业经营活动产生的现金净流量为 960 万元，投资活动产生的现金净流量为 -240 元，筹资活动产生的现金净流量为 480 万元。要求：根据上述资料，计算该企业相关项目的金额。

(1) 现金净流量合计为（　　）万元。

A. 1680　　　　B. 1200　　　　C. 720　　　　D. 1440

(2) 下列说法正确的是（　　）。

A. 经营活动产生的现金净流量占总流量的 80%，投资活动产生的现金净流量占总流量的 -20%，筹资活动产生的现金净流量占总流量的 40%

B. 经营活动产生的现金净流量占总流量的 70%，投资活动产生的现金净流量占总流量的 -30%，筹资活动产生的现金净流量占总流量的 20%

C. 经营活动产生的现金净流量占总流量的 50%，投资活动产生的现金净流量占总流量的 -20%，筹资活动产生的现金净流量占总流量的 20%

4. 某企业利润表中"营业收入"项目的金额为 200 000 元。"应交税费——应交增值税（销项税额）"账户的贷方发生额为 26 000 元。资产负债表中"应收票据"账户的期初余额为 45 000 元，期末余额为 55 000 元。"应收账款"账户的期初余额为 80 000 元，期末余额为 30 000 元，应收账款的余额为未扣除坏账准备前的账面余额。在资产负债表中，"预收账款"账户的期初余额为 40 000 元，期末余额为 70 000 元。企业当期收回的应收账款中，以商品抵偿债务的金额为 10 000 元。"销售商品、提供劳务收到的现金"项目的金额为（　　）元。

A. 236 000　　　　B. 256 000　　　　C. 296 000　　　　D. 286 000

5. 某企业将持有的交易性金融资产出售，交易性金融资产的本金为 25 000 元，收回本金 25 000 元，投资收益为 5000 元，均存入银行；该企业因调整投资策略而出售一项长期股权投资。此项投资的本金为 500 000 元，转让收入为 480 000 元，已经存入银行；将某项债权性投资出售，此投资的本金为 300 000 元，企业出售该投资，收回的全部投资金额为 350 000 元，其中，50 000 元是债券利息；在持有长期股权投资期间实际分得的现金股利为 30 000 元，已存入银行。要求：根据上述资料，计算该企业相关项目的金额。

(1)"收回投资收到的现金"项目的金额为 (　　) 元。

　　A. 810 000　　　　　B. 830 000　　　　　C. 805 000

(2)"取得投资收益收到的现金"项目的金额为 (　　) 元。

　　A. 75 000　　　　　B. 80 000　　　　　C. 30 000

6. 某企业本年度发行长期债券，面值为 300 万元，实际发行价格为 350 万元，证券公司扣除印刷费、手续费等费用 6 万元，另外，该企业应支付审计费 4 万元；出售固定资产一台，设备原值为 15 万元，已提折旧 8 万元，实际收到价款 9 万元，另报废设备三台，取得残值收入 1 万元，支付清理费用 1.2 万元，款项均已通过银行收付。要求：根据上述资料，计算该企业相关项目的金额。

(1)"吸收投资收到的现金"项目的金额为 (　　) 万元。

　　A. 348　　　　　B. 294　　　　　C. 344　　　　　D. 354

(2)"处置固定资产、无形资产和其他长期资产收回的现金净额"项目的金额为 (　　)万元。

　　A. 9　　　　　B. 8.8　　　　　C. 10　　　　　D. 7.8

7. 某企业本年发生如下与筹资活动现金流出有关的经济业务：以银行存款支付在建工程负担的资本化利息 140 000 元；归还短期借款本金 260 000 元，利息 11 000 元；宣告分配并且支付现金股利 80 000 元；发放股票 100 000 股，每股面值为 1 元，每股市场价格为 2 元；支付融资租入固定资产的租赁费 70 000 元。要求：根据上述资料，计算该企业相关项目的金额。

(1)"偿还债务支付的现金"项目的金额为 (　　) 元。

　　A. 271 000　　　　　B. 260 000　　　　　C. 320 000

(2)"分配股利、利润或偿付利息所支付的现金"项目的金额为 (　　) 元。

　　A. 231 000　　　　　B. 331 000　　　　　C. 220 000

(3)"支付的其他与筹资活动有关的现金"项目的金额为 (　　) 元。

　　A. 231 000　　　　　B. 88 000　　　　　C. 70 000

实践练习

资料：见第 2 章"实践练习"中的实践练习 2。

要求如下：

(1)用现金类日记账法编制华胜股份有限公司的现金流量表 (见表 4-10)。

(2)用分析填列法编制华胜股份有限公司的现金流量表。

(3)编制华胜股份有限公司现金流量表补充资料 (见表 4-11)。

(4)编制并分析华胜股份有限公司的现金流量流入流出结构分析表 (见表 4-12)。

(5)编制并分析华胜股份有限公司的现金净流量结构分析表 (见表 4-13)。

(6)计算并分析华胜股份有限公司的现金流量比率 (见表 4-14)。

表 4-10 现金流量表

会企 03 表

编制单位：　　　　　　　　　　2021 年度　　　　　　　　　　单位：元

项　　目	行次	本期金额	上期金额
一、经营活动产生的现金流量			
销售商品、提供劳务收到的现金	1		
收到的税费返还	3		
收到的其他与经营活动有关的现金	8		
经营活动现金流入小计	9		
购买商品、接受劳务支付的现金	10		
支付给职工以及为职工支付的现金	12		
支付的各项税费	13		
支付的其他与经营活动有关的现金	18		
经营活动现金流出小计	20		
经营活动产生的现金流量净额	21		
二、投资活动产生的现金流量			
收回投资收到的现金	22		
取得投资收益收到的现金	23		
处置固定资产、无形资产和其他长期资产收回的现金净额	25		
处置子公司及其他营业单位收到的现金净额	26		
收到的其他与投资活动有关的现金	28		
投资活动现金流入小计	29		
购建固定资产、无形资产和其他长期资产所支付的现金	30		
投资支付的现金	31		
取得子公司及其他营业单位支付的现金净额	32		
支付的其他与投资活动有关的现金	35		
投资活动现金流出小计	36		
投资活动产生的现金流量净额	37		
三、筹资活动产生的现金流量			
吸收投资收到的现金	38		
取得借款收到的现金	40		
收到其他与筹资活动有关的现金	43		
筹资活动现金流入小计	44		
偿还债务支付的现金	45		
分配股利、利润或偿付利息所支付的现金	46		
支付的其他与筹资活动有关的现金	52		
筹资活动现金流出小计	53		
筹资活动产生的现金流量净额	54		
四、汇率变动对现金及现金等价物的影响	55		
五、现金及现金等价物净增加额	56		
加：期初现金及现金等价物余额	57		
六、期末现金及现金等价物余额	58		

表 4-11　现金流量表补充资料

单位：元

补充资料	本期金额	上期金额
1.将净利润调整为经营活动的现金流量		略
净利润		
加：资产减值准备		
固定资产折旧、油气资产折耗、生产性生物资产折旧		
无形资产摊销		
长期待摊费用摊销		
处置固定资产、无形资产和其他长期资产的损失(收益以"−"号填列)		
固定资产报废损失(收益以"−"号填列)		
公允价值变动损失(收益以"−"号填列)		
财务费用(收益以"−"号填列)		
投资损失(收益以"−"号填列)		
递延所得税资产减少(增加以"−"号填列)		
递延所得税负债增加(减少以"−"号填列)		
存货的减少(增加以"−"号填列)		
经营性应收项目的减少(增加以"−"号填列)		
经营性应付项目的增加(减少以"−"号填列)		
其他		
经营活动产生的现金流量净额		
2.不涉及现金收支的重大投资和筹资活动		
债务转为资本		
一年内到期的可转换公司债券		
融资租入固定资产		
3.现金及现金等价物净变动情况		
现金的期末余额		
减：现金的期初余额		
加：现金等价物的期末余额		
减：现金等价物的期初余额		
现金及现金等价物净增加额		

单位负责人：　　　　　　财会负责人：　　　　　　复核：　　　　　　制表：

表 4-12 现金流量流入流出结构分析表

编制单位：　　　　　　　　　　　　　　2021 年度

项　　目	现金流入量/元	现金流入结构/%	现金流出量/元	现金流出结构/%	内部结构/%
一、经营活动的现金流入总量					
其中：销售商品、提供劳务收到的现金					
收到的税费返还					
收到的其他与经营活动有关的现金					
二、经营活动的现金流出总量					
其中：购买商品、接受劳务支付的现金					
支付给职工以及为职工支付的现金					
支付的各项税费					
支付的其他与经营活动有关的现金					
三、投资活动的现金流入总量					
其中：收回投资收到的现金					
处置固定资产、无形资产和其他长期资产收回的现金净额					
四、投资活动的现金流出总量					
其中：购建固定资产、无形资产和其他长期资产所支付的现金					
投资支付的现金					
五、筹资活动的现金流入总量					
其中：吸收投资收到的现金					
取得借款收到的现金					
六、筹资活动的现金流出总量					
其中：偿还债务支付的现金					
分配股利、利润或偿付利息所支付的现金					
偿还债务支付的现金					
支付的其他与筹资活动有关的现金					
流量总额					

表 4-13 现金净流量结构分析表

项　　目	金额/元	结构百分比/%
经营活动产生的现金净流量		
投资活动产生的现金净流量		
筹资活动产生的现金净流量		
现金净流量		

表 4-14　现金流量比率计算表

现金流量比率	2020 年度	2021 年度
现金流动负债比率		
现金流量债务比率		
利息现金保障倍数		
销售现金比率		
全部资产现金回收率		
盈利现金比率		

第 5 章
所有者权益变动表编制与分析

▼

本章重难点

· 所有者权益变动表的编制方法；

· 所有者权益结构分析。

学习目标

知识目标

· 了解所有者权益变动表的作用；

· 掌握所有者权益变动表的编制方法；

· 了解影响所有者权益结构的因素；

· 掌握所有者权益结构分析的方法。

技能目标

· 能够掌握所有者权益变动表的填列方法；

· 能够熟练编制所有者权益变动表。

5.1 编制所有者权益变动表

案例导入

腾飞股份有限公司 2021 年度发生的经济业务参见任务 2.1 节的"案例导入",以腾飞股份有限公司 2021 年度发生的经济业务为例,在编制资产负债表和利润表的基础上编制所有者权益变动表。

案例要求

编制腾飞股份有限公司 2021 年度的所有者权益变动表。

知识准备

■ 5.1.1 所有者权益变动表概述

一、所有者权益变动表的概念

所有者权益变动表又称股东权益变动表,是反映构成企业所有者权益的各组成部分当期的增减变动情况的会计报表。所有者权益变动表不仅反映了企业一定时期内所有者权益总量的增减变动信息,还反映了所有者权益各组成部分的增减变动信息。

在所有者权益变动表中,企业至少应单独列示以下信息项目:净利润;会计政策变更和前期差错更正的累积影响金额;所有者投入资本和向所有者分配利润;实收资本或股本、资本公积、盈余公积、未分配利润的期初和期末余额及其调节情况。

二、所有者权益变动表的格式和内容

为了清晰地反映构成企业所有者权益的各组成部分当期的增减变动情况,所有者权益变动表应当以矩阵式列示。一方面,列示导致所有者权益变动的交易或事项,改变了以往仅按照所有者权益的各个组成部分反映所有者权益变动情况的模式,即从所有者权益变动的来源对一定期间内所有者权益的变动情况进行全面反映;另一方面,按照所有者权益的各个组成部分(包括实收资本或股本、资本公积、盈余公积、未分配利润)及其总额列示交易或事项对所有者权益的影响。

三、所有者权益变动表的作用

1. 为报表使用者提供财务信息

所有者权益变动表以矩阵的形式列示了所有者权益各组成部分的增减变动情况，揭示了所有者权益各项目的变动原因及过程，反映了企业自有资本的质量，提供了资本保值增值的重要信息。

2. 反映了会计政策、股利分配政策等对所有者权益的影响

所有者权益变动表不仅反映会计政策变更和前期差错更正的情况，还反映了企业的股利分配政策，以及会计政策变更、股利分配政策等对所有者权益的影响金额。

3. 全面反映了企业的收益情况

所有者权益变动表不仅利用历史成本反映了企业已经实现的收益或损失，还利用公允价值反映了企业未实现的收益或损失，以满足信息使用者进行投资、信贷等的需要。

5.1.2 所有者权益变动表的编制方法

所有者权益变动表"上年金额"栏内的各项金额，应根据上年度所有者权益变动表"本年金额"栏内所列的金额填列。如果上年度所有者权益变动表中规定的各项目的名称或内容与本年度不一致，应当对上年度所有者权益变动表各项目的名称和金额，按照本年度的规定进行调整，将调整后的金额填入所有者权益变动表"上年金额"栏内。

所有者权益变动表"本年金额"栏内各项目的金额，应根据本年度所有者权益各项目的增减变动情况填列。

一、"上年年末余额"项目

"上年年末余额"项目反映了企业上一个会计年度"实收资本（股本）""资本公积""盈余公积""未分配利润""所有者（股东）权益"项目的期末余额。

二、"本年年初余额"项目

"本年年初余额"项目应根据"上年年末余额""会计政策变更"和"前期差错更正"项目分析填列。

"会计政策变更"项目反映了企业在本会计年度采用追溯调整法处理会计政策变更的累积影响金额。该项目应根据"盈余公积""利润分配—未分配利润"等账户的发生额分析填列。

"前期差错更正"项目反映了企业采用追溯重述法处理前期差错更正的累积影响金额。该项目应根据"盈余公积""利润分配—未分配利润""以前年度损益调整"等账户的发生额分析填列。

三、"本年增减变动金额"项目

1. "综合收益总额"项目

"综合收益总额"项目反映了企业当年净利润与其他综合收益的合计金额。

(1)"净利润"项目：反映了企业当年实现的净利润（或净亏损）的金额。该项目应根据利润表中"净利润"项目的金额填列，并相应列在"未分配利润"栏。

(2)"其他综合收益"项目：反映了企业当年根据相关规定未在损益中确认的各项利得和损失扣除所得税影响后的净额，对应列在"资本公积"栏。该项目应根据"其他权益工具投资""权益法下被投资单位其他所有者权益变动的影响""与计入所有者权益项目相关的所得税影响"项目的金额计算填列。

①"其他权益工具投资"项目：反映了企业持有的可供出售金融资产（股票投资）当年的公允价值变动额，并对应列在"资本公积"栏。该项目应根据"其他权益工具投资——公允价值变动"账户和"资本公积——其他资本公积"账户的发生额分析填列。

②"权益法下被投资单位其他所有者权益变动的影响"项目：反映了企业按照权益法核算的长期股权投资，在被投资单位除当年净损益以外的其他所有者权益变动中应享有的份额，对应列在"资本公积"栏。该项目应根据"长期股权投资——其他权益变动"和"资本公积——其他资本公积"明细账账户的发生额分析填列。

③"与计入所有者权益项目相关的所得税影响"项目：反映了企业根据相关规定计入所有者权益项目的当年所得税影响数，对应列在"资本公积"栏。该项目应根据"递延所得税资产""递延所得税负债""资本公积——其他资本公积"账户的发生额分析填列。

2. "所有者投入和减少资本"项目

"所有者投入和减少资本"项目反映了企业当年所有者投入和减少的资本。该项目应根据"所有者（股东）投入资本（股本）"项目和"股份支付计入所有者权益的金额"项目计算填列。

(1)"所有者（股东）投入资本（股本）"项目：反映了企业当年因接受投资者投资而形成的实收资本（股本）和资本（股本）溢价，对应列在"实收资本""资本公积"栏。该项目应根据"实收资本（股本）""资本公积——资本（股本）溢价"账户分析填列。

(2)"其他权益工具持有者投入资本"项目：反映了企业当年接受其他权益工具持有者投入形成的实收资本（股本）和资本公积，应根据"实收资本""资本公积"等账户的发生额分析填列。

(3)"股份支付计入所有者权益的金额"项目：反映企业处于等待期中权益结算的股份支付当年计入资本公积的金额，对应列在"资本公积"栏。该项目应根据"资本公积"账户分析填列。

(4)"其他"项目：反映了企业投资者当年以实物和无形资产投入或撤资等经济行为。

3. "专项储备提取和使用"项目

"专项储备提取和使用"项目反映了企业当年专项储备的提取和使用情况。

(1)"提取专项储备"项目：反映了企业当年依照有关规定提取的安全费用及具有类似性质的各项费用，对应列在"专项储备"栏。

(2)"使用专项储备"项目：反映了企业当年依照有关规定使用安全生产储备，用于购建安全防护设备或与安全生产相关的费用支出情况，对应列在"专项储备"栏。

4. "利润分配"项目

"利润分配"项目反映了企业当年对所有者（股东）分配的股利金额和提取盈余公积

的金额，对应列在"盈余公积"和"未分配利润"栏。该项目应根据"提取盈余公积""提取一般风险准备"和"对所有者（股东）的分配"项目的金额计算填列。

(1)"提取盈余公积"项目：反映了企业当年提取的法定盈余公积和任意盈余公积，对应列在"盈余公积"和"未分配利润"栏。该项目应根据"盈余公积"和"利润分配"账户分析填列。

(2)"提取一般风险准备"项目：从事证券业务的金融企业按规定从净利润中提取，用于弥补亏损的风险准备，一般按净利润的10%提取。一般风险准备是所有者权益类科目。

(3)"对所有者（股东）的分配"项目：反映了企业当年对所有者（股东）分配利润或现金股利的金额，对应列在"未分配利润"栏。该项目应根据"应付股利"和"利润分配"账户分析填列。

(4)"其他"项目：反映了企业当年用盈余公积弥补亏损的情况。

5. "所有者权益内部结转"项目

"所有者权益内部结转"项目反映了企业当年所有者权益各组成部分之间的增减变动情况。该项目应根据"资本公积转增资本（股本）""盈余公积转增资本（股本）""盈余公积弥补亏损""设定受益计划变动额结转留存收益"项目的金额分析填列。

(1)"资本公积转增资本（股本）"项目：反映了企业当年以资本公积转增资本（股本）的金额，对应列在"实收资本（股本）"和"资本公积"栏。该项目应根据"资本公积"和"实收资本（股本）"账户分析填列。

(2)"盈余公积转增资本（股本）"项目：反映了企业当年以盈余公积转增资本（股本）的金额，对应列在"实收资本（股本）"和"盈余公积"栏。该项目应根据"盈余公积"和"实收资本（股本）"账户分析填列。

(3)"盈余公积弥补亏损"项目：反映了企业当年以盈余公积弥补亏损的金额，对应列在"未分配利润"和"盈余公积"栏。该项目应根据"盈余公积"和"利润分配"账户分析填列。

(4)"设定受益计划变动额结转留存收益"项目：反映了企业当年因重新计量设定受益计划净负债或净资产而产生的变动计入其他综合收益，在后续期间不得转回至损益。在原设定受益计划终止时应当在权益范围内将原计入其他综合收益的部分全部结转至未分配利润。

(5)"其他"项目：反映投资者当年以实物和无形资产投入或撤资等经济行为。

四、"本年年末余额"项目

"本年年末余额"项目反映了企业当年"实收资本（股本）""资本公积""盈余公积""未分配利润""所有者（股东）权益"项目的期末余额。"本年年末余额"项目应根据"本年年初余额"和"本年增减变动金额"项目的金额计算填列。

案例解析

编制腾飞股份有限公司2021年度的所有者权益变动表（见表5-1）。

表 5-1　所有者权益变动表

编制单位：腾飞股份有限公司　　　2021 年度

会企 04 表
单位：元

项　目	本年金额										上年金额
	股本	其他权益工具	资本公积	减：库存股	其他综合收益	专项储备	一般风险	盈余公积	未分配利润	股东权益合计	略
一、上年年末余额	10 000 000		235 700					185 430	231 800	10 652 930	
加：会计政策变更											
前期差错更正											
二、本年年初余额	10 000 000		235 700	0				185 430	231 800	10 652 930	
三、本年增减变动金额（减少以"-"号填列）	595 000		685 000					-53 625	27 625	1 254 000	
（一）综合收益总额											
（二）所有者投入和减少资本											
1.所有者（股东）投入资本（股本）	500 000		600 000							1 100 000	
2.其他权益工具持有者投入资本			120 000							120 000	
3.股份支付计入所有者权益的金额											
4.其他											
（三）专项储备提取和使用											
1.提取专项储备											
2.使用专项储备											
（四）利润分配											
1.提取盈余公积								6375	-6375	0	
2.提取一般风险准备											
3.对所有者（股东）的分配									-8500	-8500	
4.其他									42 500	42 500	
（五）所有者权益内部结转											
1.资本公积转增资本（股本）	35 000		-35 000							0	
2.盈余公积转增资本（股本）	60 000							-60 000		0	
3.盈余公积弥补亏损											
4.设定受益计划变动额结转留存收益											
5.其他											
四、本年年末余额	10 595 000		920 700					131 805	259 425	11 906 390	

5.2 分析所有者权益变动表

案例导入

根据腾飞股份有限公司 2021 年度的相关资料分析该公司的所有者权益变动表。

案例要求

根据腾飞股份有限公司 2021 年度的所有者权益变动表，编制该公司的所有者权益结构及增减变动分析表，并对其进行综合分析。

知识准备

所有者权益变动表分析，就是通过分析所有者权益的来源及其变动情况，了解在会计期间内影响所有者权益增减变动的具体原因，判断构成所有者权益的各个项目变动的合法性与合理性，从而为报表使用者提供较为真实的所有者权益总额及其变动信息。

5.2.1 影响所有者权益结构的因素

一、所有者权益规模

所有者权益往往会随着其规模或总量的变动而发生相应的变动。在其他条件相对不变时，投资者追加投资，或者法定收回投资，或者将盈余公积转增资本等，都会引起所有者权益总量或其中某个项目的总量发生变动，进而引起所有者权益结构发生变动。

二、利润分配政策

企业投入资本和留存收益的结构，直接受制于企业的利润分配政策。若企业在某期采取高利润分配政策，而盈余公积又按照法定比例提取，则未分配利润会减少，这会使得留存收益的比重降低；反之，若企业在某期采取低利润分配政策或暂缓分配政策，则留存收益的比重会因此提高。

三、企业的控制权

企业的控制权掌握在控股股东或持有一定股份的大股东手中。如果企业决定接受其他投资者的投资，就会稀释股权，分散企业的控制权。若企业现有的投资者愿意接受这种筹资方式，则必然会引起所有者权益结构发生变化。如果企业所有者不愿意分散对企业的控制权，就会采取负债筹资的方式，这样便不会影响所有者权益结构。

四、权益资本成本

企业的权益资本成本往往高于负债资本成本，这是因为所有者承担的风险大于债权人承担的风险，所以其要求的回报也要高一些。在所有者权益内部，投入资本的资本成本往往高于留存收益的资本成本，因此，要想降低筹资成本，应尽量利用留存收益，加大其比重，这样所有者权益资本成本率会相对降低。

五、外部情况

企业在选择筹资渠道时，往往会受到经济环境、金融政策、资本市场状况等因素的制约，这些因素会影响企业的筹资情况以及所有者权益的结构。

5.2.2　所有者权益结构分析

引起所有者权益增减变动的主要原因有增加或减少注册资本、资本公积发生增减变化、增加或减少留存收益等。通过进行所有者权益构成及增减变动分析，可以进一步了解企业对负债偿还的保证程度和企业自身积累资金的能力等。

【例 5-1】　嘉宏公司的所有者权益结构及增减变动分析表如表 5-2 所示，要求：对该公司的所有者权益进行结构分析。

表 5-2　所有者权益结构及增减变动分析表

项　目	2020 年的所有者权益		2021 年的所有者权益		差　异	
	金额/元	比重/%	金额/元	比重/%	金额/元	比重/%
实收资本	10 824 057	16.98	10 821 057	16.65	−3000	−0.33
资本公积	20 380 218.5	31.96	20 456 401	31.48	76 182.5	−0.48
盈余公积	24 148 421.5	37.87	24 600 239.5	37.86	451 818	−0.01
未分配利润	8 411 287.5	13.19	9 106 149	14.01	694 861.5	0.82
所有者权益合计	63 763 984.5	100	64 983 846.5	100	1 219 862	0

由表 5-2 可知，该公司 2021 年的所有者权益比 2020 年增加了 1219 862 元，其中，资本公积增加了 76 182.5 元，盈余公积增加了 451 818 元，未分配利润增加了 694 861.5 元。这说明该公司除了实收资本项目以外，其他所有者权益项目都有所增加，特别是未分配利润项目的增长幅度较大，意味着该公司的自有资金有所增加，投资和债权的保证程度显著提高，公司的偿债能力和获利能力均有提高。

案例解析

根据腾飞股份有限公司 2021 年度的所有者权益变动表，编制该公司的所有者权益结构及增减变动分析表（见表 5-3）。

表 5-3　所有者权益结构及增减变动分析表

项　目	2020 年的所有者权益		2021 年的所有者权益		差　异	
	金额/元	比重/%	金额/元	比重/%	金额/元	比重/%
股本	10 000 000	93.87	10 595 000	89.00	595 000	-4.87
资本公积	235 700	2.21	920 700	7.74	685 000	5.53
盈余公积	185 430	1.74	131 251.55	1.10	-54 178.45	-0.64
未分配利润	231 800	2.18	257 026.69	2.16	25 226.69	-0.02
所有者权益合计	10 652 930	100	11 903 978.24	100	1 251 048.24	0

由表 5-3 可知，该公司 2021 年的所有者权益比 2020 年增加了 1 251 048.24 元，其中股本增加了 595 000 元，资本公积增加 685 000 元，未分配利润增加了 25 226.69 元，盈余公积减少了 54 178.45 元。这说明该公司除了盈余公积项目以外，其他所有者权益项目都有所增加，意味着该公司的自有资金有所增加，投资和债权的保证程度显著提高，公司的偿债能力和获利能力也有所提高。

5.2.3　发展能力分析

发展能力分析

一、发展能力分析概述

1. 发展能力分析的内容

发展能力又称成长能力，是指企业未来生产经营活动的发展趋势和发展潜能，是企业不断扩大规模和壮大实力的潜在能力。发展能力是企业用内部积累和外部融入的资金不断投入生产经营活动而形成的一种能力。

2. 发展能力分析的目的

企业的发展能力关乎企业的生存与发展，与企业利益相关者息息相关。因此，对企业的发展能力进行分析是财务报表分析的重要组成部分。不同的利益相关者在分析企业的发展能力时，有不同的侧重点。

二、营业收入与盈利增长能力分析

用以衡量企业营业收入与盈利增长能力的指标主要有营业收入增长率、营业收入三年平均增长率和利润三年平均增长率等。

1. 营业收入增长率

营业收入增长率是指企业本年营业收入增长额同上年营业收入总额的比例关系。营业收入增长率反映了企业营业收入的变化情况，是评价企业成长状况和发展能力的重要指标。其计算公式为

$$营业收入增长率 = \frac{本年营业收入增长额}{上年营业收入总额} \times 100\%$$

表 5-4 和表 5-5 示了 A 公司和 B 公司 2018—2021 年营业收入增长率的计算结果。

表 5-4　A 公司营业收入增长率计算结果　　　　　单位：元

项　目	2018年	2019年	2020年	2021年
营业收入	50 713 851 442.63	71 782 749 800.68	103 116 245 136.42	135 418 791 080.35
营业收入增长额		21 068 898 358.05	31 333 495 335.74	32 302 545 943.93
营业收入增长率		41.54%	43.65%	31.33%

表 5-5　B 公司营业收入增长率计算结果　　　　　单位：元

项　目	2018年	2019年	2020年	2021年
营业收入	35 894 117 625.86	47 036 222 186.18	68 905 756 710.27	92 355 524 195.85
营业收入增长额		11 142 104 560.32	21 869 534 524.09	23 449 767 485.58
营业收入增长率		31.04%	46.50%	34.03%

根据表 5-4、表 5-5 的计算结果可以看出，2018—2021 年 A 公司的营业收入增长率分别为 41.54%、43.65% 和 31.33%，B 公司的营业收入增长率分别为 31.04%、46.50% 和 34.03%。由此可见，2019 年 A 公司的营业收入增长率远远高于 B 公司，而 B 公司抓住了房地产市场的有利机遇，2020 年营业收入增长率达到 46.50%，超过了 A 公司；但是 2021 年两家公司营业收入增长率均有所回落，这和目前我国房地产销售状况密切相关。

2. 营业收入三年平均增长率

营业收入三年平均增长率反映了企业营业收入连续三年的增长情况，能够体现企业的发展趋势。一般认为，营业收入是企业积累和发展的基础，营业收入三年平均增长率越高，表明企业经营业务持续增长势头越好，市场扩张能力越强。其公式为

$$营业收入三年平均增长率 = \left(\sqrt[3]{\frac{报告年度营业收入总额}{报告年度前第三年营业收入总额}} - 1 \right) \times 100\%$$

引用表 5-4 的数据，计算出 A 公司的营业收入三年平均增长率为

$$营业收入三年平均增长率 = \left(\sqrt[3]{\frac{35\ 418\ 791\ 080.35}{50\ 713\ 851\ 442.63}} - 1 \right) \times 100\% = 38.73\%$$

引用表 5-5 的数据，计算出 B 公司的营业收入三年平均增长率为

$$营业收入三年平均增长率 = \left(\sqrt[3]{\frac{92\ 355\ 524\ 195.85}{35\ 894\ 117\ 625.86}} - 1 \right) \times 100\% = 37.03\%$$

由上述计算可知，A 公司和 B 公司的营业收入三年平均增长率分别为 38.73% 和 37.03%，说明 A 公司和 B 公司的销售增长情况呈高速上升趋势，发展前景良好。由于销售收入只能提供利润的来源，并不完全形成企业的财富，因此，除了对销售增长情况进行分析之外，还需要进行利润增长的分析。

3. 利润三年平均增长率

利润三年平均增长率反映了企业利润连续三年的增长情况，能够体现企业的发展潜力。利润三年平均增长率越高，表示企业可持续发展能力越强，发展的潜力越大。其计算公式为

$$利润三年平均增长率 = \left(\sqrt[3]{\frac{报告年度利润总额}{报告年度前第三年利润总额}} - 1 \right) \times 100\%$$

表5-6、表5-7列示了A公司和B公司2018—2021年各年的利润总额。

表5-6　A公司2018—2021各年利润总额　　　　　　单位：元

年　度	利　润　总　额
2018	11 940 752 579.02
2019	15 805 882 420.32
2020	21 070 185 138.11
2021	24 291 011 249.30

表5-7　B公司2018—2021各年利润总额　　　　　　单位：元

年　度	利　润　总　额
2018	7 404 574 649.86
2019	10 074 092 101.61
2020	13 532 126 960.01
2021	16 101 696 528.55

根据表5-6的数据，计算出A公司的利润三年平均增长率为

$$利润三年平均增长率 = \left(\sqrt[3]{\frac{24\ 291\ 011\ 249.30}{11\ 940\ 752\ 579.02}} - 1 \right) \times 100\% = 26.71\%$$

根据表5-7的数据，计算出B公司的利润三年平均增长率为

$$利润三年平均增长率 = \left(\sqrt[3]{\frac{16\ 101\ 696\ 528.55}{7\ 404\ 574\ 649.86}} - 1 \right) \times 100\% = 29.56\%$$

由上述计算可知，A公司近三年利润总额平均增长率为26.71%，B公司近三年利润总额平均增长率为29.56%，说明两个公司利润增长较快，从利润增长来看，B公司高于A公司。

三、资产增长能力分析

总资产增长率是企业本年总资产增长额同年初（即上年末）资产总额的比例关系。总资产增长率是从企业资产总量的变化方面衡量企业的发展能力，表明企业规模增长水平对企业未来发展的影响。总资产增长率越高，表明企业一个在经营周期内的资产经营规模扩

张的速度越快。其计算公式为

$$总资产增长率 = \frac{报告年度总资产增长额}{报告年度初期资产总额} \times 100\%$$

表 5-8、表 5-9 列示了 A 公司和 B 公司 2018—2021 年各年总资产增长率的计算结果。

表 5-8　A 公司总资产增长率计算结果　　　　　　单位：元

项　目	2018年	2019年	2020年	2021年
总资产年末余额	215 637 551 741.83	296 208 440 030.05	378 801 615 075.37	479 205 323 490.54
本年资产增长额		80 570 888 288.22	82 593 175 045.32	100 403 708 415.17
总资产增长率		37.36%	27.88%	26.51%

表 5-9　B 公司总资产增长率计算结果　　　　　　单位：元

项　目	2018年	2019年	2020年	2021年
总资产年末余额	152 327 972 577.53	195 014 565 272.62	251 168 617 582.24	313 939 854 320.52
本年资产增长额		42 686 592 695.09	56 154 052 309.62	62 771 236 738.28
总资产增长率		28.02%	28.79%	24.99%

根据表 5-8、表 5-9 的计算结果可知，2018—2021 年的 A 公司总资产增长率分别为 37.36%、27.88% 和 26.51%，增长速度较快，但是呈逐渐下降的趋势，B 公司的总资产增长率分别为 28.02%、28.79% 和 24.99%，在 2020 年略高于 A 公司，而在 2018 年和 2021 年均低于 A 公司。

四、资本扩张能力分析

1. 资本积累率

资本积累率是指企业本年所有者权益增长额同年初所有者权益的比例关系。资本积累率反映了企业所有者权益在当年的变动水平和企业当年资本的积累能力，是企业发展强盛与否的标志，也是企业扩大再生产的源泉，能够体现企业的发展潜力。其计算公式为

$$资本积累率 = \frac{本年所有者权益增长额}{本年初所有者权益总额} \times 100\%$$

表 5-10、表 5-11 列示了 A 公司和 B 公司 2018—2021 年各年的资本积累率计算结果。

表 5-10　A 公司资本积累率计算结果　　　　　　单位：元

项　目	2018年	2019年	2020年	2021年
所有者权益	54 586 199 642.41	67 832 538 547.03	82 138 194 988.10	105 439 423 398.63
所有者权益增长额		13 246 338 904.62	14 305 656 441.07	23 301 228 410.53
资本积累率		24.27%	21.09%	28.37%

表 5-11　B 公司资本积累率计算结果　　　　　　　　　　　　　单位：元

项　目	2018年	2019年	2020年	2021年
所有者权益	32 020 330 783.93	42 064 409 785.26	54 779 520 483.80	69 153 175 927.24
所有者权益增长额		10 044 079 001.33	12 715 110 698.54	14 373 655 443.44
资本积累率		31.37%	30.23%	26.24%

　　根据表 5-10、表 5-11 的计算可知，2018—2021 年 A 公司的资本积累率分别为 24.27%、21.09% 和 28.37%，B 公司的资本积累率分别为 31.37%、30.23% 和 26.24%。由此可见，两个公司的所有者权益一直都处于上升趋势，但是 A 公司的资本积累率在 2020 年有所下降，2021 年又上升；而 B 公司的资本积累率则一直处于下降状态。

2. 资本保值增值率

　　资本保值增值率是指企业扣除客观因素后的本年末所有者权益总额与年初所有者权益总额的比例关系，反映了企业当年资本的实际增减变动情况。其计算公式为

$$资本保值增值率 = \frac{扣除客观因素后的本年末所有者权益总额}{本年初所有者权益总额} \times 100\%$$

3. 资本三年平均增长率

　　资本三年平均增长率表示企业资本连续三年的积累情况，体现企业的发展水平和发展趋势。该指标值越大，一方面表明企业所有者权益得到的保障程度越大，可以长期使用的资金越充足，企业抗风险和保持持续发展的能力越强；另一方面表明企业的债权人受保障程度越高，企业向外部举债能力增强，能更好地满足企业进一步扩张与发展的资金要求。其计算公式为

$$资本三年平均增长率 = \left(\sqrt[3]{\frac{报告年度末所有者权益总额}{报告年度前第三年所有者权益总额}} - 1 \right) \times 100\%$$

▼ 本 章 小 结

　　本章主要介绍了编制所有者权益变动表及对所有者权益变动表进行综合分析等内容。所有者权益变动表是反映构成企业所有者权益的各组成部分当期的增减变动情况的会计报表。所有者权益变动表全面地反映了企业在一定时期内所有者权益变动的情况，不仅包括所有者权益总量的增减变动信息，还包括所有者权益各组成部分的增减变动信息。所有者权益变动表是企业对外报送的主要报表之一，是连接资产负债表与利润表的纽带。对所有者权益变动表的分析主要从所有者权益变动表的项目和结构两个方面进行。

本章学习的重点是编制与分析所有者权益变动表,学生通过学习能够完成所有者权益变动表的编制,并对所有者权益变动表进行综合分析,进而对企业的财务状况进行评价。

小　贴　士

2020年8月4日,国务院印发《新时期促进集成电路产业和软件产业高质量发展的若干政策》(以下简称《若干政策》)。《若干政策》提出,为进一步优化集成电路产业和软件产业发展环境,深化产业国际合作,提升产业创新能力和发展质量,制定出台财税、投融资、研究开发、进出口、人才、知识产权、市场应用、国际合作等八个方面政策措施。

国家是企业和人民的强有力的后盾,我们要在遇到困难时,不怕风雨,勇往直前。

职业能力训练

一、单项选择题

1. 所有者权益变动表表体的基本格式是( )。

A. 多步式　　　　B. 矩阵式　　　　C. 账户式　　　　D. 报告式

2. 所有者权益变动表是( )。

A. 中期财务报表　　B. 年度财务报表　　C. 季度财务报表　　D. 半年度财务报表

3. 下列关于所有者权益变动表的说法中,不正确的是( )。

A. 所有者权益变动表应全面反映企业一定时期内所有者权益变动的情况

B. 所有者权益变动表应单独列示会计政策变更和会计差错更正的累积影响金额

C. 企业发行的优先股等分类为权益工具的,应在所有者权益变动表"实收资本"栏和"资本公积"栏之间增设"其他权益工具"栏,并在该栏中增设"优先股""永续债""其他"三个小栏

D. 所有者权益变动表通过"期初余额"和"期末余额"两栏列示

二、多项选择题

1. 所有者权益变动表中的"所有者权益内部结转"项目应根据( )的金额分析填列。

A. "对所有者(股东)分配"项目

B. "盈余公积转增资本(股本)"项目

C. "资本公积转增资本(股本)"项目

D."盈余公积补弥亏损"项目

2. 在所有者权益变动表中，企业应单独列示（　　）信息。

A. 上年年末余额　　　　　　　　B. 本年年初余额

C. 本年增减变动金额　　　　　　D. 本年年末余额

3. 下列属于所有者权益变动表"本年增减变动金额"项目的有（　　）。

A."专项储备提取和使用"项目

B."所有者权益内部结转"项目

C."所有者投入和减少资本"项目

D."利润分配"项目

4. 所有者权益变动表的作用有（　　）。

A. 为报表使用者提供财务信息

B. 反映会计政策、股利分配政策等对所有者权益的影响

C. 全面反映企业的收益情况

D. 反映资产构成状况

5. 所有者权益变动表"本年年初余额"项目应根据（　　）计算填列。

A."上年年末余额"项目　　　　　B."会计政策变更"项目

C."前期差错更正"项目　　　　　D."利润分配"项目

6. 下列属于所有者权益变动表里"利润分配"项目的有（　　）。

A. 提取盈余公积　　　　　　　　B. 计算所得税

C. 提取一般风险准备　　　　　　D. 对所有者（股东）的分配

三、判断题

1. 所有者权益变动表的"盈余公积转增资本（股本）"项目反映了企业当年以盈余公积转增资本或股本的金额。　　　　　　　　　　　　　　　（　　）

2. 所有者权益变动表是中期报告、年度报告。　　　　　　　　　（　　）

3. 为了清晰地反映构成企业所有者权益的各组成部分当期的增减变动情况，所有者权益变动表应以矩阵的形式列示。　　　　　　　　　　　（　　）

4. 所有者权益变动表的"上年金额"栏内的各项金额，应根据上年度所有者权益变动表"本年金额"栏内所列的金额填列。　　　　　　　　　（　　）

5. 所有者权益变动表的"综合收益总额"项目反映了企业净利润与其他综合收益扣除所得税影响后的净额相加后的合计金额。　　　　　　　　　（　　）

实践练习

资料：见第2章"实践练习"中的实践练习2。

要求：编制华胜股份有限公司2021年度的所有者权益变动表，见表5-12。

表 5-12　所有者权益变动表

编制单位：华胜股份有限公司　　2021 年度

会企 04 表
单位：元

项目	本年金额										上年金额
	股本	其他权益工具	资本公积	减：库存股	其他综合收益	专项储备	一般风险准备	盈余公积	未分配利润	股东权益合计	略
一、上年年末余额											
加：会计政策变更											
前期差错更正											
二、本年年初余额											
三、本年增减变动金额（减少以"-"号填列）											
（一）综合收益总额											
（二）所有者投入和减少资本											
1.所有者（股东）投入资本											
2.其他权益工具持有者投入资本											
3.股份支付计入所有者权益的金额											
4.其他											
（三）专项储备提取和使用											
1.提取专项储备											
2.使用专项储备											
（四）利润分配											
1.提取盈余公积											
2.提取一般风险准备											
3.对所有者（股东）的分配											
4.其他											
（五）所有者权益内部结转											
1.资本公积转增资本（股本）											
2.盈余公积转增资本（股本）											
3.盈余公积弥补亏损											
4.设定受益计划变动额结转留存收益											
5.其他											
四、本年年末余额											

第6章
编制合并财务报表

▼

本章重难点

- 编制合并财务报表的范围；
- 编制合并财务报表的程序。

学习目标

知识目标

- 了解合并财务报表的含义；
- 了解合并财务报表的种类；
- 掌握合并财务报表的编制原则；
- 掌握合并资产负债表的编制方法；
- 掌握合并利润表的编制方法；
- 掌握合并现金流量表的编制方法。

技能目标

- 掌握编制合并财务报表的程序，并能够编制抵消分录及调整分录；
- 能够正确填列合并工作底稿；
- 具备编制合并资产负债表、合并利润表和合并现金流量表的技能。

6.1　合并财务报表概述

案例导入

2021 年 1 月 1 日，P 公司以银行存款 6000 万元取得 S 公司 80% 的股份（假定 P 公司与 S 公司的企业合并属于非同一控制下的企业合并）。P 公司备查簿中记录的 S 公司在 2021 年 1 月 1 日可辨认资产、负债的公允价值与其账面价值相同。

2021 年 P 公司、S 公司发生如下经济业务，有关资料如下：

(1) 2021 年 1 月 1 日，S 公司所有者权益总额为 7000 万元，其中实收资本为 4000 万元，资本公积为 3000 万元，盈余公积为零，未分配利润为零。2021 年，S 公司实现净利润 2000 万元，年末未分配利润 2000 万元。S 公司持有其他债权投资的公允价值变动上升 200 万元，计入当期其他综合收益的金额为 150 万元。2021 年 12 月 31 日，S 公司所有者权益总额为 9150 万元，其中实收资本为 4000 万元，资本公积为 3000 万元，其他综合收益 150 万元，盈余公积为零，未分配利润为 2000 万元。P 公司采用的会计政策和会计期间与 S 公司一致。

(2) 2021 年 1 月 1 日，P 公司对 S 公司长期股权投资经调整后的金额为 7720 万元，与其在 S 公司所有者权益总额中所享有的金额 7320 万元之间的差额为 400 万元。

(3) P 公司 2021 年个别资产负债表中应收账款 3600 万元中有 950 万元是 S 公司的应付账款，P 公司对该笔应收账款计提坏账准备 50 万元。

(4) P 公司 2021 年个别资产负债表中应收票据 6800 万元中有 800 万元是 S 公司的应付票据，合同负债 400 万元中有 200 万元为 S 公司预付款项，S 公司应付债券 400 万元为 P 公司所持有。有关资产均未计提相关的减值准备。

(5) S 公司 2021 年向 P 公司销售商品 2000 万元，其销售成本为 1600 万元，该商品的销售毛利率为 20%。P 公司购进的该商品 2021 年全部未实现对外销售形成期末存货。

(6) 2021 年 1 月 1 日 S 公司将其生产的产品以 600 万元的价格销售给 P 公司，销售成本为 540 万元，P 公司购入后以 600 万元的原价作为管理用的固定资产入账，预计使用年限为 3 年，采用平均年限法计提折旧，预计净残值为零。为简化核算，该固定资产 2020 年按 12 个月计提折旧。

(7) P 公司 2021 年个别利润表的营业收入中有 7000 万元，系向 S 公司销售商品取得的营业收入，其销售成本为 6000 万元。S 公司至 2021 年 12 月 31 日已以 10 000 万元的价格将上述商品全部对外销售。

(8) 假设 S 公司 2021 年应向 P 公司支付的债券利息总额为 40 万元。

P 公司与 S 公司的个别财务报表如表 6-1、表 6-2 和表 6-3 所示。

表 6-1　P 公司资产负债表（简表）

编制单位：P 公司　　　　　　　　2021 年 12 月 31 日　　　　　　　　单位：万元

资　产	期初数	期末数	负债和所有者权益	期初数	期末数
流动资产：			流动负债：		
货币资金	6000	2000	应付票据	2000	2000
应收票据	6000	6800	应付账款	4000	6000
其中：应收S公司票据		800	合同负债	600	400
应收账款	2600	3600	其中：预收S公司账款		200
其中：应收S公司账款		950	应付职工薪酬	4200	2000
预付款项		1540	应交税费	2000	1600
存货	7600	2000	流动负债合计	12 800	12 000
其中：从S公司购入存货		2000	非流动负债：		
流动资产合计	22 200	15 940	长期借款	4000	4000
非流动资产：			应付债券	1200	1200
债权投资	400	400	非流动负债合计	5200	5200
其中：持有S公司债券	400	400	负债合计	18 000	17 200
其他债权投资			所有者权益：		
长期股权投资	3400	9400	股本	8000	8000
其中：对S公司投资		6000	资本公积	1600	1600
固定资产	6600	8200	其他综合收益		
其中：向S公司购入固定资产		600	盈余公积	1464	2000
无形资产	1400	1260	未分配利润	4936	6400
非流动资产合计	11 800	19 260	所有者权益合计	16 000	18 000
资产总计	34 000	35 200	负债和所有者权益合计	34 000	35 200

表 6-2　S 公司资产负债表（简表）

编制单位：S 公司　　　　　　　　2021 年 12 月 31 日　　　　　　　　单位：万元

资　产	期初数	期末数	负债和所有者权益	期初数	期末数
流动资产：			流动负债：		
货币资金	600	1000	应付票据	600	800
应收票据	200	600	其中：应付票据—P公司	600	800
应收账款	1200	2720	应付账款	1200	1000
预付款项		800	其中：应付P公司账款		1000
其中：预付P公司账款		200	合同负债	100	
存货	5800	2200	应付职工薪酬	700	200
流动资产合计	7800	7320	应交税费	400	120
非流动资产：			流动负债合计	3000	2120

资　　产	期初数	期末数	负债和所有者权益	期初数	期末数
债权投资			非流动负债：		
其中：持有P公司债券			长期借款	1400	1350
其他债权投资	1400	1600	应付债券	400	400
长期股权投资			其中：应付债券—P公司	400	400
			递延所得税负债		50
固定资产	2600	4150	非流动负债合计	1800	1800
无形资产			所有者权益：		
			股本	4000	4000
非流动资产合计	4000	5750	资本公积	3000	3000
			其他综合收益	0	150
			盈余公积	0	0
			未分配利润	0	2000
			所有者权益合计	7000	9150
资产总计	11 800	13 070	负债和所有者权益合计	11 800	13 070

表6-3　P公司利润表（简表）

编制单位：P公司　　　　　　　　　　　　　2021年　　　　　　　　　　　　　单位：万元

项　　目	母公司(P公司)	子公司(S公司)
一、营业收入	17 400	12 600
减：营业成本	8900	9140
税金及附加	1453.33	569.33
销售费用	30	20
管理费用	200	24
财务费用	600	180
资产减值损失	50	
加：公允价值变动收益		
投资收益	1000	
二、营业利润	7166.67	2666.67
加：营业外收入		
减：营业外支出	20	
三、利润总额	7146.67	2666.67
减：所得税费用	1786.67	666.67
四、净利润	5360	2000
五、其他综合收益税后净额	0	120
六、综合收益	5360	2120
七、每股收益		

案例要求

1. P 公司在编制 2021 年度合并资产负债表时，应将对 S 公司的长期股权投资核算由成本法改为权益法，编制企业集团的调整分录；根据母公司 P 公司和子公司 S 公司组成的企业集团内部经济业务，编制下列抵消分录 (调整分录与抵消分录的金额单位为万元)。

(1) 编制长期股权投资业务的抵消分录。

(2) 编制内部债权债务项目的抵消分录。

(3) 编制内部存货价值中包含的未实现内部损益项目的抵消分录。

(4) 编制内部固定资产业务的抵消分录。

(5) 编制内部营业收入与营业成本的抵消分录。

(6) 编制内部投资收益与利息支出的抵消分录。

2. 填列 P 公司和 S 公司的合并工作底稿。

3. 编制 P 公司和 S 公司的合并资产负债表及合并利润表。

知识准备

6.1.1 合并财务报表的含义

合并财务报表是指反映母公司将其全部子公司的财务数据合并制成的反映企业集团整体财务状况、经营成果和现金流量的财务报表。

合并财务报表现行的法律规范有《企业会计准则第 33 号——合并财务报表》、《企业会计准则应用指南》及 2021 年 1 月财政部印发的修订合并财务报表格式的通知。

2019 年起，财政部陆续修订并分阶段实施了《企业会计准则第 22 号——金融工具确认和计量》、《企业会计准则第 23 号——金融资产转移》、《企业会计准则第 24 号——套期会计》、《企业会计准则第 37 号——金融工具列报》(以上四项简称新金融工具准则) 和《企业会计准则第 14 号——收入》(简称新收入准则)，在《财政部关于修订印发 2021 年度一般企业财务报表格式的通知》的要求中，对合并财务报表项目进行相应调整，结合《企业会计准则》实施中的有关情况，进一步修订了合并财务报表的格式。

新修订的合并财务报表格式适用于已执行新金融工具准则和新收入准则的企业集团，新修订的合并财务报表格式及其中各项目，涵盖了母公司和从事各类经济业务的子公司的情况，其中包括一般企业、商业银行、保险公司和证券公司等。企业应根据重要性原则并结合本企业的实际情况，对确需单独列示的内容，可增加合并财务报表项目；对不存在相应业务的合并财务报表项目，可进行必要删减。

本书中列举的合并财务报表项目适用于一般企业，对金融企业的合并财务报表项目，没有列示。

6.1.2　合并财务报表的种类

合并财务报表至少包括合并资产负债表、合并利润表、合并所有者权益变动表（或合并股东权益变动表）、合并现金流量表及附注，它们分别从不同的方面反映了企业集团整体财务状况、经营成果及现金流量的情况，构成了一个完整的合并财务报表体系。

一、合并资产负债表

合并资产负债表是反映母公司和其全部子公司组成的企业集团在某一特定日期财务状况的报表。

二、合并利润表

合并利润表是反映母公司和其全部子公司所组成的企业集团在一定期间内经营成果的报表。

三、合并所有者权益变动表（或合并股东权益变动表）

合并所有者权益变动表（或合并股东权益变动表）是反映母公司在一定期间内，包括经营成果分配在内的所有者（或股东）权益增减变动情况的报表。它是从母公司的角度，站在母公司所有者的立场反映企业所有者（或股东）在母公司中的权益增减变动情况的报表。

四、合并现金流量表

合并现金流量表是反映母公司和其全部子公司组成的企业集团在一定期间内现金流入、流出量以及现金净增减变动情况的报表。

五、附注

附注是对在合并资产负债表、合并利润表、合并所有者权益变动表（或合并股东权益变动表）和合并现金流量表等报表中列示项目的文字描述或明细资料，以及对未能在这些报表中列示项目的说明等。

6.1.3　合并财务报表的编制原则

合并财务报表作为财务报表，应当符合编制财务报表的一般原则和基本要求，其中，基本要求包括真实可靠、内容完整。同时，合并财务报表又与个别财务报表不同，它反映母公司和其全部子公司组成的企业集团整体的财务情况，反映的是若干个法人共同形成的会计主体的财务情况。因此，编制合并财务报表除了遵循编制财务报表的一般原则和基本要求外，还应当遵循以下原则和要求。

一、以个别财务报表为基础编制

合并财务报表并不是直接根据母公司和其全部子公司会计账簿编制的，而是利用母公司和其全部子公司编制的反映各自财务状况和经营成果的财务报表提供的数据，通过合并财务报表的特有方法进行编制的。以纳入合并范围的个别财务报表为基础，是客观性原则在编制合并财务报表时的具体体现。

二、一体性原则

合并财务报表反映的是企业集团的整体财务状况和经营成果，反映的是由多个法人企业组成的一个会计主体的财务情况，在编制合并财务报表时，应当将母公司和其全部子公司视为一个会计主体，母公司和其全部子公司发生的经营活动都应当从企业集团这一整体的角度进行考虑。因此，在编制合并财务报表时，对于母公司与其全部子公司、各子公司相互之间发生的经济业务，应当视为同一个会计主体内部业务处理，视为同一个会计主体之下的不同核算单位的内部业务。

三、重要性原则

与个别财务报表相比，合并财务报表涉及多个法人主体，涉及的经营活动范围较广，母公司与其全部子公司经营活动又往往跨越不同行业界限。因此，合并财务报表若要综合反映这种会计主体的财务情况，就必然涉及重要性与否的判断问题。特别是在拥有众多子公司的情况下，更是如此。在编制合并财务报表时，必须强调重要性原则的运用。比如一些项目在企业集团中的某一企业具有重要性，但对于整个企业集团不一定具有重要性，在这种情况下根据重要性原则对财务报表项目进行取舍，就具有重要的意义。此外，母公司与其全部子公司、各子公司相互之间发生的经济业务，对整个企业集团财务状况和经营成果影响不大时，为简化合并手续，也应根据重要性原则对财务报表项目进行取舍，可以不编制抵消分录而直接编制合并财务报表。

▌ 6.1.4 合并财务报表的主要特点

合并财务报表与个别报表相比，有以下几点区别。

一、反映的对象不同

个别财务报表反映的是单个独立法人的财务状况、经营成果和现金流量状况，反映对象既是经济意义上的会计主体，又是法律意义上的主体。合并财务报表反映的是母公司和其全部子公司所组成的企业集团整体的财务状况、经营成果及现金流量状况，反映对象是由母公司及其全部子公司等若干法人组成的会计主体，是经济意义上的会计主体，而不是法律意义上的主体。

合并财务报表的
基础知识

二、编制的主体不同

个别财务报表是由独立的法人编制的，所有的企业都必须编制个别财务报表。合并财务报表是由企业集团中对其他企业有控制权的控股公司或母公司编制的，集团中的其他企业，即被控制企业无须编制合并财务报表。

三、编制的基础不同

个别财务报表是以独立法人的日常会计资料为基础，一般依据企业的会计账簿、记账凭证等编制而成。合并财务报表是以纳入合并范围的个别财务报表为基础，结合企业集团内部的交易或事项编制而成的。

四、编制的方法不同

编制个别财务报表有其自身固定的一套方法和程序，编制合并财务报表有其独特的方法。具体来说，合并财务报表是在对纳入合并范围的各子公司个别财务报表与母公司个别财务报表的数据进行简单加总的基础上，通过编制抵消分录将企业集团内部的经济业务对个别财务报表的影响予以抵消，运用合并工作底稿等一些特殊的方法进行编制。

6.2 编制合并财务报表的范围及准备事项

知识准备

■ 6.2.1 编制合并财务报表的范围

一、以控制为基础确定合并范围

合并财务报表的合并范围应当以控制为基础来确定。控制是指投资方拥有对被投资方的权力，投资方要实现控制，必须符合两项基本条件：一是因参与被投资方的相关活动而享有可变回报；二是拥有对被投资方的权力，并且有能力运用对被投资方的权力来影响其回报金额。投资方只有同时具备上述两项条件，才能够控制被投资方。

在实务工作中，如何判断投资方是否能够控制被投资方，要综合考虑所有相关事实和情况，并判断是否同时满足控制的这两项条件。相关事实和情况主要包括被投资方的设立目的；被投资方的相关活动，以及如何对相关活动作出决策；投资方拥有的权力是否使其目前有能力主导被投资方的相关活动；投资方是否通过参与被投资方的相关活动而享有可变回报；投资方是否有能力运用对被投资方的权力来影响其回报金额；投资方与其他方的关系等。其中，对被投资方的设立目的的分析贯穿于判断与控制的始终，也是分析上述相关事实和情况的基础。如果相关事实和情况表明上述控制中的一个或多个要素发生了变化，则投资方应该重新判断其还能否控制被投资方。

投资方能否控制被投资方的具体判断标准如下。

1. 判断通过参与被投资方的活动享有的是否为可变回报

可变回报是指不固定且可能随着被投资方业绩的变化而变化的回报，可以是正回报，也可以是负回报，或者同时包括正回报和负回报。享有控制权的投资方通过参与被投资方的相关活动，享有的是可变回报而非固定回报，这才是真正的投资，下一步才能判断是否为控制。

投资方在评价其享有被投资方的回报是否可变以及可变的程度时，要遵循实质重于形式的原则，即基于合同安排的实质，而不是法律形式。例如，当投资方持有固定利息的债券时，由于债券存在违约风险，即投资方需承担被投资方不履约而产生的信用风险，因此投资方享有的固定利息也可能是一种可变回报；投资方管理被投资方的资产而获得的固定管理费也是一种可变回报，因为投资方能否获得此回报依赖于被投资方能否获得足够的收益以支付该项固定管理费。

可变回报的形式主要包括以下几种。

(1) 股利、被投资方经济利益的其他分配、投资方对被投资方的投资的价值变动。从被投资方处获得股利是投资方获得可变回报的常见形式。

(2) 因向被投资方的资产或负债提供服务而得到的报酬；因提供信用支持或流动性支持而收取的费用或承担的损失；被投资方清算时在其剩余净资产中所享有的权益等。

(3) 其他利益持有方无法得到的回报。例如，投资方通过参与被投资方的活动来保证稀缺资源的供应，获得专有技术或者限制被投资方的某些运营活动或资产，从而达到提高其他资产价值的目的。

2. 判断投资方是否对被投资方拥有权力，并能够运用此权力影响其回报金额

当投资方能够主导被投资方的相关活动时，称投资方对被投资方享有权力。在判断投资方是否对被投资方拥有权力时，要注意以下四点。

(1) 权力只表明投资方主导被投资方相关活动的现时能力，通常不要求投资方实际行使其权力。其中，相关活动是指对被投资方的回报产生重大影响的活动。对许多企业而言，经营和财务活动通常会对其回报产生重大影响。但是，不同企业的相关活动是不同的，应当根据企业的行业特征、业务特点、发展阶段和市场环境等具体情况分别来判断，例如，研究与开发活动；商品和劳务的购销活动；资产的购买和处置活动等。

(2) 权力是一种实质性权利，而不是保护性权利。实质性权利是指持有人在对相关活动进行决策时有实际能力行使的可执行权利。例如，某投资方持有一份将于 25 天后结算的远期股权购买合同，该合同结算后，投资方能够持有被投资方的多数表决权股份，30天后才能召开特别股东大会，这是能够对相关活动进行决策的最早决策日。此外，其他投资方不能对被投资方相关活动的现行政策作出任何改变。因此，虽然该投资方持有的 25天后结算的远期股权不是当前可执行的权利，但是由于最早可能召开股东大会的时间必须在 30 天之后，晚于此远期股权购买合同的可行权日，且在该投资方执行该远期合同之前的时间段内，也没有其他任何一方可以改变与被投资方相关活动有关的决策，所以该权利虽然当前不可执行，但仍然是一种实质性权利，使该投资方当前有能力主导被投资方的相关活动。保护性权利旨在保护持有这些权利的当事方的权益，而不赋予当事方对这些权利所涉及主体的权力。

(3) 权力的持有人应为主要责任人。权力是能够主导被投资方相关活动的现时能力。因此，权力是为自己行使的，而不是代替其他方行使的。

(4) 权力通常表现为表决权或其他合同安排。表决权是指对被投资方的经营计划、投资方案、年度财务预算方案和决算方案、利润分配方案和弥补亏损方案、内部管理机构的设置、聘任或解聘公司经理及确定其报酬、公司基本管理制度等事项进行表决而持有的权利。

① 通过直接或间接拥有半数以上表决权而拥有权力。

当被投资方的相关活动由持有半数以上表决权的投资方表决决定，或者主导相关活动的权力机构的多数成员由持有半数以上表决权的投资方指派，而且权力机构的决策由多数成员主导时，持有半数以上表决权的投资方拥有对被投资方的权力。

例如，甲公司和乙公司分别持有丙公司 60% 和 40% 的普通股，若丙公司的相关活动通过股东会议上的多数表决权主导，每股普通股享有一票投票权，假设不存在其他因素，丙公司的相关活动由持有丙公司大多数投票权的一方主导，即甲公司拥有对丙公司的权力，因为其是丙公司大多数投票权的持有者；若丙公司的相关活动通过董事会会议上的多数表决权主导，甲公司和乙公司根据其享有丙公司所有者权益的比例，各自有权任命六名和四名董事，假设不存在其他因素，那么甲公司拥有对丙公司的权力，因为其有权任命主导丙公司相关活动的董事会的大多数成员。

② 虽然持有被投资方半数以上的表决权，但并无权力。

要确定持有半数以上表决权的投资方是否拥有权力，关键在于该投资方是否拥有主导被投资方相关活动的现时能力。当被投资方的相关活动被政府、法院、管理人、接管人、清算人或监管人等其他方主导时，投资方无法凭借其拥有的表决权主导被投资方的相关活动，因此，投资方此时即使持有被投资方过半数的表决权，也不拥有对被投资方的权力。

③ 虽然通过直接或间接结合只持有半数或半数以下的表决权，但仍然可以通过表决权判断投资方拥有权力的大小。

持有半数或半数以下表决权的投资方，应综合考虑下列事实和情况，以判断其持有的表决权与相关事实和情况相结合是否可以被赋予对被投资方的权力。

例如，投资方甲持有被投资方乙 48% 的投票权，剩余投票权由数千位股东持有，除投资方甲之外，没有任何一位股东持有超过 1% 的投票权，没有任何一位股东与其他股东达成协议或能够作出共同决策。当以其他股权的相对规模为基础来判断所获得的投票权的比例时，投资方甲拥有被投资方乙 48% 的权益将足以使其拥有控制权。在这种情况下，投资方甲无须考虑权利的任何其他证据，便可以其持有股权的绝对规模和其他股东持有股权的相对规模为基础，确定拥有充分决定性的投票权。

例如，投资方甲持有被投资方乙 40% 的投票权，其他 12 位投资方各自持有被投资方乙 5% 的投票权，股东协议授予甲投资方任免负责相关活动的管理人员及确定其薪酬的权利，若要改变该协议，需 2/3 的股东同意。在这种情况下，单凭投资方甲持有的投票权的绝对规模和与其他股东持有的投票权的相对规模，无法对投资方甲是否拥有足以赋予其权力的权利加以判断。但是，股东协议条款赋予投资方甲任命管理人员及确定其薪酬的权利，足以说明投资方甲拥有对被投资方乙的权力。

例如，投资方甲持有被投资方乙 45% 的投票权，其他两位投资方各自持有被投资方乙 26% 的投票权，剩余的投票权由其他三位股东持有，各占 1%。在不存在影响决策的其他安排的情况下，只要其他两位投资方联合起来，就能够阻止投资方甲主导被投资方乙的相关活动。根据投资方甲持有的投票权的规模与其他股东持有的投票权的相对规模，足以说明投资方甲不拥有对被投资方乙权力的结论。

例如，投资方甲持有被投资方乙 45% 的投票权，其他 11 位投资方各自持有被投资方乙 5% 的投票权，股东之间不存在通过合同安排以互相协商或作出共同决策的情况。在这种情况下，单凭投资方甲持有的投票权的绝对规模和其他投资方持有的投票权的相对规模，无法对投资方甲是否拥有足以赋予其权力的权利作出判断，应考虑其他可能为投资方甲是否拥有权力提供证据的事实和情况。

例如，投资方甲持有被投资方乙 35% 的投票权，其他三位股东各持有被投资方乙 5% 的投票权，剩余的投票权由众多股东持有，且没有任何一位股东持有超过 1% 的投票权，股东之间不存在通过合同安排以互相协商或作出共同决策的情况，涉及被投资方乙相关活动的决策须获得股东会议上大多数股东（投票权）的批准。在这种情况下，其他股东在股东会议上积极参与的事实表明，投资方甲不具有单方面主导被投资方乙相关活动的实际能力。

二、纳入合并范围的特殊情况——对被投资方可分割部分的控制

投资方通常应当对是否控制被投资方整体进行判断。但在少数情况下，如果有明确证据表明同时满足下列条件并且符合相关法律法规规定的，投资方应当将被投资方的一部分视为被投资方可分割的部分，进而判断是否控制该部分。

(1) 该部分的资产是偿付该部分负债或其他利益方的唯一来源，不能用于偿还该部分以外的被投资方的其他负债。

(2) 除与该部分相关的各方外，其他方不享有与该部分资产相关的权利，也不享有与该部分资产剩余现金流量相关的权利。

实际上该部分的所有资产、负债及其他相关权益均与被投资方的剩余部分相隔离，即该部分的资产产生的回报不能由该部分以外的被投资方的其他部分享有，该部分的负债也不能用该部分以外的被投资方的资产偿还。

如果被投资方的一部分资产、负债及其他相关权益满足上述条件，构成可分割部分，则投资方应当基于控制的判断标准确定其是否能控制该可分割部分，并考虑该可分割部分的相关活动及其决策机制，以及投资方目前是否有能力主导该可分割部分的相关活动，进而从中取得可变回报。如果投资方能控制该可分割部分，则应将其进行合并。在此情况下，其他方在考虑是否合并被投资方时，应仅对被投资方的剩余部分进行控制及合并的评估，而将可分割部分排除在外。

例如，甲公司为专门从事房地产开发项目的有限责任公司，具有独立法人资格。该公司的主营业务为在某地皮上开发住宅和商业地产。该地皮的开发共分为三期执行，每期地皮的开发成本和销售收入分设三个独立的子账套进行核算与管理，而与每期开发相关的开发支出均由甲公司作为同一法人主体进行清偿。每期相关的增值税、土地增值税及企业所得税等相关税费也均由甲公司作为同一纳税主体进行统一申报和清算。各块地皮的相关经营决策互相独立，其经营损益分别归属于不同的权利主体。

在上例中，虽然各期开发项目分设三个账套进行独立核算与管理，但是，这并不足以

说明其中一期开发项目的有关资产、负债和其他相关权益均与其余各期的剩余部分相隔离。各期的开发支出和相应税负仍由甲公司作为单一主体进行清偿，表明某期资产并非仅承担与该期资产相关的负债，某期资产也并不是该期开发相关负债的唯一支付来源。因此，甲公司的各期开发项目不应被认定为可分割部分。

三、合并范围的豁免——投资性主体

1. 豁免规定

母公司应当将其全部子公司(包括母公司所控制的被投资单位的可分割部分、结构化主体)纳入合并范围。但是，如果母公司是投资性主体，则只应将那些为投资性主体的投资活动提供相关服务的子公司纳入合并范围，对于其他子公司不应予以合并。母公司对其他子公司的投资应当按照公允价值计量，且其变动应计入当期损益。如果一个投资性主体的母公司本身不是投资性主体，则应当将其控制的全部主体，包括投资性主体以及通过投资性主体间接控制的主体，纳入合并财务报表的编制范围中。

合并财务报表
基础知识2

2. 投资性主体及其特征

当母公司同时满足以下三个条件时，该母公司属于投资性主体。

(1) 该公司以向投资方提供投资管理服务为目的，从一个或多个投资方处获取资金。

(2) 该公司的唯一经营目的是通过资本增值、投资收益或两者兼有而让投资方获得回报。

(3) 该公司按公允价值对有投资的业绩进行计量和评价。

投资性主体通常应当符合下列四个特征。

(1) 拥有一项以上的投资。投资性主体通常会同时持有多项投资，以分散风险，但当投资性主体刚设立、尚未寻找到多个符合要求的投资项目，或者刚处置完部分投资、尚未进行新的投资，或者正处于清算过程中时，也有可能仅持有一项投资。

(2) 拥有一个以上的投资方。当投资性主体刚设立、正在积极识别合格的投资方，或者原持有的权益已经赎回、正在寻找新的投资方，或者正处于清算过程中，或者为了代表或支持一个较大的投资方集合的利益而设立时(如某企业设立的年金基金)，也可能只拥有一个投资方。

(3) 投资方不是投资性主体的关联方。关联方的存在并非表明投资性主体一定不是投资性主体。例如，某基金的投资方之一可能是该基金的关键管理人员出资设立的企业，其目的是更好地激励基金的关键管理人员，这一安排并不影响该基金符合投资性主体的定义。

(4) 投资性主体的所有者权益以股权或类似权益存在。拥有不同类型的投资方，并且其中一些投资方可能仅对某类或某组特定投资拥有权利，或者不同类型的投资方对净资产享有不同比例的分配权的情况，并不能说明投资性主体不是一个投资性主体。

因此，上述特征仅是投资性主体的常见特征。当主体不完全具备上述四个特征时，需要审慎评估，判断是否有确凿证据能够证明即使缺少其中一个或几个特征，但该主体仍然

符合投资性主体的定义。

例如，甲技术公司设立某高新技术基金，并专门将其投资于高新技术创业公司，从而获取资本增值。甲技术公司持有某高新技术基金 80% 的权益并且控制该基金。该基金其余 20% 的权益由其他 10 个不相关的投资方持有。

在上例中，即使某基金的经营目的是为资本增值而进行投资，并向其投资方提供投资管理服务，但该基金仍不是投资性主体。其主要原因如下：一是甲技术公司持有购买某基金持有投资的选择权，某基金被投资方开发的资产将使甲技术公司受益，同时，除资本增值外，某基金还为甲技术公司提供了其他利益；二是某基金的投资计划不包括作为权益投资的投资退出战略，甲技术公司持有的选择权并非由某基金控制，也不构成退出战略。

■ 6.2.2　编制合并财务报表前的准备事项

由于编制合并财务报表涉及多个企业法人，以各个法人的个别财务报表为基础，需要抵消企业集团内部成员间的交易或事项，因此，为了使编制的合并财务报表全面、准确、真实地反映企业集团的情况，在编制合并财务报表前，必须做好一系列的准备工作。

一、统一母公司和子公司的会计政策

会计政策指企业在会计计算时所遵循的具体原则及企业所采用的具体的会计处理方法。企业会计政策对财务报表反映的项目内容有很大的影响，尤其是在编制合并财务报表时更具有重大意义。因为只有在个别财务报表所采用的会计政策一致的前提下，对财务报表相同项目的数字进行加总才具有经济意义，因此，在编制企业合并财务报表和个别财务报表前，应该统一母公司和子公司的会计政策，这是编制合并财务报表的最基础工作。

二、统一母公司和子公司的财务报表决算日及会计期间

由于合并财务报表以母公司和子公司的个别财务报表为基础，要求母公司和子公司个别财务报表所反映的财务状况、经营成果、现金流量的期间必须一致，因此，在编制企业合并财务报表之前，必须统一母公司和子公司的财务报表决算日及会计期间，以便提供相同日期和相同会计期间的财务报表。对于境外的子公司，由于当地法律限制不能与母公司财务报表决算日和会计期间一致的，可以要求其为编制合并财务报表而单独提供与母公司财务报表决算日和会计期间一致的个别财务报表。

三、对子公司的外币财务报表进行折算

对母公司和子公司的财务报表进行合并的前提是母公司和子公司的个别财务报表所采用的货币计量单位一致。我国允许外币业务比较多的企业采用某一外币作为记账本位币，在将这些企业的财务报表纳入合并财务报表时，必须将其折算为母公司所采用的记账本位币表示的财务报表。

四、收集编制合并财务报表的相关资料

合并财务报表以母公司和子公司的财务报表，以及其他有关资料为依据，由母公司合并有关项目的数额来编制。为了编制企业合并财务报表，母公司应当要求子公司及时提供

下列有关资料：子公司相应期间的财务报表；与母公司及其他子公司之间发生的内部往来交易、债权债务、投资及其产生的现金流量和未实现内部销售损益的期初、期末余额及变动情况等资料；子公司所有者权益变动和利润分配的有关资料；编制合并财务报表所需要的其他资料等。

6.2.3 编制合并财务报表的程序

一、调整子公司的个别财务报表

在编制合并财务报表时，首先要对子公司的个别财务报表进行调整。在调整时，要对同一控制下企业合并取得的子公司和非同一控制下企业合并取得的子公司加以区分。

1. 同一控制下企业合并取得的子公司

同一控制下企业合并取得的子公司所采用的会计政策、会计期间基本与母公司保持一致，在编制合并财务报表时，应以子公司的个别财务报表为基础，不需要进行调整。如果存在子公司与母公司采用的会计政策和会计期间不一致的情况，则需要按照重要性原则，对子公司的个别财务报表依照母公司采用的会计政策和会计期间进行调整。

2. 非同一控制下企业合并取得的子公司

对于非同一控制下企业合并取得的子公司，既要调整会计政策、会计期间的差别，又要根据母公司在购买日登记的该子公司可辨认资产、负债的公允价值调整子公司的财务报表，使子公司的个别财务报表反映的是本期资产负债表日应有的金额。

二、合并工作底稿

合并工作底稿的作用是为编制合并财务报表提供基础。在合并工作底稿中，对母公司和子公司个别财务报表的各项目数额进行汇总和抵消处理，最终计算得出合并财务报表各项目的合并数。

三、过入个别财务报表数字

将母公司和子公司的个别资产负债表、利润表各项目的数据过入合并工作底稿，并在合并工作底稿中对母公司和子公司的个别财务报表各项目的数据进行加总，计算得出个别资产负债表、个别利润表各项目的合计数额。

四、编制调整分录与抵消分录

将母公司与子公司、子公司相互之间发生的经济业务对个别财务报表有关项目的影响进行调整与抵消处理，编制调整分录与抵消分录。调整与抵消处理是编制合并财务报表的关键内容。其目的在于将因会计政策及计量基础的差异而对个别财务报表的影响进行调整，以及将个别财务报表各项目的加总数据中重复的因素等予以抵消。

一般情况下，企业取得子公司的途径主要有两种：一是对外进行直接投资，组建新的被投资企业并使其成为子公司，包括单独投资组建全资子公司，与其他企业合资组建非全资子公司等情况；二是通过企业合并，对现有企业的股权进行并购，使其成为子公司，包括购买同一控制下的企业的股权使其成为子公司，购买非同一控制下的企业的股权使其成为子公司等情况。

根据我国现行的《企业会计准则》，对于同一控制下的企业合并，母公司在合并日可以编制合并日的合并资产负债表、合并利润表、合并现金流量表等合并财务报表。母公司在将购买取得子公司的股权登记入账后，在编制合并日的合并资产负债表时，只需将对子公司长期股权投资与子公司所有者权益中母公司所拥有的份额抵消即可。对于非同一控制下取得的子公司，母公司编制购买日的合并资产负债表时，应先编制调整分录，然后编制抵消分录。

因此，同一控制下的企业合并只需编制抵消分录，而非同一控制下的企业合并，既要编制抵消分录，又要编制调整分录。

五、计算合并财务报表各项目的合并数额

在母公司和纳入合并范围的子公司个别财务报表的各项目加总数额的基础上，应当分别计算财务报表中的资产类项目、负债类项目、所有者权益类项目、收入收益类项目和成本费用类项目的合并数。其计算方法如下。

(1) 资产类项目：

某资产类项目合并数 = 该项目合计数 + 该项目抵消分录的借方发生额 − 该项目抵消分录的贷方发生额。

(2) 负债类项目：

某负债类项目合并数 = 该项目合计数 − 该项目抵消分录的借方发生额 + 该项目抵消分录的贷方发生额

(3) 所有者权益类项目：

某所有者权益类项目合并数 = 该项目合计数 − 该项目抵消分录的借方发生额 + 该项目抵消分录的贷方发生额

(4) 收入收益类项目：

某收入收益类项目合并数 = 该项目合计数 − 该项目抵消分录的借方发生额 + 该项目抵消分录的贷方发生额

(5) 成本费用类项目：

某成本费用类项目合并数 = 该项目合计数 + 该项目抵消分录的借方发生额 − 该项目抵消分录的贷方发生额

六、编制合并财务报表

将根据合并工作底稿计算出的资产类项目、负债类项目、所有者权益类项目、收入收益类项目和成本费用类项目的合并数，填入正式的合并财务报表中。

6.3　编制合并资产负债表及合并利润表的方法

知识准备

6.3.1　合并资产负债表的编制方法

一、合并资产负债表的含义

合并资产负债表是反映母公司和子公司所形成的企业集团在某一特定日期的财务状况的报表。本节以非同一控制下的企业合并为例，介绍合并资产负债表的编制方法。

二、合并资产负债表的调整处理

在非同一控制下取得子公司的情况下，母公司为进行企业合并要对子公司的各项资产和负债进行估值，然而子公司作为持续经营的主体，一般不将该估值所产生的资产、负债的公允价值变动登记入账。其对外提供的财务报表仍然是以各项资产和负债的原账面价值为基础而编制的。为此，母公司若要编制购买日的合并财务报表，则必须按照购买日子公司各项资产、负债的公允价值对其财务报表项目进行调整。这一调整是通过在合并工作底稿中编制调整分录进行的，实际上相当于将子公司各项资产、负债的公允价值变动模拟入账，然后以购买日子公司各项资产、负债的公允价值为基础编制购买日的合并财务报表。

母公司对子公司权益性资本投资项目与子公司所有者权益项目的抵消处理

将母公司对子公司的长期股权投资按照权益法进行调整时，若当期子公司盈利，则按照应享有子公司实现净利润的份额，借记"长期股权投资"项目，贷记"投资收益"项目；若当期子公司亏损，则按照应承担子公司亏损的比例，借记"投资收益"项目，贷记"长期股权投资"项目。如果当期母公司收到子公司分派的现金股利或利润，则借记"投资收益"项目，贷记"长期股权投资"项目。对子公司除净损益以外所有者权益的其他变动，母公司要按照应负担的比例，借记"长期股权投资"项目，贷记"其他综合收益""资本公积"等项目。需要说明的是，合并财务报表调整和抵消时都是项目，而不是科目。

三、合并资产负债表应抵消的项目

合并资产负债表是以母公司和纳入合并范围的子公司的个别资产负债表为基础而编制的。个别资产负债表则是以单个企业为会计主体进行会计核算的结果，它从母公司或子公司的角度对自身财务状况加以反映。

内部购进存贷业务的抵消处理

对于企业集团内部发生的经济业务，发生经济业务的两方都在其个别资产负债表中进行反映。在编制能够充分反映企业集团整体财务状况的合并资产负债表时，必须将这些重复计算的项目予以扣除并进行抵消处理。

例如，企业集团内部母公司与子公司之间发生的赊销赊购业务，对于赊销企业来说，要确认营业收入、结转营业成本、计算营业利润，并在其个别资产负债表中反映为应收账款；对于赊购企业来说，在企业集团内部购入的存货未实现对外销售的情况下，应在其个别资产负债表中反映为存货和应付账款。在这种情况下，资产、负债和所有者权益类各项目的加总数额中必然包含了重复计算的项目。

编制合并资产负债表时需要进行抵消处理的项目有：母公司对子公司长期股权投资项目与子公司所有者权益（或股东权益）项目；母公司与子公司、子公司相互之间发生的内部债权与债务项目；存货项目，即存货价值中包含的未实现内部销售损益；固定资产项目（包括固定资产原价和累计折旧项目），即企业集团内部购进固定资产价值中包含的未实现内部销售损益；无形资产项目，即企业集团内部购进无形资产价值中包含的未实现内部销售损益。

(1) 母公司对子公司长期股权投资项目与子公司所有者权益（或股东权益）项目的抵消。母公司对子公司进行的股权投资，一方面反映为长期股权投资以外的其他资产（如银行存款）的减少；另一方面反映为长期股权投资的增加，在母公司个别资产负债表中作为资产类项目的长期股权投资列示。子公司接受母公司的股权投资时，一方面资产（如银行存款）增加；另一方面所有者权益中的实收资本增加。如果直接将母、子公司的个别资产负债表简单相加，必然会使企业集团的资产与所有者权益增加。从企业集团的角度来看，母公司对子公司的长期股权投资，实际上相当于母公司将资本拨付给下属单位，并未引起整个企业集团资产、负债和所有者权益的增减变动。因此，编制合并资产负债表时，应当在母、子公司个别资产负债表相加的基础上，将母公司对子公司的长期股权投资项目与子公司的所有者权益项目予以抵消，即一方面减少子公司的所有者权益项目；另一方面减少母公司对子公司的长期股权投资项目（资产类）。子公司相互之间持有的股权投资，应比照母公司对子公司股权投资的抵消方式进行抵消。母公司对子公司长期股权投资项目与子公司所有者权益项目的抵消处理包括以下两种情况：

① 全资子公司纳入合并范围的抵消处理。在子公司为全资子公司的情况下，母公司对子公司长期股权投资的数额和子公司所有者权益各项目的数额应当全额抵消。在合并工作底稿中应编制抵消分录：借记"实收资本（子公司账面价值）""其他综合收益""资本公积（子公司账面价值）""盈余公积（子公司账面价值）""未分配利润（子公司账面价值）—年末"等项目，贷记"长期股权投资（母公司账面价值）"项目。当母公司对子公司的长期股权投资金额与应享有的子公司所有者权益项目的金额不相等时，其差额作为商誉来处理。如果为借方差额，则借记"商誉"项目；如果为贷方差额，则贷记"营业外收入"项目。在合并资产负债表以后期间要调整年初未分配利润。

② 非全资子公司纳入合并范围的抵消处理。在子公司为非全资子公司的情况下，应当将母公司对子公司长期股权投资的数额和子公司所有者权益各项目的数额相抵消，在合并工作底稿中应编制抵消分录：借记"实收资本""资本公积""其他综合收益""盈余公

积""未分配利润—年末"项目,贷记"长期股权投资""少数股东权益"项目。其中,"少数股东权益"项目反映除母公司以外的其他投资者在子公司中的份额,应在合并资产负债表中负债与所有者权益类的"少数股东权益"项目中单独反映。当母公司对子公司长期股权投资的金额与应享有的子公司所有者权益项目的金额不相等时,其差额要比照全资子公司的情况来处理。

(2) 内部债权与债务项目的抵消。母公司与子公司之间、子公司相互之间的债权与债务项目,指公司与子公司之间、子公司相互之间因销售商品、提供劳务,以及发生结算业务等而产生的应收账款与应付账款、应收票据与应付票据、预付款项与合同负债、其他应收款与其他应付款、债权投资与应付债券等项目。对于发生在母公司与子公司之间、子公司相互之间的项目,企业集团内部的一方在其个别资产负债表中反映为资产,而另一方则在其个别资产负债表中反映为负债。但是从企业集团的角度来看,上述业务只是企业集团内部的资金流动,既不能增加企业集团的资产,也不能增加其负债,为此,在编制会计报表时应当将其抵消。

① 应收账款与应付账款的抵消。初次编制合并财务报表时,对于企业集团内部产生的应收账款与应付账款,应借记"应付账款"项目,贷记"应收账款"项目;若抵消企业集团内部的应收债券,则应同时抵消应收账款计提的坏账准备,借记"坏账准备"项目,贷记"信用减值损失"项目。

② 应收票据与应付票据、预付款项与合同负债的抵消。应收票据与应付票据、预付款项与合同负债同应收账款与应付账款一样,都属于企业集团内部的债权与债务,应按有关规定予以抵消,借记"应付票据""合同负债"项目,贷记"应收票据""预付款项"等项目。

(3) 存货价值中包含的未实现内部损益的抵消。存货价值中包含的未实现内部损益是由企业集团内部的商品购销、劳务提供活动所引起的。在企业集团内部的商品购销活动中,销售企业将集团内部销售额作为销售收入并确认销售利润,而购买企业则以支付的购货款作为存货成本来入账。在本期内未实现对外销售而形成期末存货时,存货的价值包括真正的成本(销售企业销售该商品的成本)和销售企业的销售毛利(销售企业的销售收入减去销售成本的差额)两部分。期末存货中包含的内部未实现毛利,并不是真正的利润。因为从整个企业集团的角度来看,企业集团内部的商品购销、劳务提供活动实际上相当于企业内部物资调拨活动,既不会产生利润,也不会增加商品的价值。因此,在编制合并资产负债表时,应当将存货价值中包含的未实现损益予以抵消。编制抵消分录时,要按照企业集团内部销售该商品的销售收入,借记"营业收入"等项目;按照其销售成本,贷记"营业成本"等项目;按照当期期末存货价值中包含的未实现内部损益的金额,贷记"存货"项目。

(4) 内部固定资产、无形资产交易的抵消。若是购买企业集团内部购进的固定资产或无形资产,则在其个别资产负债表中以支付的价款作为该固定资产或无形资产的原价列示,在编制合并财务报表时,应当将该固定资产或无形资产原价中所包含的未实现内部损益和固定资产使用中多计提的折旧部分(固定资产原价中所包含的未实现内部损益)和无形资产多摊销部分予以抵消。按照销售该商品（购买方将其作为固定资产）或无形资产的销售收入，借记"营业收入"项目；按照其销售成本，贷记"营业成本"项目；按照该固定资产或无形资产的销售收入与销售成本之间的差额（固定资产、无形资产的原价中所包含的未实现内部损益），贷记"固定资产—原价""无形资产—原价"项目。对企业集团内部交易的固定资产使用当期多计提的折旧的部分，借记"固定资产—累计折旧"项目，贷记"管理费用"等项目。对企业集团内部交易的无形资产使用当期多摊销的部分，借记"无形资产—摊销"项目，贷记"管理费用"项目。

内部债权与债务
的抵消分录

■ 6.3.2　合并利润表的编制方法

一、合并利润表的含义

合并利润表是反映母公司和子公司所形成的企业集团在一定期间内的经营成果的报表。

二、合并利润表的抵消项目

编制合并利润表时，同样要将企业集团内部交易造成重复计算的项目予以抵消。这些项目包括企业集团内部的购销业务所形成的营业收入和内部营业成本；企业集团内部的购销存货、固定资产、无形资产业务中包含的未实现内部销售损益；因内部购销固定资产、无形资产的原价中包含未实现内部收益而多计提的折旧额、摊销额；内部交易形成的资产，包括应收账款、存货、固定资产、无形资产等计提的减值准备中包含的未实现内部收益和内部投资收益，即内部利息收入与利息支出、内部股权投资收益等。

（1）企业集团内部营业收入和内部营业成本的抵消。内部营业收入和内部营业成本指企业集团内部的母公司与子公司、子公司相互之间因购销业务而形成的营业收入和营业成本。内部营业收入和内部营业成本的抵消应根据以下不同情况来处理。

① 母公司与子公司、子公司相互之间销售商品，期末全部实现对外销售。在这种情况下，销售企业与购买企业分别就购销业务在其个别利润表中进行反映。从企业集团整体的角度来看，内部购销业务只是货物的存放地点发生了变化，没有实现商品的价值。在编制合并财务报表时，必须将内部营业收入的数额和内部购进该货物所发生的购进成本的数额予以抵消，此时应借记"营业收入"项目，贷记"营业成本"项目。

② 母公司与子公司、子公司相互之间销售商品，期末全部未实现对外销售。在这种情况下，销售企业一般按销售业务确认营业收入，结转销售成本，并在其个别利润表中加以反映。从企业集团整体的角度来看，该购销业务只是货物的存放地点发生了变化，不应当确认销售收入、结转销售成本、计算销售损益。在编制合并财务报表时，应将销售企业销售确认的营业收入、结转的销售成本予以抵消。母公司与子公司、子公司相互之间销售商品，期末全部未实现对外销售而形成的存货，在购买企业的资产负债表中作为资产列示，这样购买企业的资产负债表中抵消的存货价值就包含了未实现的内部销售损益。在编制合并利润表时，应将存货价值中包含的未实现内部销售损益予以抵消，借记"营业收入"项目，贷记"存货""营业成本"项目。

③ 内部购销商品部分对外出售、部分形成期末存货。在这种情况下，应当将内部购销商品分为已全部实现对外销售和全部未实现对外销售两部分，并分别进行处理。将本期全部实现对外销售商品的内部收入和内部成本抵消，借记"营业收入"项目，贷记"营业成本"项目；将本期全部未实现对外销售而形成存货的未实现内部损益抵消，借记"营业成本"项目，贷记"存货"（期末存货中的未实现内部损益）项目。

(2) 企业集团内部购进商品作为固定资产、无形资产使用的抵消。企业集团内部的母公司与子公司、子公司相互之间将自身生产的产品销售给集团内部的其他企业作为固定资产使用时，销售企业作为一般销售确认收入，结转成本并计算损益，同时在其个别利润表中列示；购买企业则以购买价格作为固定资产原价入账，该固定资产原价中既包含销售企业的生产成本，又包含销售企业销售产品所实现的收益。从企业集团整体的角度来看，只能将销售企业的销售成本作为固定资产原价在合并财务报表中反映。在编制合并利润表时，必须将内部交易形成的营业收入与营业成本抵消，将固定资产原价中包含的未实现内部销售损益予以抵消。抵消之后，合并财务报表中的该固定资产仍然以合并之前的销售成本反映。

(3) 企业集团内部应收债权计提的坏账准备等减值准备的抵消。编制合并资产负债表时，企业集团内部应收账款计提的坏账准备也要予以抵消，借记"坏账准备"或"应收账款—坏账准备"项目，贷记"信用减值损失"项目。

(4) 企业集团内部投资收益与利息费用的抵消。企业集团内部的母公司与子公司、子公司相互之间发生持有对方债券的情况下，发行债券的企业将支付的利息作为财务费用，并在其个别利润表中加以反映。持有债券的企业将购买的债券在其个别资产负债表的"债权投资（其他债权投资）"项目中列示，并将当期获得的利息收入作为投资收益，列示于其个别利润表中。从企业集团整体的角度来看，集团内部成员企业发行和购买债券，相当于同一主体内部调整资金，因此，在编制合并财务报表时，在内部发行的应付债券和债权投资（其他债权投资）等内部债权与债务抵消的同时，应将内部利息收入与利息支出相互抵消，借记"投资收益"项目，贷记"财务费用"项目。

案例解析

1. 根据母公司 P 公司和子公司 S 公司组成的企业集团内部经济业务，编制调整分录及各抵消分录。

(1) 确认 P 公司在 S 公司 2021 年实现的净利润 2000 万元中应享有的份额 1600 万元 (2000 × 80%)。

借：长期股权投资—S 公司　　　　　　　　　　　　　　　　　　　　1600
　　贷：投资收益　　　　　　　　　　　　　　　　　　　　　　　　　　1600

(2) 按照权益法调整确认 S 公司其他综合收益所享有的份额 120 万元 (150 × 80%)。

借：长期股权投资—S 公司　　　　　　　　　　　　　　　　　　　　120

      贷：其他综合收益　　　　　　　　　　　　　　　　　　　　120

(3) P 公司对 S 公司长期股权投资项目与子公司所有者权益项目的抵消。

借：股本　　　　　　　　　　　　　　　　　　　　　　　　4000

    资本公积　　　　　　　　　　　　　　　　　　　　　　3000

    其他综合收益　　　　　　　　　　　　　　　　　　　　150

    未分配利润—年末　　　　　　　　　　　　　　　　　　2000

    商誉　　　　　　　　　　　　　　　　　　　　　　　　400

    贷：长期股权投资　　　　　　　　　　　　　　　　　　7720

                              (9150 × 80% + 400)

      少数股东权益　　　　　　　　　　　　　　　　　　　1830

                              (9150 × 20%)

(4) 内部债权债务项目的抵消——内部应收账款与应付账款的抵消。

借：应付账款　　　　　　　　　　　　　　　　　　　　　1000

    贷：应收账款　　　　　　　　　　　　　　　　　　　　1000

(5) 内部债权债务项目的抵消——坏账准备与资产减值损失的抵消。

借：应收账款—坏账准备　　　　　　　　　　　　　　　　50

    贷：信用减值损失　　　　　　　　　　　　　　　　　　50

(6) 内部债权债务项目的抵消——内部预付款项与合同负债的抵消。

借：合同负债　　　　　　　　　　　　　　　　　　　　　200

    贷：预付款项　　　　　　　　　　　　　　　　　　　　200

(7) 内部债权债务项目的抵消——内部应收票据与应付票据的抵消。

借：应付票据　　　　　　　　　　　　　　　　　　　　　800

    贷：应收票据　　　　　　　　　　　　　　　　　　　　800

(8) 内部债权债务项目的抵消——债权投资与应付债券抵消。

借：应付债券　　　　　　　　　　　　　　　　　　　　　400

    贷：债权投资　　　　　　　　　　　　　　　　　　　　400

(9) 内部销售业务的抵消——期末全部未实现对外销售。

借：营业收入　　　　　　　　　　　　　　　　　　　　　2000

    贷：营业成本　　　　　　　　　　　　　　　　　　　　2000

(10) 存货价值包含的未实现内部损益的抵消——期末全部未实现对外销售。

借：营业成本　　　　　　　　　　　　　　　　　　　　　400

    贷：存货　　　　　　　　　　　　　　　　　　　　　　400

(11) 内部固定资产业务的抵消。

借：营业收入　　　　　　　　　　　　　　　　　　　　　600

    贷：营业成本　　　　　　　　　　　　　　　　　　　　540

      固定资产—原价　　　　　　　　　　　　　　　　　　60

(12) 内部固定资产折旧业务的抵消。

借：固定资产—累计折旧　　　　　　　　　　　　　　　　20

	贷：管理费用							20

(13) 内部营业收入与内部营业成本项目的抵消——期末全部实现对外销售。

	借：营业收入							7000
	贷：营业成本							7000

(14) 内部投资收益与利息支出的抵消。

	借：投资收益							40
	贷：财务费用							40

(15) 母公司投资收益与子公司利润分配项目的抵消。

	借：投资收益							1600
	少数股东损益							400
	贷：未分配利润—年末							2000

2. 填列合并工作底稿。

将抵消分录中的数字过入合并工作底稿的抵消分录的借方栏和贷方栏，并计算各财务报表项目的合并数。在合并工作底稿中，抵消分录栏的数字序号与抵消分录的序号一致。P公司和S公司的合并工作底稿见表6-4。

表6-4　P公司和S公司的合并工作底稿

项　目	P公司	S公司	调整分录	合计数	抵消分录		少数股东权益	合并数
					借方	贷方		
资产负债表(项目)								
流动资产：								
货币资金	2000	1000		3000				3000
应收票据	6800	600		7400		(7)800		6600
其中：应收S公司票据	800			800		(7)800		0
应收账款	3600	2720		6320	(5)50	(4)1000		5370
其中：应收S公司账款	950			950	(5)50	(4)1000		0
预付款项	1540	800		2340		(6)200		2140
其中：预付P公司账款		200		200		(6)200		0
存货	2000	2200		4200		(10)400		3800
其中：从S公司购入存货	2000			2000		(10)400		1600
流动资产合计	15 940	7320		23 260	50	2400		20 910
非流动资产：								
债权投资	400			400		(8)400		0
其中：持有P公司债券	400			400		(8)400		0
其他债权投资		1600		1600				1600

续表一

项目	P公司	S公司	调整分录	合计数	抵消分录 借方	抵消分录 贷方	少数股东权益	合并数
长期股权投资	9400		(1)1600 (2)120	11 120		(3)7720		3400
其中：对S公司投资	6000		(1)1600 (2)120	7720		(3)7720		0
固定资产	8200	4150		12 350	(12)20	(11)60		12 310
其中：从S公司购入固定资产	600			600	(12)20	(11)60		560
无形资产	1260			1260				1260
商誉					(3)400			400
非流动资产合计	19 260	5750	1720	26 730	420	8180		18 970
资产总计	35 200	13 070	1720	49 990	470	10 580		39 880
流动负债：								
应付票据	2000	800		2800	(7)800			2000
其中：应付票据—P公司		800		800	(7)800			0
应付账款	6000	1000		7000	(4)1000			6000
其中：应付P公司账款		1000		1000	(4)1000			0
合同负债	400			400	(6)200			200
其中：预收S公司账款	200			200	(6)200			0
应付职工薪酬	2000	200		2200				2200
应交税费	1600	120		1720				1720
流动负债合计	12 000	2120		14 120	2000			12 120
非流动负债：								
长期借款	4000	1350		5350				5350
应付债券	1200	400		1600	(8)400			1200
其中：应付债券—P公司		400		400	(8)400			0
递延所得税负债	0	50		50				50
非流动负债合计	5200	1800		7000	400			6600
负债合计	17 200	3920		21 120	2400			18720
所有者权益								
股本	8000	4000		12 000	(3)4000			8000
资本公积	1600	3000		4600	(3)3000			1600
其他综合收益		150	(2)120	270	(3)150			120
盈余公积	2000	0		2000				2000

项　目	P公司	S公司	调整分录	合计数	抵消分录		少数股东权益	合并数
					借方	贷方		
未分配利润	6400	2000	(1)1600	10 000	(3)2000 (9)2000 (10)400 (11)600	(5)50 (9)2000 (11)540 (12)20		7610
少数股东权益							(3)1830	1830
所有者权益合计	18 000	9150	1720	28 870	12 150	2610	1830	21 160
负债和所有者权益合计	35 200	13 070	1720	49 990	14 550	2610	1830	39 880
利润表(项目)								
营业收入	17 400	12 600		30 000	(9)2000 (11)600 (13)7000			20 400
营业成本	8900	9140		18 040	(10)400	(9)2000 (11)540 (13)7000		8900
税金及附加	1453.33	569.33		2022.66				2022.66
销售费用	30	20		50				50
管理费用	200	24		224		(12)20		204
财务费用	600	180		780		(14)40		740
信用减值损失	50			50		(5)50		0
投资收益	1000		(1)1600	2600	(14)40 (15)1600			960
营业利润	7166.67	2666.67	(1)1600	11 433.34	11 640	9650		9443.34
营业外收入								
营业外支出	20			20				20
利润总额	7146.67	2666.67	(1)1600	11 413.34	11 640	9650		9423.34
所得税费用	1786.67	666.67		2453.34				2453.34
净利润	5360	2000	(1)1600	8960	11 640	9650		6970
少数股东损益					(15)400			400
归属于母公司所有的净利润								6570
其他综合收益的税后净额		120	90	210	120			90
综合收益总额	5360	2120	1690	9170	11 760	9650		7060
归属于母公司所有者的综合收益总额								
归属于少数股东的综合收益总额								

3.编制合并资产负债表及合并利润表。

根据合并工作底稿中计算得出的合并数，编制 P 公司的合并资产负债表 (表 6-5) 及

合并利润表 (表 6-6)。

表 6-5 合并资产负债表

编制单位：P 公司　　　　　　　　　　2021 年 12 月 31 日　　　　　　　　　　单位：万元

资　　产	期末余额	年初余额	负债和所有者权益	期末余额	年初余额
流动资产：		略	流动负债：		略
货币资金	3000		短期借款		
交易性金融资产			交易性金融负债		
衍生金融资产			衍生金融负债		
应收票据	6600		应付票据	2000	
应收账款	5370		应付账款	6000	
预付款项	2140		预收款项		
其他应收款			合同负债	200	
存货	3800		应付职工薪酬	2200	
合同资产			应交税费	1720	
持有待售资产			其他应付款		
一年内到期非流动资产			持有待售负债		
其他流动资产			一年内到期的非流动负债		
流动资产合计	20 910		其他流动负债		
非流动资产：			流动负债合计	12 120	
债权投资			非流动负债：		
其他债权投资	1600		长期借款	5350	
长期应收款			应付债券	1200	
长期股权投资	3400		长期应付款		
其他权益工具投资			预计负债		
其他非流动金融资产			递延收益		
投资性房地产			递延所得税负债	50	
固定资产	12 310		其他非流动负债		
在建工程			非流动负债合计	6600	
生产性生物资产			负债合计	18 720	
油气资产			所有者权益		
无形资产	1260		股本	8000	
开发支出			资本公积	1600	
商誉	400		减：库存股		
长期待摊费用			其他综合收益	120	
递延所得税资产			盈余公积	2000	
其他非流动资产			未分配利润	7610	
非流动资产合计	18 970		归属于母公司所有者权益合计		
			少数股东权益	1830	
			所有者权益合计	21 160	
资产总计	39 880		负债和所有者权益合计	39 880	

单位负责人：　　　　　　财会负责人：　　　　　　复核：　　　　　　制表：

表 6-6　合并利润表

编制单位：P 公司　　　　　　　　　2021 年　　　　　　　　　单位：万元

项　目	本期金额	上期金额
一、营业收入	20 400	略
减：营业成本	8900	
税金及附加	2022.66	
销售费用	50	
管理费用	204	
研发费用		
财务费用	740	
其中：利息费用	740	
利息收入		
资产减值损失		
信用减值损失		
加：公允价值变动收益		
投资收益	960	
其中：对联营企业和合营企业的投资收益		
汇兑收益		
二、营业利润	9443.34	
加：营业外收入		
减：营业外支出	20	
三、利润总额	9423.34	
减：所得税费用	2453.34	
四、净利润	6970	
归属于母公司所有者的净利润	6570	
少数股东损益	400	
五、其他综合收益的税后净额	90	
六、综合收益总额	7060	
归属于母公司所有者的综合收益总额		
归属于少数股东的综合收益总额		
七、每股收益		
（一）基本每股收益		
（二）稀释每股收益		

单位负责人：　　　　　财会负责人：　　　　　复核：　　　　　制表：

6.4　编制合并现金流量表

案例导入

龙江集团由母公司及一家非全资子公司组成，母公司拥有子公司 80% 的权益性资本。母、子公司 2021 年度的现金流量表见表 6-7。

表 6-7　母、子公司的现金流量表

编制单位：龙江集团　　　　　　　　　　　2021 年度　　　　　　　　　　单位：万元

项　目	母公司	子公司
一、经营活动产生的现金流量		
销售商品、提供劳务收到的现金	7037	752
收到的税费返还	29	0
收到的其他与经营活动有关的现金	28	14
经营活动现金流入小计	7094	766
购买商品、接受劳务支付的现金	4710	519
支付的各项税费	599	100
支付给职工以及为职工支付的现金	78	5
支付的其他与经营活动有关的现金	438	48
经营活动现金流出小计	5825	672
经营活动产生的现金流量净额	1269	94
二、投资活动产生的现金流量		
收回投资收到的现金	18	3
取得投资收益收到的现金	15	0
处置固定资产、无形资产和其他长期资产收回的现金净额	176	5
处置子公司及其他营业单位收到的现金净额	0	0
收到的其他与投资活动有关的现金	42	0
投资活动现金流入小计	251	8
投资支付的现金	239	35
取得子公司及其他营业单位支付的现金净额	380	0
购建固定资产、无形资产和其他长期资产支付的现金	0	0

项　目	母公司	子公司
支付的其他与投资活动有关的现金	29	0
投资活动现金流出小计	648	35
投资活动产生的现金流量净额	−397	−27
三、筹资活动产生的现金流量		
吸收投资收到的现金	0	150
取得借款收到的现金	1855	320
收到的其他与筹资活动有关的现金	0	0
筹资活动现金流入小计	1855	470
偿还债务支付的现金	1700	280
分配股利、利润或偿付利息支付的现金	369	25
支付的其他与筹资活动有关的现金	0	0
筹资活动现金流出小计	2069	305
筹资活动产生的现金流量净额	−214	165
四、汇率变动对现金及现金等价物的影响额	0	0
五、现金及现金等价物净增加额	658	232
加：期初现金及现金等价物余额	2302	1808
六、期末现金及现金等价物余额	2960	2040

注：本表数据与前述资产负债表、利润表没有必然的联系。

母公司和子公司的各项内部交易事项如下。

(1) 母公司本期对子公司进行权益性投资 250 万元，其中以固定资产投资 100 万元，以现金投资 150 万元。

(2) 母公司本期从子公司分得现金股利 15 万元。

(3) 母公司销售给子公司产品，共以现金收取价款 10 万元及增值税 1.3 万元。该产品母公司和子公司均未售出，形成期末存货。

有关母公司和子公司的少数股东权益内容如下。

(1) 子公司本年度吸收少数股东以现金投入的权益性投资 30 万元。

(2) 子公司本年度内向少数股东支付股利 3 万元。

案例要求

1. 根据给定资料设计合并现金流量表工作底稿。

2. 编制抵消分录。

3. 计算合并现金流量表各项目的合并数。

4. 编制合并现金流量表。

知识准备

6.4.1 合并现金流量表的含义

合并现金流量表是反映企业集团在一定会计期间的现金流入量、流出量及现金增减变动情况的财务报表。我国要求各企业按期编制本企业的现金流量表，企业集团则要编制合并现金流量表。

6.4.2 合并现金流量表的编制方法

合并现金流量表的编制方法有两种：一种是以合并资产负债表和合并利润表为基础，采用与编制个别现金流量表相同的方法编制合并现金流量表；另一种是以个别现金流量表为基础，通过编制抵消分录，将母公司和纳入合并范围的子公司及子公司相互之间发生的经济业务对个别现金流量表中现金流量的影响予以抵消，从而编制企业集团的合并现金流量表。

以合并资产负债表和合并利润表为基础编制合并现金流量表时，会受到合并资产负债表、合并利润表编制进度的影响，且要调整母、子公司内部及相互之间复杂的经济业务，工作量大，对合并现金流量表准确性的影响很大，一般很少采用。

以个别现金流量表为基础来编制合并现金流量表时，只需编制抵消分录，然后按合并后的数额编制合并现金流量表即可，其应用范围较广。采用该方法时，其编制原理、编制程序与合并资产负债表、合并利润表的编制原理、编制程序大体相同。

6.4.3 编制合并现金流量表的程序

一、设计合并现金流量表工作底稿

合并现金流量表工作底稿的格式与合并资产负债表、合并利润表工作底稿的格式大体相同，合并现金流量表中的项目是现金流量表的各项目，同时，将子公司与少数股东之间发生的现金流入和现金流出的情况在筹资活动中单独予以反映。现金流量表工作底稿设计完成后，要将母公司和纳入合并范围的子公司个别现金流量表的数字过入合并工作底稿的相应栏中，然后计算出合计数。

二、处理公司内部交易事项

在编制合并现金流量表时，要把母公司和纳入合并范围的子公司作为一个整体来看待，这样就不会引起现金流量的变化，并非实质上的现金流转。因此，在编制现金流量表时，应对涉及现金的内部交易事项进行相应的调整。在编制内部交易事项的抵消分录时，可用个别现金流量表中的项目直接进行调整。其中，现金流入各项目的借方表示增加，贷方表示减少；现金流出各项目的借方表示减少，贷方表示增加。

三、计算合并现金流量表各项目的合并数

将编制完成的抵消分录过入表 6-8，并计算出各项目的合并数。

四、编制合并现金流量表

根据表 6-8 中的合并数填列合并现金流量表，编制完成的合并现金流量表见表 6-9。

案例解析

1. 设计合并现金流量表工作底稿。

表 6-8　合并现金流量表工作底稿

项　目	母公司	子公司	合计数	抵消分录		合并数
				借方	贷方	
一、经营活动产生的现金流量						
销售商品、提供劳务收到的现金	7037	752	7789		(3)11.3	7777.7
收到的税费返还	29	0	29			29
收到的其他与经营活动有关的现金	28	14	42			42
经营活动现金流入小计	7094	766	7860		11.3	7848.7
购买商品、接受劳务支付的现金	4710	519	5229	(3)11.3		5217.7
支付的各项税费	599	100	699			699
支付给职工以及为职工支付的现金	78	5	83			83
支付的其他与经营活动有关的现金	438	48	486			486
经营活动现金流出小计	5825	672	6497	11.3		6485.7
经营活动产生的现金流量净额	1269	94	1363	11.3	11.3	1363
二、投资活动产生的现金流量			0			0
收回投资收到的现金	18	3	21			21
取得投资收益收到的现金	15	0	15		(2)15	0
处置固定资产、无形资产和其他长期资产收回的现金净额	176	5	181			181
处置子公司和其他营业单位收到的现金净额	0	0	0			0
收到的其他与投资活动有关的现金	42	0	42			42
投资活动现金流入小计	251	8	259		15	244
投资支付的现金	380	0	380	(1)120		260
取得子公司和其他营业单位支付的现金净额	0	0	0			0

续表

项 目	母公司	子公司	合计数	抵消分录 借方	抵消分录 贷方	合并数
购建固定资产、无形资产和其他长期资产支付的现金	239	35	274			274
支付的其他与投资活动有关的现金	29	0	29			29
投资活动现金流出小计	648	35	683	120		563
投资活动产生的现金流量净额	−397	−27	−424	120	15	−319
三、筹资活动产生的现金流量				0		0
吸收投资收到的现金	0	150	150		(1)120	30
其中：子公司吸收少数股东权益性投资收到的现金						30
取得借款收到的现金	1855	320	2175			2175
收到的其他与筹资活动有关的现金	0	0	0			0
筹资活动现金流入小计	1855	470	2325		120	2205
偿还债务支付的现金	1700	280	1980			1980
分配股利、利润或偿付利息支付的现金	369	25	394	(2)15		379
其中：子公司支付少数股东的现金股利						3
支付的其他与筹资活动有关的现金	0	0	0			0
筹资活动现金流出小计	2069	305	2374	15		2359
筹资活动产生的流量净额	−214	165	−49	15	120	−154
四、汇率变动对现金及现金等价物的影响额	0	0	0			0
五、现金及现金等价物净增加额	658	232	890	146.3	146.3	890
加：期初现金及现金等价物余额	2302	1808	4110			4110
六、期末现金及现金等价物余额	2960	2040	5000			5000

2. 编制抵消分录。

(1) 母公司以现金对子公司权益性投资的抵消。龙汇集团的子公司为非全资子公司，母公司占有投资比例为80%。母公司以现金对子公司进行权益性投资，母公司已经增加现金流出中的"投资支付的现金"项目120万元，子公司已经增加现金流入中的"吸收投资收到的现金"120万元。因此，在编制合并现金流量表时应予抵消，抵消分录为

借：投资支付的现金   120

   贷：吸收投资收到的现金   120

(2) 母公司从子公司分得现金股利的抵消。表6-7显示，母公司从子公司分得现金股利，母公司已经增加现金流入中的"取得投资收益收到的现金"项目15万元，子公司已经增加现金流出中的"分配股利、利润或偿付利息支付的现金"项目15万元。因此，在编制

合并现金流量表时应予抵消，抵消分录为

借：分配股利、利润或偿付利息的支付的现金 　　　　　　　　　　　15

　　贷：取得投资收益收到的现金 　　　　　　　　　　　　　　　　　　15

(3) 母公司与子公司以现金收付的内部交易业务的抵消。个别现金流量表显示，母公司销售给子公司产品收取现金 11.3 万元的业务，母公司已经增加现金流入中的"销售商品、提供劳务收到的现金"项目 11.3 万元，子公司已增加现金流出中的"购买商品、接受劳务支付的现金"项目 11.3 万元。因此，在编制合并现金流量表时应予以抵消，抵消分录为

借：购买商品、接受劳务支付的现金 　　　　　　　　　　　　　　11.3

　　贷：销售商品、提供劳务收到的现金 　　　　　　　　　　　　　　11.3

(4) 处理少数股东权益。少数股东权益的处理方法是在合并现金流量的"筹资活动产生的现金流量"下增设的相应项目中单独反映，不必编制抵消分录，只须列入合并工作底稿中的调整后的合并数项目下即可。

3. 计算合并现金流量表各项目的合并数。

将编制完成的分录过入表 6-8，并计算出各项目的合并数。

现金流入各项目的合并数 = 该项目的合计数 + 该项目抵消分录的借方 − 该项目抵消分录的贷方

现金流出各项目的合并数 = 该项目的合计数 − 该项目抵消分录的借方 + 该项目抵消分录的贷方

4. 编制合并现金流量表。

根据表 6-8 中的合并数填列合并现金流量表，合并现金流量表见表 6-9。

表 6-9　合并现金流量表

编制单位：龙江集团　　　　　　　　　　2021 年　　　　　　　　　　单位：万元

项　　目	本期金额	上期金额
一、经营活动产生的现金流量		略
销售商品、提供劳务收到的现金	7777.7	
收到的税费返还	29	
收到的其他与经营活动有关的现金	42	
经营活动现金流入小计	7848.7	
购买商品、接受劳务支付的现金	5217.7	
支付给职工以及为职工支付的现金	699	
支付的各项税费	83	
支付的其他与经营活动有关的现金	486	
经营活动现金流出小计	6485.7	

续表

项　目	本期金额	上期金额
经营活动产生的现金流量净额	1363	
二、投资活动产生的现金流量	0	
收回投资收到的现金	21	
取得投资收益收到的现金	0	
处置固定资产、无形资产和其他长期资产收回的现金净额	181	
处置子公司和其他营业单位收到的现金净额	0	
收到的其他与投资活动有关的现金	42	
投资活动现金流入小计	244	
投资支付的现金	260	
取得子公司和其他营业单位支付的现金净额	0	
购建固定资产、无形资产和其他长期资产支付的现金	274	
支付的其他与投资活动有关的现金	29	
投资活动现金流出小计	563	
投资活动产生的现金流量净额	−319	
三、筹资活动产生的现金流量	0	
吸收投资收到的现金	30	
其中：子公司吸收少数股东权益性投资收到的现金	30	
取得借款收到的现金	2175	
收到的其他与筹资活动有关的现金	0	
筹资活动现金流入小计	2205	
偿还债务支付的现金	1980	
分配股利、利润或偿付利息支付的现金	379	
其中：子公司支付少数股东的现金股利	3	
支付的其他与筹资活动有关的现金	0	
筹资活动现金流出小计	2359	
筹资活动产生的流量净额	−154	
四、汇率变动对现金及现金等价物的影响额	0	
五、现金及现金等价物净增加额	890	
加：期初现金及现金等价物余额	4110	
六、期末现金及现金等价物余额	5000	

本章小结

本章主要介绍了合并财务报表的相关概念和基本理论知识，包括合并财务报表的含义、种类、编制原则，合并财务报表范围的确定，编制合并财务报表前的准备事项及程序，以及合并资产负债表、合并利润表与合并现金流量表的编制方法。本章学习的重点是掌握合并工作底稿的编制方法，能够编制抵消分录及调整分录，计算各财务报表项目的合并数，使学生具备编制合并资产负债表、合并利润表、合并现金流量表的技能，为学习其他章节内容奠定坚实的基础。

职业能力训练

一、单项选择题

1. 下列子公司中，应当纳入其母公司合并财务报表合并范围的是 (　　)。

A. 已宣告被清理、整顿的子公司

B. 联营企业

C. 已宣告破产的子公司

D. 母公司通过直接和间接方式合计拥有被投资单位半数以上的表决权

2. 下列关于合并范围的说法中，不正确的是 (　　)。

A. 合并财务报表的合并范围应当以控制为基础予以确定

B. 纳入合并范围的子公司必须是法律主体

C. 由于母公司是投资性主体，且不存在为其投资活动提供相关服务的子公司，因此，不应当编制合并财务报表

D. 投资人并不对被投资方拥有控制权

3. A 公司拥有 B 公司 80% 的股份，拥有 C 公司 25% 的股份，B 公司拥有 C 公司 30% 的股份，则 A 公司通过直接和间接方式合计拥有 C 公司的股份为 (　　)。

A. 48%　　　　　　B. 60%　　　　　　C. 30%　　　　　　D. 55%

4. 合并财务报表是由 (　　) 编制的综合反映企业集团财务状况、经营成果、现金流量变动情况的财务报表。

A. 企业投资者　　　B. 母公司　　　　　C. 子公司　　　　　D. 会计师事务所

5. 下列不属于合并财务报表的编制原则的是 (　　)。

A. 一体性原则　　　　　　　　　　B. 以个别财务报表为编制基础的原则

C. 重要性原则　　　　　　　　　　D. 完整性原则

6. 2021 年 3 月，母公司以 1000 万元的价格 (不含增值税) 将生产设备销售给其全资子公司作为管理用固定资产，款项已收到。母公司的生产成本为 600 万元，未计提存货减值准备。子公司购入该设备后立即将其投入使用，并采用年限平均法计提折旧。该设备的预计使用年限为 10 年，预计净残值为零。假设不考虑所得税等其他因素的影响，则在编

制 2021 年合并财务报表时，因与该设备相关的未实现内部销售抵消而影响的合并净利润的金额为（　　）万元。

    A. 30　　　　　　B. 370　　　　　　C. 400　　　　　　D. 360

    7. 甲公司为乙公司的母公司。2021 年 12 月 3 日，甲公司向乙公司销售一批商品，增值税专用发票上注明的销售价款为 2000 万元，增值税额为 260 万元，已收到款项为 2000 万元，其余 260 万元至 2021 年末尚未收回。该批商品的成本为 1700 万元。假定不考虑其他因素，甲公司在编制 2021 年度合并现金流量表时，其"销售商品、提供劳务收到的现金"项目应抵消的金额为（　　）万元。

    A. 260　　　　　　B. 1700　　　　　　C. 2260　　　　　　D. 2000

    8. 乙公司为甲公司的全资子公司，且甲公司无其他子公司。2021 年乙公司实现净利润 500 万元，提取盈余公积 50 万元，宣告分配现金股利 150 万元。2021 年甲公司个别财务报表确认的投资收益为 480 万元，不考虑其他因素，2021 年合并利润表中"投资收益"项目列示的金额为（　　）万元。

    A. 330　　　　　　B. 480　　　　　　C. 630　　　　　　D. 500

    9. 在判断投资方是否能够控制被投资方时，不属于投资方应当具备的要素是（　　）。

    A. 拥有对被投资方的权力

    B. 参与被投资方的财务和经营决策

    C. 有能力运用对被投资方的权力影响其回报金额

    D. 通过参与被投资方的相关活动而享有可变回报

    10. 甲公司拥有乙和丙两家子公司。2021 年 7 月 5 日，乙公司将其专利技术以市场价格销售给丙公司，售价为 100 万元，增值税为 6 万元，账面价值为 76 万元，预计使用年限为 4 年，采用直线法摊销，无残值。假定不考虑所得税及其他因素的影响，甲公司在编制 2021 年末的合并资产负债表时，应调减"无形资产"项目的金额为（　　）万元。

    A. 35　　　　　　B. 21　　　　　　C. 15　　　　　　D. 24

    11. 不在合并现金流量表中反映的项目是（　　）。

    A. 子公司依法减资时向少数股东支付的现金

    B. 子公司向少数股东支付的现金股利

    C. 子公司吸收母公司投资收到的现金

    D. 子公司吸收贷款时收到的现金

    12. 甲公司拥有乙公司 80% 的表决权股份，能够影响乙公司的财务和经营决策。2021 年 6 月 1 日，甲公司将生产的一批产品出售给乙公司，售价为 1000 万元，增值税为 130 万元，成本为 600 万元，未计提存货减值准备。至 2021 年 12 月 31 日，乙公司已对外售出该批存货的 60%，售价为 700 万元，增值税为 91 万元，结存的存货期末未发生减值准备，则 2021 年合并财务报表中因该事项列示的营业收入为（　　）万元。

    A. 600　　　　　　B. 700　　　　　　C. 360　　　　　　D. 812

二、多项选择题

    1. 合并财务报表与个别财务报表相比，（　　）。

A. 反映的对象不同　　　　　　　　　　B. 编制的主体不同

C. 编制的基础不同　　　　　　　　　　D. 编制的方法不同

2. 合并财务报表是以母公司和子公司组成的企业集团为（　　　），以母公司和子公司（　　　）为基础，由母公司编制的财务报表。

A. 法律主体　　　　　　　　　　　　　B. 会计主体

C. 单独编制的个别财务报表　　　　　　D. 单独填制的总账和明细账

3. 当母公司对子公司权益性资本投资项目与子公司所有者权益项目抵消时，会计分录为（　　　）。

A. 借记"长期股权投资"项目　　　　　B. 贷记"长期股权投资"项目

C. 贷记"实收资本"项目　　　　　　　D. 借记"实收资本"项目

4. 编制合并财务报表时，企业集团内部的债权与债务项目抵消的有（　　　）。

A. 营业收入与营业成本的抵消　　　　　B. 应收账款与应付账款的抵消

C. 应收票据与应付票据的抵消　　　　　D. 营业成本与存货的抵消

5. 编制合并财务报表前的准备事项有（　　　）。

A. 母公司对子公司的股权投资采用权益法进行调整

B. 统一母、子公司的会计政策

C. 统一母、子公司的财务报表决算日及会计期间

D. 对子公司的外币财务报表进行折算

6. 下列属于合并财务报表编制程序的有（　　　）。

A. 调整子公司的个别财务报表　　　　　B. 编制合并工作底稿

C. 过入个别财务报表数字　　　　　　　D. 编制调整分录与抵消分录

7. 根据修订后的合并财务报表准则，控制应包括的基本要素有（　　　）。

A. 拥有对被投资方的权力

B. 通过参与被投资方的相关活动而享有可变回报

C. 有能力运用对被投资方的权力而影响其回报金额

D. 有权决定被投资方的经营方向

8. 下面关于合并财务报表的说法中，正确的有（　　　）。

A. 所有者权益包括少数股东权益　　　　B. 所有者权益不包括少数股东权益

C. 净利润包括少数股东损益　　　　　　D. 净利润不包括少数股东损益

9. 以下属于母、子公司合并现金流量表应抵消的项目有（　　　）。

A. 以现金投资或收购股权增加的投资所产生的现金流量

B. 当期取得投资收益收到的现金与分配股利支付的现金

C. 以现金结算债权与债务所产生的现金流量

D. 内部赊购固定资产

10. 下列各项现金流出中，属于企业现金流量表中筹资活动所产生的现金流量的有（　　　）。

A. 偿还应付账款　　B. 偿还短期借款　　C. 支付现金股利　　D. 收到现金股利

三、判断题

1. 甲公司拥有丙公司 80% 的股份，丙公司的所有者权益总额是 9000 万元，则少数股

东权益是 7200 万元。   （　　）

2. A 公司拥有 B 公司 70% 的股份，B 公司的所有者权益总额是 8000 万元，则少数股东权益是 2400 万元。   （　　）

3. 甲公司拥有丙公司 80% 的股份，丙公司的净利润是 10 万元，则少数股东损益是 8 万元。   （　　）

4. A 公司拥有 B 公司 80% 的股份，B 公司的净利润是 20 万元，则少数股东损益是 4 万元。   （　　）

5. 母公司在编制合并现金流量表时，应将其直接以现金对子公司进行长期股权投资形成的现金流量，与子公司在筹资活动中形成的与之相对应的现金流量相互抵消。（　　）

6. 企业以银行存款购入两个月内到期的债券，不影响现金流量的变动。（　　）

7. 母公司购买子公司的少数股权时，在合并财务报表中应确认购买少数股权部分的商誉。   （　　）

8. 企业集团内部购入的商品在当期全部实现对外销售的情况下，企业集团在编制合并财务报表时，也会涉及存货中包含的未实现内部销售利润的抵消问题。（　　）

9. 如果一个投资性主体的母公司本身不是投资性主体，则应当将其控制的全部主体，包括投资性主体，以及通过投资性主体间接控制的主体，纳入合并财务报表的编制范围中。   （　　）

10. 若企业本期期末无内部应收账款，则本期合并财务报表中一定不存在内部应收账款计提坏账准备抵消的问题。   （　　）

四、业务题

1. 假设母公司拥有子公司 80% 的股份，子公司的本期净利润为 10 000 元，年初未分配利润为 4000 元，本期提取盈余公积为 2000 元，分出利润为 5000 元，年末未分配利润为 7000 元，则编制合并财务报表时的抵消分录是（　　）。

A. 借：未分配利润—年末   4000
　　　投资收益   8000
　　　少数股东损益   2000
　　贷：提取盈余公积   2000
　　　　对投资者（或股东）的分配   5000
　　　　未分配利润—年末   7000

B. 借：未分配利润—年初   4000
　　　投资收益   8000
　　　少数股东损益   2000
　　贷：提取盈余公积   2000
　　　　对投资者（或股东）的分配   5000
　　　　未分配利润—年末   7000

C. 借：未分配利润—年初   4000
　　　投资收益   8000
　　　少数股东权益   2000

贷：提取盈余公积		2000
对投资者 (或股东) 的分配		5000
未分配利润—年末		7000

D. 借：未分配利润—年末　　　　　　　　　　　　　　　4000

　　　投资收益　　　　　　　　　　　　　　　　　　　8000

　　　少数股东权益　　　　　　　　　　　　　　　　　2000

　　　贷：提取盈余公积　　　　　　　　　　　　　　　　　　2000

　　　　　对投资者 (或股东) 的分配　　　　　　　　　　　5000

　　　　　未分配利润—年初　　　　　　　　　　　　　　　7000

2. 母公司 2021 年个别资产负债表中的应收账款 45 000 元 (假设不含增值税) 为 2020 年向子公司销售商品所发生的应收销货款的账面价值。母公司对该笔应收账款计提的坏账准备为 5000 元。子公司 2021 年个别资产负债表中的应付账款 50 000 元是 2021 年向母公司购进商品存货时发生的应付账款。母公司的预收账款 10 000 元为子公司的预付账款，应收票据 80 000 元为子公司的应付票据。子公司的应付债券 60 000 元为母公司所持有，母公司当期从子公司取得利息收入 3000 元。子公司的计提利息应记入 "财务费用" 项目。母公司的抵消分录为 (　　)。

A. 借：应付账款　　　　　　　　　　　　　　　　　　45 000

　　　贷：应收账款　　　　　　　　　　　　　　　　　　　45 000

　　借：应收账款—坏账准备　　　　　　　　　　　　　　5000

　　　贷：资产减值损失　　　　　　　　　　　　　　　　　5000

　　借：预收账款　　　　　　　　　　　　　　　　　　10 000

　　　贷：预付账款　　　　　　　　　　　　　　　　　　　10 000

　　借：应付票据　　　　　　　　　　　　　　　　　　80 000

　　　贷：应收票据　　　　　　　　　　　　　　　　　　　80 000

　　借：应付债券　　　　　　　　　　　　　　　　　　60 000

　　　贷：持有至到期投资　　　　　　　　　　　　　　　　60 000

　　借：投资收益　　　　　　　　　　　　　　　　　　　3000

　　　贷：财务费用　　　　　　　　　　　　　　　　　　　3000

B. 借：应付账款　　　　　　　　　　　　　　　　　　50 000

　　　贷：应收账款　　　　　　　　　　　　　　　　　　　50 000

　　借：应收账款—坏账准备　　　　　　　　　　　　　　5000

　　　贷：资产减值损失　　　　　　　　　　　　　　　　　5000

　　借：预付账款　　　　　　　　　　　　　　　　　　10 000

　　　贷：预收账款　　　　　　　　　　　　　　　　　　　10 000

　　借：应付票据　　　　　　　　　　　　　　　　　　80 000

　　　贷：应收票据　　　　　　　　　　　　　　　　　　　80 000

　　借：应付债券　　　　　　　　　　　　　　　　　　60 000

　　　贷：持有至到期投资　　　　　　　　　　　　　　　　60 000

借：投资收益 3000

  贷：财务费用 3000

C. 借：应付账款 50 000

  贷：应收账款 50 000

 借：应收账款—坏账准备 5000

  贷：资产减值损失 5000

 借：预收账款 10 000

  贷：预付账款 10 000

 借：应付票据 80 000

  贷：应收票据 80 000

 借：应付债券 60 000

  贷：持有至到期投资 60 000

 借：财务费用 3000

  贷：投资收益 3000

D. 借：应付账款 45 000

  贷：应收账款 45 000

 借：应收账款—坏账准备 5000

  贷：资产减值损失 5000

 借：预付账款 10 000

  贷：预收账款 10 000

 借：应付票据 80 000

  贷：应收票据 80 000

 借：应付债券 60 000

  贷：持有至到期投资 60 000

 借：财务费用 3000

  贷：投资收益 3000

3. 母公司销售一批产品给子公司，产品成本为 100 000 元，母公司的销售毛利率为 20%。截至期末，子公司已对外销售产品 50%，取得收入 66 000 元。不考虑其他因素，期末编制合并财务报表时应抵消的未实现内部销售利润的会计分录是（ ）。

A. 借：营业收入 120 000

  贷：营业成本 120 000

 借：营业成本 10 000

  贷：存货 10 000

B. 借：营业收入 120 000

  贷：营业成本 120 000

 借：营业成本 20 000

  贷：存货 20 000

C. 借：营业收入　　120 000
　　贷：营业成本　　110 000
　　　　存货　　10 000

D. 借：营业收入　　120 000
　　贷：营业成本　　100 000
　　　　存货　　20 000

4. 胜利集团由母公司和一家子公司组成，主要从事产品的生产和销售。甲公司为其所属的唯一非全资子公司，母公司拥有该子公司70%的股份。母公司对甲公司按权益法调整后的权益性资本投资数额为9000万元。甲公司2020年末的股本为6000万元，资本公积为1200万元，盈余公积为1800万元，未分配利润为2000万元。母公司对子公司权益性资本投资项目和子公司所有者权益项目的抵销分录是(　　)。

A. 借：股本　　6000
　　资本公积　　1200
　　盈余公积　　1800
　　未分配利润—年末　　1000
　　商誉　　1000
　　贷：长期股权投资　　9000
　　　　少数股东权益　　2000

B. 借：股本　　6000
　　资本公积　　1200
　　盈余公积　　1800
　　未分配利润—年末　　1000
　　商誉　　2000
　　贷：长期股权投资　　9000
　　　　少数股东权益　　3000

C. 借：股本　　6000
　　资本公积　　1200
　　盈余公积　　1800
　　未分配利润—年末　　1000
　　商誉　　2000
　　贷：长期股权投资　　9000
　　　　少数股东损益　　3000

D. 借：股本　　6000
　　资本公积　　1200
　　盈余公积　　1800
　　未分配利润—年末　　1000
　　商誉　　1000

　　贷：长期股权投资　　　　　　　　　　　　　　　　9000
　　　　少数股东损益　　　　　　　　　　　　　　　　2000

五、综合题

　　长江股份有限公司（简称长江公司）为上市公司，2020年和2021年与投资相关的业务资料如下。

　　(1) 2020年1月1日，长江公司发行股票1000万股，自西湖公司取得甲公司80%的股权，能够对甲公司实施控制。西湖公司和长江公司均属于由大海公司控制的子公司。长江公司股票的公允价值为每股15元，面值为每股1元。长江公司另支付给证券承销机构发行费用200万元。

　　(2) 2020年1月1日，甲公司相对于最终控制方而言的所有者权益账面价值为20 000万元，其中股本为10 000万元，资本公积为5000万元，盈余公积为500万元，未分配利润为4500万元。西湖公司与甲公司编制合并财务报表时有商誉100万元。甲公司2020年1月1日可辨认净资产的公允价值为22 000万元。

　　(3) 2020年4月1日，甲公司出售一项管理用专利权给长江公司。该专利权在甲公司的账面价值为380万元，销售给长江公司的价格为500万元，增值税额为30万元。长江公司取得该专利权后，预计尚可使用寿命为10年，按照直线法摊销，无残值。至2020年12月31日，长江公司尚未支付的专利权的价款为530万元。甲公司对该项应收账款计提坏账准备26.5万元。2021年，长江公司支付购入专利权的价款530万元。

　　其他相关资料：不考虑所得税等其他因素的影响；内部交易形成的专利权未发生减值；不考虑现金流量表项目之间的抵消；长江公司与甲公司均为增值税一般纳税人。

　　要求：(1) 判断长江公司取得甲公司股权的合并类型，并说明理由。

　　　　　(2) 编制长江公司购入甲公司80%股权的会计分录。

　　　　　(3) 编制长江公司2020年度合并财务报表中与内部无形资产交易和内部债权债务相关的抵消分录。

　　　　　(4) 编制长江公司2021年度合并财务报表中与内部无形资产交易和内部债权债务相关的抵消分录。

实践练习

　　假定A公司于2021年1月1日以30 000万元银行存款取得了B公司80%的股权，双方合并为非同一控制下的企业合并，合并日B公司的账面资产价值与公允价值相同。其他资料如下。

　　(1) 合并日B公司的所有者权益总额为31 000万元，其中股本为20 000万元，资本公积为8000万元，未分配利润3000万元。

(2) 2021 年，B 公司实现净利润 8000 万元，本年对外分配利润 4000 万元。

(3) 2021 年末，B 公司所有者权益总额为 35 000 万元，其中实收资本为 20 000 万元，资本公积为 8000 万元，盈余公积 1000 万元，未分配利润 6000 万元。

(4) 2021 年初，A 公司未分配利润为 8000 万元，本年提取盈余公积 2000 万元，本年利润分配 10 000 万元，年末未分配利润为 12 000 万元。

A 公司和 B 公司 2021 年末的个别资产负债表及利润表如表 6-10、表 6-11 所示。

表 6-10　A 公司与 B 公司个别资产负债表

编制单位：A 公司　　　　　　　　　2021 年 12 月 31 日　　　　　　　　单位：万元

资　产	A公司	B公司	负债和所有者权益	A公司	B公司
流动资产：			流动负债：		
货币资金	10 725	7820	短期借款	10 000	5000
交易性金融资产	5000	2000	应付票据	10 000	3000
应收票据	8000	3000	应付账款	20 000	5000
应收账款	4975	3980	预收账款	7000	2000
预付账款	2000	1800	其他应付款		
存货	31 000	20 000	应付职工薪酬	13 000	2600
			应付利息		
流动资产合计	61 700	38 600	流动负债合计	60 000	17 600
非流动资产：			非流动负债：		
长期股权投资	30 000	0	长期借款	4000	3000
持有至到期投资	17 000	0	应付债券	20 000	4000
固定资产	21 000	16 000	长期应付款	2000	0
在建工程	20 000	5000	非流动负债合计	26 000	7000
无形资产	6300	0	负债合计	86 000	24 600
其他资产			所有者权益		
非流动资产合计	47 300	21 000	股本	40 000	20 000
			资本公积	8000	8000
			盈余公积	10 000	1000
			未分配利润	12 000	6000
			所有者权益合计	70 000	35 000
资产总计	156 000	59 600	负债和所有者权益合计	156 000	59 600

表 6-11 母、子公司的利润表

编制单位：A 公司　　　　　　　　　2021 年 12 月 31 日　　　　　　　　　单位：万元

项　目	A公司	B公司
一、营业收入	111 600	80 900
减：营业成本	83 000	61 200
税金及附加	1600	1100
销售费用	5000	3000
管理费用	5985	4200
财务费用	1000	600
资产减值损失	15	0
加：公允价值变动收益		
投资收益	8000	200
二、营业利润		
加：营业外收入	1000	2500
减：营业外支出	2000	1500
三、利润总额	22 000	12 000
减：所得税费用	6000	4000
四、净利润	16 000	8000

2. 假定 A 公司个别资产负债表中应收账款为 5000 万元（减值准备为 25 万元），其中 3000 万元为 B 公司应付账款。假定本期 A 公司对 B 公司应收账款计提减值 15 万元，预收账款 2000 万元中有 B 公司 1000 万元应付账款，应收票据 8000 万元中有 B 公司 4000 万元应付票据。B 公司 4000 万元应付债券中属于 A 公司持有至到期投资 2000 万元。

3. 假定 B 公司个别报表中存货项目有 20 000 万元为本期从 A 公司购进的存货。A 公司销售该商品的收入为 20 000 万元（不考虑相关税费），销售成本为 14 000 万元。假定本年 12 月份 B 公司从 A 公司购进一项产品作为固定资产，买价 5000 万元，本年末未提折旧。A 公司销售该产品结转成本 4000 万元。

要求：编制 2021 年年末甲公司合并财务报表。

思考

产业兴则国兴，产业强则国强。产业是支撑经济增长、推进现代化、保障国家安全的核心力量，是大国竞争的根基所在。经过改革开放四十多年的持续快速发展，中国已经成为制造大国、交通大国、物流大国、网络大国、科技大国、能源大国等。诸多产业已实现了对发达国家在数量与规模上的追赶和超越。但中国还不是产业强国，在质量、

效率、竞争力、品牌、前沿技术等方面尚需"二次追赶"。未来五至十年，新一轮科技革命和产业变革将会深入推进，科技竞争更加激烈，产业分工和贸易环境会出现许多新的重大变化。纵观国内外大势，中国产业发展仍将拥有战略机遇，但也将面临短期性问题与长期性问题叠加、国内因素与国外因素交织、外部风险与不确定性增加的重大挑战。如何在全球变革中加速产业强国建设步伐，推进产业高质量发展，是实现中华民族伟大复兴的战略抉择。

小　贴　士

　　万福生科财务造假案例在当年轰动一时，曾经发布自查公告，承认虚增收入7.4亿元左右，虚增营业利润1.8亿元左右，虚增净利润1.6亿元左右。经证监会处理，万福生科董事长被移交司法机关，平安证券面临巨额罚单。

　　万福生科财务造假虚假上市的例子说明了企业不能因眼前利益放弃长远目标，不能掩耳盗铃，应当脚踏实地，诚实敬业。

第 7 章
财务报表综合分析与评价

▼

本章重难点

· 杜邦财务分析体系指标分析；
· 运用沃尔比重评分法的基本步骤。

学习目标

知识目标

· 理解杜邦财务分析体系和沃尔比重评分法的含义；
· 掌握杜邦财务分析体系和沃尔比重评分法的应用。

技能目标

· 掌握杜邦财务分析体系各个指标的计算方法；
· 能运用杜邦财务分析体系进行财务报表综合分析；
· 能运用沃尔比重评分法进行财务报表综合分析。

7.1　杜邦财务分析体系

案例导入

裕隆股份有限公司的资产负债表见表 2-7，利润表见表 3-6，有关财务比率见表 2-10、表 2-11、表 3-8、表 3-9、表 3-10 和表 3-11。

任务要求

运用杜邦财务分析体系对裕隆股份有限公司进行财务报表综合分析。

知识准备

财务报表综合分析是指根据各主要财务指标之间的内在联系，建立财务分析指标体系，综合分析与评价企业财务状况的方法。将各项财务指标作为一个整体，综合、全面、系统地对企业的财务状况、经营成果进行解读、剖析和评价，其目的是全面、准确和客观地揭示企业的财务状况、经营成果，从而为信息使用者提供财务信息。

一、杜邦财务分析体系的含义

杜邦财务分析体系是利用各主要财务指标之间的内在联系，建立财务分析指标体系，综合分析企业财务状况的方法。由于该指标体系是美国杜邦公司创造出来的，所以称为杜邦财务分析体系（或杜邦分析法）。

杜邦分析法

二、杜邦财务分析体系的指标构成

净资产收益率是综合性最强的财务指标，是杜邦财务分析体系的核心。将其分解为若干个财务指标，通过分析各分解指标的变动对净资产收益率的影响，可以揭示企业的盈利能力及其发生变动的原因。

杜邦财务分析体系主要指标的关系式为

$$净资产收益率 = 总资产净利率 \times 权益乘数$$
$$= 营业净利率 \times 总资产周转率 \times 权益乘数$$
$$= \frac{净利润}{营业收入} \times \frac{营业收入}{平均资产总额} \times \frac{1}{1 - 资产负债率}$$

$$=\frac{净利润}{营业收入}\times\frac{营业收入}{平均资产总额}\times\frac{平均资产总额}{平均净资产总额}$$

杜邦财务分析体系图如图 7-1 所示。

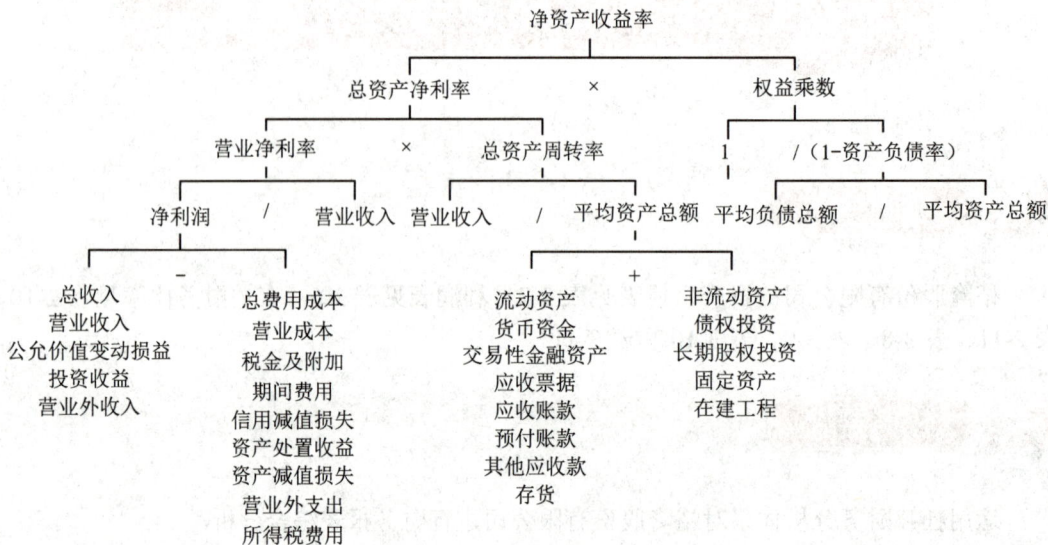

图 7-1　杜邦财务分析体系图

三、杜邦财务分析体系指标分析

净资产收益率的大小取决于营业净利率、总资产周转率和权益乘数的大小。这三个指标分别反映了企业的盈利能力、营运能力和偿债能力。

1. 营业净利率

营业净利率反映了企业净利润与营业收入之间的关系。提高企业盈利能力的关键是提高营业净利率，这必须从两个方面来进行：一方面要提高销售收入；另一方面要降低各种成本费用。

2. 总资产周转率

总资产周转率反映了企业营业收入与平均资产总额之间的关系，表明了企业运用资产获取销售收入的能力。在分析总资产周转率时，除了对企业资产结构是否合理进行分析外，还要对流动资产周转率、存货周转率、应收账款周转率等有关各资产组成部分的使用效率指标进行分析，进而判断与解决资产营运过程中出现的主要问题。

3. 权益乘数

权益乘数反映了企业所有者权益与总资产的关系。它对净资产收益率具有一定的影响。该指标主要受资产负债率的影响，负债比例越大，权益乘数越大，说明企业的负债程度较高，这既会给企业带来较多的财务杠杆利益，也会给企业带来较大的财务风险。

在杜邦财务分析体系中，净资产收益率的分析包括两因素分析和三因素分析。例如，在两因素分析中，可以分析总资产周转率和权益乘数对净资产收益率的影响程度。三因素分析指分析营业净利率、总资产周转率和权益乘数对净资产收益率的影响程度。

净资产收益率变动的原因涉及企业生产经营活动的各个方面，与企业的资本结构、销售规模、成本费用水平、资产的合理配置和利用等密切相关。这些因素构成了一个系统，只有协调好系统内各因素的关系，才能使净资产收益率达到最大值，从而实现企业价值最大化的财务目标。

案例解析

裕隆股份有限公司的杜邦财务分析体系图如图 7-2 所示。

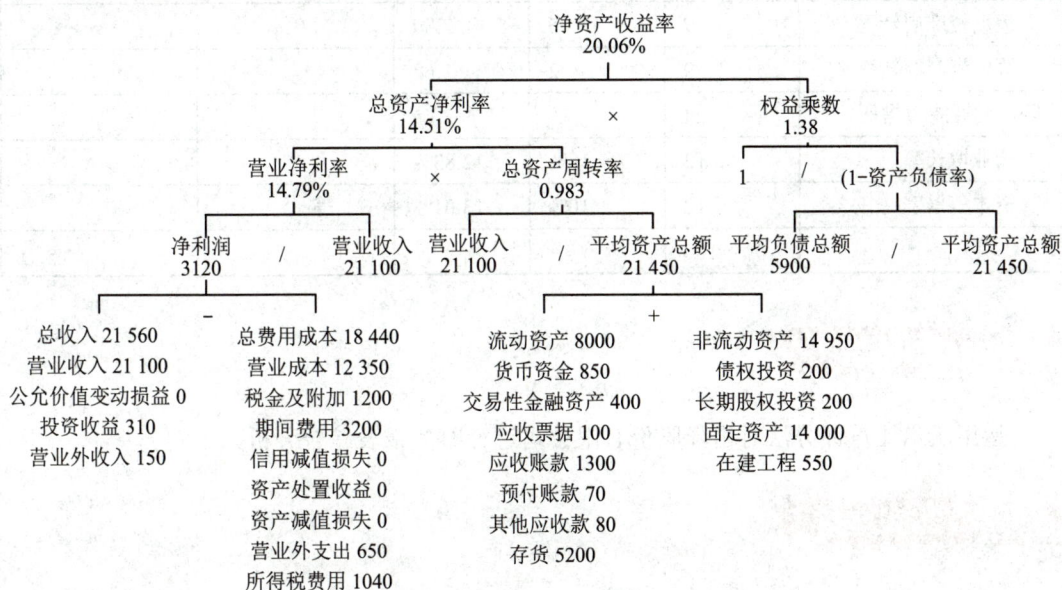

图 7-2　裕隆股份有限公司的杜邦财务分析体系图

7.2　沃尔比重评分法

案例导入

裕隆股份有限公司的资产负债表见表 2-7，利润表见表 3-6，有关财务比率见表 2-10、表 2-11、表 3-8～表 3-11。

裕隆股份有限公司的沃尔比重评分表见表 7-1。

表 7-1　裕隆股份有限公司的沃尔比重评分表

选择的指标	比重 (1)	标准比率 (2)	实际比率 (3)	相对比率 (4) = (3)/(2)	评　分 (5) = (1) × (4)
一、盈利能力指标	38				
净资产收益率	25	25%	20.06%		
总资产净利率	13	16%	14.54%		
二、偿债能力指标	20				
资产负债率	12	60%	28.11%		
已获利息倍数	8	3	11.40		
三、营运能力指标	18				
流动资产周转率	9	5	2.80		
固定资产周转率	9	2	1.62		
四、发展能力指标	24				
营业增长率	12	10%	12.83%		
资本积累率	12	10%	13.01%		
合计	100				

案例要求

运用沃尔比重评分法对裕隆股份有限公司进行财务报表综合分析。

知识准备

7.2.1　沃尔比重评分法的含义

沃尔比重评分法是指将选定的财务指标通过线性关系结合起来，并分别给定各自的分数比重，然后通过与标准指标进行比较，确定各项指标的得分及总体指标的累积分数，从而对企业的信用水平作出评价的方法。

7.2.2　运用沃尔比重评分法的基本步骤

1. 选择评价指标并分配指标权重

分配指标权重是根据财务指标的重要程度给出分值。其总和应等于 100 分。

2. 确定各项财务指标的标准值

财务指标的标准值一般可以参照行业平均数、企业历史先进数、国家有关标准或者国际公认的标准等来确定。

3. 给各项评价指标计分并计算综合分数

给各项评价指标计分并计算综合分数的公式如下：

$$各项评价指标的得分 = \frac{各项评价指标的权重 \times 实际值}{标准值}$$

$$综合分数 = \sum 各项评价指标的得分$$

4. 形成评价结果

若各项评价指标的综合分数超过 100 分，则说明企业总价值较高，财务状况良好；若各项评价指标的综合分数为 100 分或接近 100 分，则说明企业的财务状况基本良好；若各项评价指标的综合分数与 100 分有较大的差距，则说明企业的财务状况较差，有待改善。企业应查明原因，并积极采取措施来加以改善。

7.2.3　对沃尔比重评分法的评价

沃尔比重评分法从理论上讲存在一个明显的问题，即未能证明为什么选择这些指标，而不是更多或更少，或者选择其他指标，且每个指标权重的合理性缺乏足够的证据，已经不能满足当前企业评价的需要。因此，采用此法进行财务报表综合分析时，所选择的指标应当涉及偿债能力、营运能力、盈利能力和发展能力。另外，若某项指标严重异常，则会对总评分产生重大影响。虽然沃尔比重评分法在理论上不够完善，但在实际中得到了广泛应用。

案例解析

裕隆股份有限公司的沃尔比重评分表见表 7-2。

表 7-2　裕隆股份有限公司的沃尔比重评分表

选择的指标	比重 (1)	标准比率 (2)	实际比率 (3)	相对比率 (4) = (3)/(2)	评分 (5) = (1)×(4)
一、盈利能力指标	38				
净资产收益率	25	25%	20.06%	0.80	20
总资产净利率	13	16%	14.54%	0.91	11.83
二、偿债能力指标	20				
资产负债率	12	60%	28.11%	0.47	5.64
已获利息倍数	8	3	11.40	3.8	30.40
三、营运能力指标	18				
流动资产周转率	9	5	2.80	0.56	5.04
固定资产周转率	9	2	1.62	0.81	7.29
四、发展能力指标	24				
营业增长率	12	10%	12.83%	1.28	15.40
资本积累率	12	10%	13.01%	1.30	15.61
合计	100				111.21

由表 7-2 可知，该公司的综合分数为 111.21 分，按照沃尔比重评分法的原理，其超过 100 分，说明该公司总价值较高，财务状况良好。

本章小结

　　财务报表综合分析是指根据各主要财务指标之间的内在联系，建立财务分析指标体系，综合分析与评价企业财务状况的方法。它将各项财务指标作为一个整体，综合、全面、系统地对企业的财务状况、经营成果进行解读、剖析和评价，其目的是全面、准确和客观地揭示企业的财务状况、经营成果，从而为信息使用者提供财务信息。

　　本章主要介绍了杜邦财务分析体系和沃尔比重评分法的思路和应用。杜邦财务分析体系是利用各主要财务比率之间的内在联系，建立财务分析指标体系，综合分析企业财务状况的方法。净资产收益率是杜邦财务分析体系的核心，是综合性最强的财务指标。净资产收益率的大小取决于营业净利率、总资产周转率和权益乘数的大小。这三个指标分别反映了企业的盈利能力、营运能力和偿债能力。沃尔比重评分法是将选定的财务指标通过线性关系结合起来，并分别给定各自的分数比重，然后通过与标准比率进行比较，确定各项指标的得分及总体指标的累积分数，从而对企业的信用水平作出评价的方法。选用该方法进行财务报表综合分析时，所选择的指标应当涉及偿债能力、营运能力、盈利能力和发展能力。另外，若某项指标严重异常时，会对总评分产生重大影响。

职业能力训练

一、单项选择题

1. 下列属于财务报表综合分析方法的是（　　）。
A. 比较分析法　　　　　　　　B. 比率分析法
C. 沃尔比重评分法　　　　　　D. 因素分析法
2. 在杜邦财务分析体系中，假设其他情况相同，下列说法中正确的是（　　）。
A. 权益乘数大，财务风险大
B. 资产净利率是杜邦财务分析体系的核心指标
C. 权益乘数是资产负债率的倒数
D. 权益乘数大，销售净利率大
3. 杜邦财务分析体系的核心指标是（　　）。
A. 净资产收益率　　　　　　　B. 资产利润率
C. 销售利润率　　　　　　　　D. 资产周转率
4. 某企业的营业净利率为 5.73%，总资产周转率为 2.17，则总资产净利率为（　　）。

A. 5.73%　　　　　　　　　　B. 2.17%

C. 12.43%　　　　　　　　　　D. 7.90%

5. 某企业的营业净利率为5.73%，总资产周转率为2.17，权益乘数为1.25，则净资产收益率为（　　）。

A. 7.16%　　　　　　　　　　B. 15.54%

C. 12.43%　　　　　　　　　　D. 10.62%

二、多项选择题

1. 杜邦财务分析体系指标有（　　）。

A. 净资产收益率　　　　　　　B. 营业净利率

C. 总资产周转率　　　　　　　D. 权益乘数

2. 下列分析方法中，属于企业综合绩效分析方法的有（　　）。

A. 趋势分析法　　　　　　　　B. 杜邦财务分析体系

C. 沃尔比重评分法　　　　　　D. 因素分析法

3. 在沃尔比重评分法中，一般认为企业财务评价的内容包括（　　）。

A. 盈利能力　　　　　　　　　B. 偿债能力

C. 发展能力　　　　　　　　　D. 营运能力

4. 杜邦财务分析体系主要反映的财务指标关系的有（　　）。

A. 净资产收益率与总资产净利率及权益乘数之间的关系

B. 总资产净利率与营业净利率及总资产周转率之间的关系

C. 净资产收益率与营业净利率及权益乘数之间的关系

D. 净资产收益率与营业净利率、总资产周转率及权益乘数之间的关系

5. 影响净资产收益率的因素有（　　）。

A. 营业收入　　　　　　　　　B. 净利润

C. 负债总额　　　　　　　　　D. 经营活动产生的现金净流量

三、判断题

1. 总资产净利率＝营业净利率×总资产周转率。　　　　　　　　　　（　　）

2. 权益乘数是资产负债率的倒数。　　　　　　　　　　　　　　　　（　　）

3. 杜邦财务分析体系是利用各主要财务指标之间的内在联系，建立财务分析指标体系，综合分析企业财务状况的方法。　　　　　　　　　　　　　　　　　（　　）

4. 沃尔比重评分法指将选定的财务指标通过线性关系结合起来，并分别给定各自的分数比重，然后通过与标准比率进行比较，确定各项指标的得分及总体指标的累积分数，从而对企业的信用水平作出评价的方法。　　　　　　　　　　　　　　（　　）

5. 净资产收益率是企业在一定时期内的息税前利润与平均净资产的比率。该指标反映了企业所有者权益所获报酬的水平。该指标越高，说明企业的运营效率越高。　　（　　）

四、不定项选择题

1. 华能公司2021年的沃尔比重评分表见表7-3。

表 7-3　华能公司 2021 年的沃尔比重评分表

选择的指标	比重 (1)	标准比率 (2)	实际比率 (3)	评　分
一、盈利能力指标	36			
1. 营业利润率	8	10%	13.72%	
2. 净资产收益率	20	15%	22.37%	
3. 总资产报酬率	8	12%	16.83%	
二、偿债能力指标	23			
1. 流动比率	7	2	1.69	
2. 速动比率	5	1	0.78	
3. 资产负债率	6	40%	46.63%	
4. 已获利息倍数	5	7	11	
三、营运能力指标	17			
1. 存货周转率	5	4	3.07	
2. 总资产周转率	5	1	1.1	
3. 流动资产周转率	7	3	2.05	
四、发展能力指标	24			
1. 营业增长率	8	15%	18%	
2. 资本积累率	8	110%	118.32%	
3. 总资产增长率	8	6%	8.72%	
合计	100			

(1) 总资产报酬率的评分是 (　　　)。

A. 11.22　　　　B. 12.3　　　　C. 14.58　　　　D. 10.21

(2) 流动比率的评分是 (　　　)。

A. 6.21　　　　B. 5.92　　　　C. 4.08　　　　D. 5.81

(3) 存货周转率的评分是 (　　　)。

A. 3.05　　　　B. 4.16　　　　C. 3.84　　　　D. 4.63

(4) 资本积累率的评分是 (　　　)。

A. 8.20　　　　B. 9.45　　　　C. 7.61　　　　D. 8.61

(5) 该公司的综合评分为 (　　　)。

A. 99.28　　　　B. 110.37　　　　C. 120.98　　　　D. 120.64

2. 某公司有关的财务比率见表 7-4。

表 7-4　某公司有关的财务指标

财务比率	2020年	2021年
营业净利率	7.20%	6.81%
总资产周转率	1.11	1.07
资产负债率	50%	61.3%
已获利息倍数	4	2.78

(1) 2020 年该公司的净资产收益率为 (　　)。

A. 15.98%　　　　B. 25.92%　　　　C. 14.08%　　　　D. 17.55%

(2) 2021 年该公司的净资产收益率为 (　　)。

A. 19.98%　　　　B. 14.92%　　　　C. 18.83%　　　　D. 17.55%

(3) 由于营业净利率减少，因此 2021 年该公司的净资产收益率减少 (　　)。

A. 0.87%　　　　B. 3.25%　　　　C. 2.01%　　　　D. 4.98%

(4) 由于总资产周转率减少，因此 2021 年该公司的净资产收益率减少 (　　)。

A. 0.54%　　　　B. 3.25%　　　　C. 2.01%　　　　D. 4.98%

实践练习

资料：见第 2 章"实践练习"中的实践练习 2。

要求：完成华胜股份有限公司的杜邦财务分析体系图。

小　贴　士

财务报表分析的最终目的是全面、准确、客观地揭示企业财务状况和经营成果，并借以对企业经济效益优势作出合理的评价。所以在运用财务报表分析方法时，需要把握目标原则、客观原则、系统原则、动态原则。通过本章的学习，不仅要系统地掌握财务报表分析方法，而且要树立科学的方法论，培养科学的思维方式和正确的分析方法。

附录　综合实训

根据经济业务做账务处理（记账凭证）

腾飞股份有限公司是产品生产制造业公司。该公司为增值税一般纳税人，适用的增值税税率为13%，所得税税率为25%，原材料采用计划成本进行核算，坏账准备以应收账款余额为计提基础。2021年除减值准备导致账面价值与其计税基础存在可抵扣的暂时性差异外，其他资产和负债项目的账面价值均等于其计税基础（公司只发行普通股股票1 000 000 股）。

腾飞股份有限公司 2020 年的总账账户期末余额表见附表1。

附表1　总账账户期末余额表1　　　　单位：元

账户名称	借方余额	账户名称	贷方余额
库存现金	700 000	坏账准备	3500
银行存款	3 109 400	累计折旧	1 415 000
其他货币资金	810 000	累计摊销	14 400
交易性金融资产	210 000	短期借款	200 000
应收票据	368 580	应付票据	585 300
应收账款	122 500	应付账款	105 900
预付账款	108 200	其他应付款	16 700
其他应收款	2500	应交税费	450
原材料	750 000	应付职工薪酬	3500
材料采购	3 000 000	长期借款	1 604 600
材料成本差异	58 000	股本	10 000 000
周转材料	300 400	资本公积	235 700
库存商品	1 400 000	盈余公积	185 430
长期股权投资	302 500	利润分配	231 800
固定资产	2 837 900		
在建工程	202 300		
无形资产	320 000		
合计	14 602 280	合计	14 602 280

其他相关信息：

(1)"银行存款"账户的余额均为企业随时可以动用的银行存款。

(2)"坏账准备"账户的余额均按应收账款余额来计提，其他应收款预计无损失，未提取坏账准备。

(3)"盈余公积"账户的余额中，法定盈余公积金为123 620元，任意盈余公积金为61 810元。

(4)"长期借款"账户的余额中，一年内将要到期的长期借款为750 000元。

腾飞股份有限公司2021年发生如下经济业务：

(1)购入原材料一批，增值税专用发票中注明的价款为200 000元，增值税为26 000元，另支付运杂费2000元。所有款项已通过银行转账支票支付，材料尚未验收入库。

(2)从银行借入5年期、利率为5%、分期付息、到期偿还本金的借款1 000 000元，款项已经存入银行账户，该项借款用于购建厂房。

(3)转让一项交易性金融资产，该投资的账面成本为160 000元，公允价值变动为增值10 000元，转让收入200 000元，已存入银行。

(4)以银行存款归还短期借款本金50 000元。

(5)用银行本票采购材料，材料价款为90 000元，运费为9800元，增值税为12 582元，原材料已验收入库，该批原材料的计划价格为100 000元。银行本票多余款进账单的数额为268元。

(6)购入不需要安装的设备一台，价款为96 000元，支付增值税12 480元，价款和增值税已用银行存款支付。

(9)购入工程物资一批，增值税普通发票中注明的价款和增值税额合计为260 000元，企业已用银行存款支付。

(10)支付长期借款利息66 000元。

(11)提取现金500 000元，准备发放工资。

(12)支付工资500 000元，其中在建工程人员的工资为200 000元。

(13)分配职工工资500 000元，其中在建工程人员工资为200 000元，生产车间人员工资为275 000元，车间管理人员工资为10 000元，行政管理人员工资为15 000元。

(14)计提并缴纳职工医疗保险、养老保险等社会保险费240 000元，其中生产车间人员为80 000元，车间管理人员为40 000元，行政管理人员为44 000元，销售机构人员为36 000元，在建工程人员为40 000元。

(15)该企业的一台机床经批准予以报废，原价为300 000元，已计提折旧200 000元，支付清理费用5000元，残料变价收入为8000元，均已通过银行存款收支。该项固定资产已清理完毕。

(16)生产车间生产产品时领用原材料700 000元，低值易耗品40 000元，低值易耗品采用一次摊销法核算。

(17)结转领用原材料和低值易耗品应分摊的材料成本差异，差异率为3%。

(18)销售商品一批，销售价款为1 100 000元，增值税销项税额为143 000元，价款和税金已收到并且存入银行，商品的销售成本为800 000元。

(19) 以银行存款支付产品宣传费 20 000 元，展览费 9000 元。

(20) 计提固定资产折旧 125 000 元，其中生产车间固定资产折旧为 105 000 元，行政管理部门固定资产折旧为 20 000 元。

(21) 管理部门无形资产摊销为 6600 元，以银行存款支付生产车间厂房维修费用 20 000 元。

(22) 计算并结转制造费用 196 200 元，期初没有在产品，本期入库完工产品价款为 953 680 元。

(23) 晨光公司资本公积金增加 400 000 元（本公司持有晨光公司 30% 的股权。长期股权投资采用权益法核算）。

(24) 销售商品后，增值税专用发票中注明的价款为 350 000 元，增值税销项税额为 45 500 元。商品已发出，货款尚未收到。该商品的成本为 200 000 元。

(25) 本期计算并确定应缴的消费税为 41 500 元。城市维护建设税为 15 315 元。教育费附加为 6885 元。

(26) 用银行存款缴纳增值税 138 000 元，教育附加费 7475.40 元，消费税 11 509 元，城市维护建设税 10 465.6 元。（注：增值税为当月缴纳当月的增值税）

(27) 收回应收账款 80 500 元并存入银行。按应收账款余额的 0.4128% 计提坏账准备。同时用银行存款偿还应付账款 75 000 元。

(28) 领用工程材料款 200 000 元，用于工程建设。

(29) 结转本期产品销售成本 1 320 000 元。

(30) 盈余公积转增资本为 60 000 元，资本公积转增资本为 35 000 元。

(31) 计提固定资产减值准备 20 000 元。

(32) 用银行存款 53 000 元购入 M 公司发行的到期一次还本付息的债券。债券面值为 50 000 元。票面利率为 7%。该债券还有 5 年到期。公司将其列入债权投资。

(33) 收到税务部门退回的增值税款 210 000 元，并存入银行。

(34) 收到被投资企业于本年初已宣告分派的现金股利 20 000 元（本公司对该长期股权投资采用成本法核算。被投资企业的所得税税率为 25%）。

(35) 按每股 2.4 元的价格发行普通股股票 500 000 股，面值为每股 1 元，相关发行费用为 100 000 元，款项已存入银行。

(36) 将未到期的应收票据（银行承兑汇票且不具有追索权）30 000 元办理贴现。贴现利息为 600 元。

(37) 与债权人达成重组协议，减免应付账款 26 206 元。

(38) 将各损益类科目结转入本年利润。

(39) 确定与计算税前的会计利润及递延所得税、所得税费用并结转。

(40) 年末计算税后净利润。将"本年利润"科目的余额转入"利润分配—未分配利润"科目。

(41) 按净利润的 10%、5%、20% 分别提取法定盈余公积金、任意盈余公积金和分配普通股现金股利。

(42) 将利润分配各明细科目的余额均转入"利润分配—未分配利润"明细科目。

(43) 商业承兑汇票到期，款项 30 000 元已存入银行。

(44) 用银行存款上缴所得税 30 000 元。

注：长期借款明细账中，一年内到期的长期借款余额是 860 000 元。

一、根据记账凭证登记账簿 (T 型账)

用 T 型账 (附表 2) 代替各明细账，总账为所属明细账的汇总。为便于核对经济业务，T 型账业务与经济业务中的序号要保持一致。

附表 2　T 型账

银行存款		周转材料	

库存现金		库存商品	

应收账款		材料成本差异	

应收票据		制造费用	

预付账款		其他货币资金	

坏账准备	固定资产

交易性金融资产	固定资产清理

其他应收款	债权投资

原材料	无形资产

递延所得税资产	在建工程

长期股权投资	短期借款

生产成本	应付股利

应付票据	应收股利

应付职工薪酬	工程物资

应付利息	材料采购

股本	应付账款

盈余公积	累计摊销

累计折旧	其他应付款

固定资产减值准备	应交税费

长期借款		递延所得税负债

资本公积		财务费用

本年利润		投资收益

税金及附加		资产减值损失

销售费用		所得税费用

营业外支出		营业外收入

公允价值变动损益		信用减值损失

管理费用	主营业务成本

主营业务收入	利润分配

二、根据账簿编制财务报表

根据账簿编制科目汇总表 (附表 3)、资产负债表 (附表 4)、利润表 (附表 5)、现金流量表 (附表 6) 和所有者权益变动表 (附表 7)。

附表 3　科目汇总表

科　目		期初余额		本期发生额		期末余额	
		借方	贷方	借方	贷方	借方	贷方
资产类	库存现金						
	银行存款						
	其他货币资金						
	交易性金融资产						
	应收票据						
	应收账款						
	预付账款						
	其他应收款						
	原材料						
	材料采购						
	材料成本差异						
	周转材料						
	库存商品						
	长期股权投资						
	固定资产						
	在建工程						
资产类	无形资产						
	坏账准备						
	累计折旧						
	累计摊销						
	工程物资						

科目		期初余额		本期发生额		期末余额	
		借方	贷方	借方	贷方	借方	贷方
资产类	债权投资						
	固定资产清理						
	固定资产减值准备						
	应收股利						
	递延所得税资产						
负债类	短期借款						
	应付票据						
	应付账款						
	其他应付款						
	应交税费						
	应付职工薪酬						
	长期借款						
	应付利息						
	应付股利						
	递延所得税负债						
成本类	生产成本						
	制造费用						
所有者权益类	股本						
	资本公积						
	盈余公积						
	利润分配						
损益类	主营业务收入						
	主营业务成本						
	税金及附加						
	财务费用						
	管理费用						
	销售费用						
	营业外收入						
	营业外支出						
	投资收益						
	信用减值损失						
	资产减值损失						
	所得税费用						
	本年利润						
合计							

单位负责人：　　　　　　财会负责人：　　　　　　复核：　　　　　　制表：

附表 4　资产负债表

会企 01 表

编制单位：　　　　　　　　　　　　　　　年　月　日　　　　　　　　　　　　单位：元

资　产	年初余额	期末余额	负债及所有者权益	年初余额	期末余额
流动资产：			流动负债：		
货币资金			短期借款		
交易性金融资产			应付票据		
应收票据			应付账款		
应收账款			预收账款		
预付账款			应付职工薪酬		
应收股利			应交税费		
应收利息			应付股利		
其他应收款			应付利息		
存货			其他应付款		
一年内到期的非流动资产			一年内到期的非流动负债		
持有待售的非流动资产			其他流动负债		
其他流动资产			流动负债合计		
流动资产合计			非流动负债：		
非流动资产：			长期借款		
其他权益工具投资			应付债券		
长期债权投资			长期应付款		
投资性房地产			预计负债		
长期股权投资			专项应付款		
长期应收款			递延所得税负债		
固定资产			其他非流动负债		
在建工程			非流动负债合计		
工程物资			负债合计		
无形资产			所有者权益：		
开发支出			实收资本(或股本)		
商誉			资本公积		
长期待摊费用			减：　库存股		
递延所得税资产			其他综合收益		
其他非流动资产			盈余公积		
			未分配利润		
非流动资产合计			所有者权益合计		
资产总计			负债及所有者权益总计		

单位负责人：　　　　　　　财会负责人：　　　　　　　复核：　　　　　　　制表：

附表 5　利润表

会企 02 表

编制单位：　　　　　　　　　　　　2021 年　　　　　　　　　　　单位：元

项　目	本年金额	上年金额
一、营业收入		
减：营业成本		
税金及附加		
销售费用		
管理费用		
财务费用（收益以"-"号填列）		
信用减值损失		
资产减值损失		
加：公允价值变动收益（损失以"-"号填列）		
投资收益（损失以"-"号填列）		
资产处置收益		
二、营业利润		
加：营业外收入		略
减：营业外支出		
三、利润总额		
减：所得税费用		
四、净利润		
五、其他综合收益的税后净额		
（一）以后会计期间不能重分类进损益的其他综合收益项目		
（二）以后会计期间在满足规定条件时将重分类进损益的其他综合收益项目		
1.权益法下在被投资单位其他综合收益中享有的份额		
2.可供出售金融资产公允价值变动损益		
3.其他资产转换为投资性房地产公允价值高于账面价值的差额		
4.其他		
六、综合收益		
七、每股收益		

单位负责人：　　　　　财会负责人：　　　　复核：　　　　制表：

附表 6　现金流量表

会企 03 表

编制单位：　　　　　　　　　　　2021 年度　　　　　　　　　　　　　　单位：元

项　目	本期金额
一、经营活动产生的现金流量	
销售商品、提供劳务收到的现金	
收到的税费返还	
收到的其他与经营活动有关的现金	
经营活动现金流入小计	
购买原材料、商品、接受劳务支付的现金	
支付的各项税费	
支付给职工以及为职工支付的现金	
支付的其他与经营活动有关的现金	
经营活动现金流出小计	
经营活动产生的现金流量净额	
二、投资活动产生的现金流量	
收回投资收到的现金	
取得投资收益收到的现金	
处置固定资产、无形资产和其他长期资产收回的现金净额	
处置子公司及其他营业单位收到的现金净额	
收到的其他与投资活动有关的现金	
投资活动现金流入小计	
投资支付的现金	
取得子公司及其他营业单位支付的现金净额	
购建固定资产、无形资产和其他长期资产支付的现金	
支付的其他与投资活动有关的现金	
投资活动现金流出小计	
投资活动产生的现金流量净额	
三、筹资活动产生的现金流量	
吸收投资收到的现金	
取得借款收到的现金	
收到其他与筹资活动有关的现金	
筹资活动现金流入小计	
偿还债务支付的现金	
分配股利、利润和偿付利息支付的现金	
支付其他与筹资活动有关的现金	
筹资活动现金流出小计	
筹资活动产生的现金流量净额	
四、汇率变动对现金及现金等价物的影响额	
五、现金及现金等价物净增加额	
加：期初现金及现金等价物余额	
六、期末现金及现金等价物余额	

单位负责人：　　　　　　财会负责人：　　　　　　复核：　　　　　　制表：

附表 7　所有者权益变动表

编制单位：腾飞股份有限公司　　　　　　2021 年度

会企 04 表

单位：元

项　目	本年金额					
	股本	资本公积	减：库存股	盈余公积	未分配利润	所有者权益合计
一、上年年末余额						
加：会计政策变更						
前期差错更正						
其他						
二、本年年初余额						
三、本年增减变动金额（减少以"−"号填列）						
（一）综合收益总额						
（二）所有者投入和减少资本						
1.所有者投入的普通股						
2.其他权益工具持有者投入资本						
3.股份支付计入所有者权益的金额						
4.其他						
（三）利润分配						
1.提取盈余公积						
2.对所有者（或股东）的分配						
3.其他						
（四）所有者权益内部结转						
1.资本公积转增资本（或股本）						
2.盈余公积转增资本（或股本）						
3.盈余公积弥补亏损						
4.其他						
四、本年年末余额						

单位负责人：　　　　　财会负责人：　　　　　复核：　　　　　制表：

三、财务报表分析

基本的财务报表分析内容包括偿债能力分析、营运能力分析、盈利能力分析、发展能力分析和现金流量分析五个方面。按照附表8进行财务报表分析。

附表8　财务报表分析指标

项　　目	指　　标	
一、偿债能力分析	1. 短期偿债能力分析	(1) 营运资金
		(2) 流动比率
		(3) 速动比率
		(4) 现金比率
	2 长期偿债能力分析	(1) 资产负债率
		(2) 产权比率
		(3) 权益乘数
二、营运能力分析	1. 流动资产营运能力分析	
	2. 应收账款周转率 (次数)	
	3. 存货周转率	
	4. 流动资产周转率	
	5. 固定资产营运能力分析	
	6. 总资产营运能力分析	
三、盈利能力分析 (获利能力)	1. 经营盈利能力	(1) 营业毛利率
		(2) 营业净利率
		(3) 营业利润率
		(4) 成本费用利润率
	2. 资产盈利能力	(1) 总资产净利率
		(2) 总资产报酬率
		(3) 总资产利润率
	3. 资本盈利能力	(1) 每股收益
		(2) 资本收益率
		(3) 市盈率
四、发展能力分析	1. 营业收入增长率	
	2. 总资产增长率	
	3. 营业利润增长率	
	4. 所有者权益增长率	
五、现金流量分析	1. 营业现金比率	
	2. 每股营业现金净流量	
	3. 全部资产现金回收率	

参 考 文 献 <<<

[1]   财政部会计资格评价中心 . 中级会计实务 . 北京：经济科学出版社，2022.

[2]   财政部会计资格评价中心 . 中级财务管理 . 北京：经济科学出版社，2022.

[3]   中国注册会计师协会 . 财务成本管理 . 北京：中国财政经济出版社，2022.

[4]   中国注册会计师协会 . 会计 . 北京：中国财政经济出版社，2022.

[5]   张先治，陈友邦 . 财务分析 . 大连：东北财经大学出版社，2022.

[6]   钱爱民，张新民 . 财务报表分析 . 北京：中国人民大学出版社，2021.